Frederick Soddy

Vom Sinn des Geldes

O

THE RÔLE OF MONEY

WHAT IT SHOULD BE,
CONTRASTED WITH WHAT IT HAS BECOME

By

FREDERICK SODDY

M.A. (Oxon); LL.D. (Glasgow); F.R.S.; Nobel Laureate in Chemistry, 1921; *Author of "Science and Life"; "Wealth, Virtual Wealth, and Debt": "Money* versus *Man"; etc.*

LONDON
GEORGE ROUTLEDGE AND SONS, LTD.
BROADWAY HOUSE: 68–74 CARTER LANE, E.C.
1934

Vom Sinn des Geldes

Von dem, was er sein sollte, im Gegensatz zu dem, was daraus gemacht wurde.

von

Frederick Soddy

Magister Artium, Fellow der Royal Society
Dr. Lee's Professur für Chemie, Universität Oxford
Nobelpreisträger in Chemie, 1921

aus dem Englischen von Philipp Christian Kapp
mit einem kommentierenden Essay von Bernd Striegel

Deutsche Fassung aus dem englischen Original von THE RÔLE OF MONEY, bei George Routledge and Sons, London 1934. Die kursive Akzentuierung im Text und die Fußnoten wurden – wo nicht anders gekennzeichnet – aus dem Original übernommen.

ISBN
Paperback 978-3-9822735-8-7

Lektorat, Korrektorat & Satz: ISOTOPE Media
Umschlaggestaltung: ISOTOPE Media unter Verwendung des Gemäldes *Parham Mill, Gillingham* von John Constable (1776–1837).
Druck & Vertrieb: tredition GmbH, Halenreie 40-44, 22359 Hamburg

Autor und Verlag sind für Hinweise und Meinungen dankbar.
Bitte wenden Sie sich diesbezüglich an: verlag@isotopemedia.net

ISOTOPE Media, Inh. Philipp Kapp
Erbacher Str. 51 • 64380 Roßdorf
https://isotopemedia.net

ISOTOPE Media ist eine eingetragene Wortmarke beim Deutschen Patent- und Markenamt (DPMA).

Bibliografische Information der Deutschen Nationalbibliothek: Die Deutsche Nationalbibliothek verzeichnet dieses Werk in der Deutschen Nationalbibliografie; detaillierte bibliografische Daten sind im Internet abrufbar über http://dnb.d-nb.de

Inhalt

KAPITEL IV
Geld wie es jetzt ist
93

KAPITEL V
Internationale Wirtschaftsbeziehungen
119

KAPITEL VI
Physische Anforderungen an ein Geldsystem
135

Vorwort des Verlegers

Ein Buch über Geld und das Geldsystem ist immer auch ein Buch über Politik. Zwangsläufig muss eine Aussage über ersteres auch eine Botschaft über letztere mit sich bringen, da Geld das Bindeglied in einer arbeitsteiligen Gesellschaft ist und als kleinster gemeinsamer Nenner der Politik zur Verfügung steht. Geld ist – nach der Sprache – somit das mächtigste Instrument zur Steuerung einer Gesellschaft und muss nach bestimmten Regeln funktionieren, damit kein Missbrauch stattfinden kann.

Als Frederick Soddy vor einhundert Jahren seine Wege in die Analyse der Wirtschaftsvorgänge begann, war ihm noch nicht bewusst, wie mühevoll diese werden würden. Er sah nur voller Schrecken jene Megapyramide, die das Geldsystem geschaffen hatte (*vice versa* ...) und die Art und Weise, in welcher die führenden Köpfe dieser Struktur jeden Wissensvorsprung für ihre eigenen Zwecke nutzen würden. Als Wissenschaftler konnte er die Macht der Atomkräfte schon außergewöhnlich früh abschätzen und musste sich somit dem Kernproblem zuwenden: der Ökonomik, also einer „Wissenschaft" vom Geld und dessen Kreislauf, verbunden mit der Energiewertlehre.

Heute, in großer Dankbarkeit für die gemeinsame Bemühung um ein würdiges Andenken an Frederick Soddy, ist es mir eine Freude, dessen Schlussfolgerungen mit der Übersetzung seines letzten großen ökonomischen Werkes dem deutschsprachigen Publikum vorzustellen und zugleich ein Essay von Bernd Striegel anzufügen, der ebenfalls ein Chemiker auf den Nebenwegen der Ökonomie ist.

Soddy wie Striegel verbindet eine gewisse *outspokenness*, eine Freimütigkeit, die kraftvolles Licht in unsere Schattenwelt wirft. Der Leitsatz „*fiat justitia ruat caelum*" – den Soddy in „*speak the truth though the heavens fall*" wandelte – ist dabei der Leitstrahl, der sich in beiden

Fällen auf das Geldsystem richtet. Bernd Striegel gelingt es dabei, dieses Licht nicht nur als Projektion auszurichten, sondern auch eine Reflektion zu liefern und auf unsere innere Verfasstheit zu richten, deren Ausdruck das Geldsystem letztlich sein muss.

Die Isotope Philosophie, die sich auf Soddys Entdeckung der Isotope – den vergänglichen Formen chemischer Elemente – gründet, ist wesentliches Anliegen des Verlages. Ziel dieser Philosophie ist es, die immerwährende Vergänglichkeit im stetigen Wandel des Lebens anzunehmen und darin seinen Frieden zu finden. Dies scheint auch eine der wesentlichen Voraussetzungen für die Akzeptanz eines vergänglichen Geldes (im Sinne eines Fließenden Geldes) zu sein und liegt daher einem guten, förderlichen Gemeinschaftsleben zugrunde.

Es besteht unter den Menschen eine Einheit, die wir für gewöhnlich nicht sehen und die heute auch ganz bewusst ausgeblendet wird, da wir sonst zu Tode erschrecken würden, ob der Folgen, die unsere Handlungen auslösten. Wer einmal diese Einheit erfahren hat, die Ungetrenntheit allen Seins wahrgenommen hat, kann nie wieder allzu weit in die bisher kultivierte Vorstellung einer isolierten Existenz zurückfallen. Der moralische Relativismus und die Schattenspiele einer selbstvergessenen Welt sind dann Abwege, die man zu vermeiden sucht.

Mit dieser Übersetzung der Axiome Soddys, mit den begleitenden Erläuterungen, die Bernd Striegel hinzugestellt hat und der fortwährenden Arbeit an der Isotopen Philosophie seien Zeichen am Wege gesetzt, die dem Menschen zu größerer Freiheit verhelfen sollen. Wenn die Freiheit zu kritischem Denken erst wieder erobert werden muss, umso besser, dies zur rechten Zeit zu beginnen.

Philipp Kapp, im Dezember 2022

Vom Sinn des Geldes

Zum Geleit

Dieses Buch stellt den Versuch dar, das Geheimnis des Geldes in seinem gesellschaftlichen Bezug aufzuklären. Angesichts des chaotischen Zustands des Geldsystems auf der ganzen Welt wurde dieses Geheimnis noch nie sorgfältiger gepflegt als heute. Und dieser Zustand ist umso merkwürdiger, da es nicht den geringsten Grund für ein solches Mysterium gibt. Es wird durch dieses Buch aufgezeigt werden, was Geld heute ist, was es tut und was es tun sollte. Daraus wird sich die Erkenntnis ergeben, worin die wahre Rolle des Geldes, sein eigentlicher Sinn, seit jeher liegt. Dabei wird die Blickrichtung, aus welcher die meisten Bücher über modernes Geld geschrieben werden, umgekehrt. In diesem Buch wird das Thema nicht aus der Sicht der Bankiers behandelt – wie jene genannt werden, die bei weitem den größten Teil des Geldes erzeugen – sondern aus der Sicht der ALLGEMEINHEIT, die derzeit wertvolle Güter und Dienstleistungen an die Bankiers als Gegenleistung für das Geld abtreten müssen, das jene so geschickt geschaffen haben und fortwährend schöpfen. Dies ist sicherlich, was die Öffentlichkeit wirklich über Geld erfahren möchte.

In Athen und Sparta hat man zehn Jahrhunderte vor Christi Geburt erkannt, dass eines der wichtigsten Vorrechte des Staates das Prägerecht des Geldes darstellte. Wie eigenartig, dass diese ganz einmalige Qualität jenes Vorrechts erst jetzt wieder entdeckt wird. Was hier in der Lage war, eine vorgeblich gewissenhafte Regierung zu überschatten, ist nicht allein die „Geldmacht“ der Ultrareichen, sondern ganz schlicht eine neue Technik, die darauf abzielt, Geld zu erschaffen und zu vernichten, indem sie Zahlen in den Bankkonten hinzufügt und abzieht, ohne die geringste Rücksicht auf die Interessen der Gemeinschaft oder die tatsächliche Rolle, die Geld in dieser spielen sollte.

Die enorme Bedeutung dieser Geldmacht oder Geldtechnik und ihrer Schlüsselposition in der Gestaltung der Weltgeschehnisse im Laufe der Zeit wurde von den gründlicheren Erforschern des Geldsystems und in jüngster Zeit von einigen wenigen Historikern erkannt. In diesem Buch wird die Herangehensweise an das Thema und eine Philosophie des Geldes im Lichte einer Reihe neuer Lehren erläutert, denen der Sammelbegriff *Ergosophie*[1] verliehen wird und mit dem Ökonomie, Soziologie und Geschichte mit dem Auge des Ingenieurs anstatt mit dem des Humanisten betrachtet werden. Hierbei wird es weniger um die Details einzelner bereits vorgeschlagener Systeme zur Währungsreform gehen, sondern vielmehr um die allgemeinen Grundsätze, denen sich nach Ansicht des Autors jedes Währungssystem auf lange Sicht fügen muss, will es seine eigentliche Rolle als Verteilungsmechanismus in der Gesellschaft erfüllen. Lässt man zu, dass es zu einer Einnahmequelle für private Emittenten wird, so wird damit zunächst ein geheimer und illegitimer Arm der Regierung erschaffen und schließlich eine konkurrierende Macht, die stark genug ist, um letztlich alle anderen Formen der Regierung zu stürzen.

[1] A.d.Ü.: Den Begriff Ergosophie gibt es in dieser Form heute nicht mehr. Stellvertretend kann die Ergokratie (griech. *ergon* = Werk, Arbeit, Leistung) als alternative Wirtschaftslehre genannt werden, die als theoretisches Modell durch ihren Begründer Heinrich Färber in den Zwischenkriegsjahren gebildet wurde. Als Hauptübel der bestehenden Wirtschaftsordnung wird hierbei das Zinssystem angesehen, das laut ergokratischer Auffassung als höchst ungerecht gilt und einen Teufelskreis darstellt. Im Kern fordert die Ergokratie daher ein nachhaltiges Wirtschaften ohne Kreditvergabe, stellt also eine langfristige Stabilität über das Wirtschaftswachstum.

Kapitel I
Der philosophische Hintergrund – Ergosophie

Der Gegenstand. Vor nunmehr sechzehn Jahren fand jenes allgewaltige Ereignis sein Ende, das die Menschheit und ihre Möchtegernherrscher und Vordenker machtlos und für alle erkennbar im Griff jener Kräfte zeigte, die durch ihre Technologen sicher angekettet worden waren, die aber der Krieg entfesselt hatte. Es besteht ein klares Verständnis im allgemeinen Bewusstsein, dass diese Generation Zeuge wahrhaftiger Geburtswehen einer neuen Ära ist, die durch den Fortschritt der Physik geprägt wird, und nicht aufgrund derjenigen, die bisher am lautesten in der Debatte oder am stärksten in der angestrebten Richtung der Ereignisse aufgetreten sind. Es wächst die Verbitterung, dass eine Zeit, die so prächtig und voll von dem edelsten Versprechen eines großzügigen Lebens ist, in solch schlecht informierten und inkompetenten Händen liegt.

Das veraltete Geldsystem. Überall reift nun ein neues Bewusstsein unter den umsichtigen Denkern heran, dass dieses Zeitalter Elemente enthält, die in den Arbeitsregeln der älteren Systeme von Regierung, Wirtschaft, Soziologie oder sogar Religion nicht enthalten waren, und dass es neuer Prinzipien bedarf, die an der Basis einzuführen sind und keinesfalls durch eine Veränderung übergeordneter Strukturen der Gesellschaft erfüllt werden können. Noch bemerkenswerter, fast unglaublich für diejenigen, die bisher als einsame Rufer in der Wildnis galten, ist das schnell wachsende Einvernehmen, dass in erster Linie das veraltete und gefährliche Währungssystem schadhaft sei. Hier liegt ein völlig empirisches und defätistisches Regelwerk vor, das mit der wissenschaftlichen Erweiterung der Lebensgrundlagen gewachsen ist und das nicht nur für die gegenwärtige Lähmung, sondern auch für den Großen Krieg selbst verantwortlich ist. Alle stimmen darin überein, dass hier zumindest eine Veränderung unvermeidlich ist, denn nun besteht der einzige Zweifel lediglich darin, ob irgendein Teil des Systems, welches durch einen Mangel an Vorstellungskraft darüber, was hätte sein können, immer noch als „in der Vergangenheit funktionstüchtig" beschrieben werden kann, auch in Zukunft Bestand haben wird.

Da sich das vorliegende Buch mit der Rolle des Geldes beschäftigt, wird es nur grundlegende Bedeutung erlangen, wenn es ihm gelingt, seinen Platz in der Neue-Welt-Bewegung einzunehmen. Das bedeutet nichts Geringeres, als ein Leitfaden und wie eine Leuchte für diejenigen zu werden, die vom Schicksal auserwählt werden, die neuen Führer jener großen, wenn auch nicht notwendiger Weise gewalttätigen Veränderungen zu sein, die uns bevorstehen. Der Autor unternahm auf ungewöhnliche Weise eine Untersuchung der physikalischen Grundlagen jener Konventionen und Halbwahrheiten, die sich als Ökonomik ausgeben. Dies zudem in einer Zeit, da der Krieg die Aufmerksamkeit aller auf die gravierenden Gefahren lenkte, die einer wissenschaftlichen Zivilisation durch die Unermesslichkeit der zerstörerischen Kräfte drohen, welche die Wissenschaft in die Hände solcher Nationen gelegt hat, die noch immer nur in Bezug auf die rohe Gewalt denkend agieren. Vor allem blickte er auf diejenigen Grundlagen, die dem Verteilungsmechanismus zugrunde liegen: in einer monetären Zivilisation namentlich dem Geldsystem. Seine wichtigste Schlussfolgerung, von der die nachfolgenden Ereignisse ihm keinen Grund zum Abrücken gaben – und dies ist nun eine Binsenweisheit – war, dass nichts Dienliches getan werden kann, solange kein wissenschaftliches Geldsystem an die Stelle desjenigen tritt, das heute immer wieder zusammenbricht.

Die Schlussfolgerung wird jedoch wahrscheinlich nie bei unseren Berufspolitikern beliebt werden. Sie bestand darin, dass, wenn etwas dergleichen unternommen würde, die wesentlichen Aktivitäten der Menschen im Rahmen ihrer Existenzsicherung ohne jede Form willkürlicher Übergriffe und staatlicher Kontrolle auskommen würden. In der Tat, so wie jetzt nicht einer von Tausend versteht, warum das bestehende Geldsystem eine solche Macht hat, ihn zu schädigen, so müsste – wenn es wie hier beschrieben korrigiert würde – nicht einer von Tausenden wissen, ob und wie es korrigiert wurde. Er würde es in der Tat nur durch die Folgen erfahren. Denn das Ziel des vorliegenden Buches ist es zu zeigen, wie das Geldsystem einer Wesensart angepasst werden kann, die genau dem unserer Standardgewichte und -maße entspricht.

Der Standpunkt der Gemeinschaft. Es wird notwendig sein, genauer auf die Kombination der Umstände zu blicken, welche diese Angelegenheiten gleichermaßen für die soziale und die wirtschaftliche Gesundheit der Gemeinschaft so wesentlich machen und die so völlig außerhalb der Denkweisen liegen, welche dem Einzelnen zu eigen sind und ihn in seinen eigenen privaten Angelegenheiten leiten. Ein Großteil der Schwierigkeiten besteht natürlich in der bewussten Verwendung bisher gebräuchlicher Begriffe in völlig neuer Weise und oft im Gegensatz zu denen, die normalerweise gemeint sind, wie zum Beispiel *Bargeld* und *Kredit*. Vieles ist auch auf ein Missverständnis über den Vermögensbegriff zurückzuführen, sobald diesbezüglich nicht der Einzelne, sondern die Gemeinschaft gefragt ist. Aus diesem Grund verlangt das technische Studium des Geldes auf eigentümliche Weise nach Kräften der Verallgemeinerung und oft sogar nach der vollständigen Umkehrung jener Ideen, wie sie sonst dem Einzelnen zu eigen sind. Diese Faktoren blieben leider nicht nur in der so genannten Geldwissenschaft gänzlich unberücksichtigt, sondern in gleichem und vielleicht noch wichtigeren Maße auch in den Fundamenten der orthodoxen Ökonomik, zu denen die Geldwissenschaft gehört.

Nun, geboren aus den unruhigen Zeiten in denen wir leben, ist aus einer Reihe unabhängiger und auf den ersten Blick völlig unzusammenhängender Wurzeln eine Gruppe von Lehren erwachsen, die im weitesten Sinne als die Anwendung wissenschaftlicher Prinzipien der materiellen Welt – also der Physik und der Chemie – auf die Ökonomik und die Soziologie beschrieben werden können. Ihnen wird eine Gemeinsamkeit zuteil, indem sie alle auf die originären Denkweisen wissenschaftlicher Menschen zurückgehen – hauptsächlich Ingenieure und Naturwissenschaftler –, welche mehr daran interessiert und damit vertraut sind, in Bezug auf die physischen Realitäten zu denken, als in Bezug auf soziale oder rechtliche Konventionen. Sie beschäftigen sich kaum mit den Problemen und Kontroversen der Einzel- oder Klassenökonomie, sondern mit der Bedeutung umfassender, allgemeiner und völlig unausweichlicher Prinzipien. Insbesondere die Prinzipien der Energetik, im Hinblick auf das Wohlergehen ganzer Gemeinschaften, die von der Herstellung und Verteilung von Vermögenswerten betroffen sind.

Die soziale Bedeutung der Energetik. Zumindest nach Ansicht des Autors verspricht diese neue Entwicklung für die Wissenschaft des menschlichen Gemeinwohls von weitaus höherer und fortdauernder Bedeutung zu sein, als der vorangegangene Einfluss der Biologie im letzten Jahrhundert, der zur Evolutionslehre führte. Denn sie schreibt einen starren Rahmen aus den physikalischen Grundgesetzen vor, gültig ebenso für den Menschen wie für die Maschinen, innerhalb dessen es wirklich überhaupt nichts Bestreitbares gibt. Die gängige Kritik an einer solchen Herangehensweise an sozialwissenschaftliche Fragen wäre gewesen, dass der Mensch keine Maschine sei, und dass in der Ökonomik, wie im Geldwesen als ihrer Unterabteilung, psychologische Faktoren und Überlegungen mindestens ebenso wichtig sind, wie die rein physischen Faktoren, wenn nicht sogar von größerer Bedeutung.

Aber dieses Argument ist jetzt durch die Ausweitung der exakten Wissenschaften auf diese Bereiche weitgehend veraltet, es sei denn, es postuliert freimütig einen Wunderglauben an die Kraft des menschlichen Geistes aus 2+2=5 zu machen, was auch immer es früher einmal gewesen sein mag. Es gibt keine, gab nie und wird niemals eine Gleichstellung der physikalischen und psychologischen Bereiche geben. So kann beispielsweise im Bereich eines Verteilungsmechanismus, insbesondere im Falle des Geldwesens als Verteilungsmechanismus – und das Gleiche gilt auch für das „Bankwesen", zu dem es inzwischen geworden ist – die Psychologie nur dazu beitragen, Petrus auszurauben, um Paulus zu bezahlen.[2]

Energietheorie des Vermögens. Eine der Hauptleistung dieser Lehrsätze ist eine konsistente Energietheorie des Vermögens und die scharfe Unterscheidung, die sich zwischen einem Vermögenswert und dem Besitz eines Schuldtitels ergibt. Dies offenbart vieles, was angesichts des drohenden Zusammenbruchs der modernen wissenschaftlichen Zivilisation unbestreitbar ist, um dieser ihren fachgemäßen Namen zu geben, obwohl sie normalerweise als kapitalistische Zivilisation bezeichnet wird. Wohl gibt ihr das „Kapital" in seiner eigentlichen physikalischen Bedeutung die äußere Charakteristik. Aber in diesem Sinne ist das Kapital ein unverbrauchbares Produkt eines unwiderruflichen Verbrauchs oder in Umlauf setzen von Vermögenswerten, die notwendig sind, um neue Methoden der Produktion vorzubereiten und diese zu ermöglichen. Dank moderner Methoden der Energieerzeugung ist nun viel mehr davon notwendig, als noch bei den alten Methoden. Darüber hinaus kann es gegen frisches Vermögen

---

[2] A.d.Ü.: Im Original „*To rob Peter to pay Paul*", also von einer Person zu nehmen, um einer anderen zu geben, besonders wenn es zur Beseitigung einer Schuld durch Schaffung einer anderen führt.

ausgetauscht werden, aber es kann nicht in solches umgewandelt werden. Aus Sicht der Gemeinschaft tritt Kapital daher eher wie eine Schuld auf, als in der Art eines Vermögenswerts.

Die orthodoxe Ökonomik war noch nie etwas anderes als eine Klassenökonomie der Besitzer von Schuldtiteln. Wenn deren Autoren jemals versuchten, weitere soziale Bezüge zu entwickeln, machten sie sich schlichtweg lächerlich, etwa als man sich ernsthaft darauf freute, das Millennium mit der Anhäufung von so viel Kapital zu erreichen, auf dass jeder wohlhabend und komfortabel werde, indem alle wohl von den Zinsen ihrer gegenseitigen Verschuldung ein Auskommen hätten. Hingegen bestand bis lange nach dem Krieg im Bereich des internationalen Handels das Diktum, dass die Aufrechterhaltung einer günstigen Handelsbilanz für die Existenz starker Nationen unerlässlich sei, was anhaltend ungünstige Bilanzen auf der Seite der Schwachen voraussetzte. Es wurde erklärt, dass dieses Land einer Katastrophe geweiht sei, gelänge es nicht, die bisherige Rate von Investitionen im Ausland aufrecht zu erhalten – wobei all das, was wir im Hinblick auf frühere Investitionen in Form von Zinsen und Tilgungsfonds erworben hatten, ins Ausland zurückgeführt wurde, und wenn möglich noch mehr als nur dies. Für die Schuldenperspektive des Vermögens und die Ersetzung der physischen Realität durch soziale und rechtliche Konventionen gibt all dies ein gutes Beispiel ab.

Ergosophie. Es ist angebracht, der Gruppe miteinander verflochtener, aber mehr oder weniger unabhängiger Lehren einen Namen zu geben, die unter Begriffen notiert werden wie der Kartesischen, Physikalischen oder Neuen Ökonomik, der Sozialen Energetik, dem ›Zeitalter des Überflusses‹ und der Technokratie, einschließlich der Auswirkungen dieser Lehren im Hinblick auf die Verteilungsprobleme und auf die neue Philosophie des Geldes, mit der sich dieses Buch besonders befasst. Zu diesem Zweck wird die *Ergosophie* als neuer Begriff verwendet. Dieser meint im rein physikalischen Sinn eine Lehre von Arbeit, Energie oder Kraft. Mentale oder intellektuelle Aktivitäten, auf die diese drei Begriffe oft lose angewandt werden, können besser als Bemühung, Fleiß oder Aufmerksamkeit bezeichnet werden.

Es gibt viele Gründe, die ein derlei neues Wort oder einen neuen Begriff wünschenswert erscheinen lassen. Bislang gab es keine wirkliche Sozialphilosophie, die vollständig aus den universell geltenden Gesetzen der physikalischen Welt entstanden ist. Andererseits war die Technologie von jeher zu nützlich, um nur als eine Art Sklave oder Diener dem Wortreichtum, der Großspurigkeit und dem Impressionismus menschlicher Philosophie und Religion zur Seite gestellt zu werden. So wie sie sich bis heute entwickelt hat, wäre es wohl kaum eine Karikatur der Zivilisation, sie als den Versuch zu beschreiben, die eine Ungerechtigkeit auszugleichen, die entstand, als man Gott die Angelegenheiten der Wissenschaften zuzuschreiben versuchte, indem man dem Kaiser die Dinge, die Gottes sind, übertrug.[3] Einer der ersten kollektiven Anfänge dieser Fehlentwicklung stellt wohl die Technokratie dar, zumindest in Form einer ihrer Inspirationsquellen: jenem Vorschlag von Thorstein Veblen, einen Sowjet der Techniker zu gründen, um Kontrolle über die Welt zu erlangen. Solange wir einfältige Leute haben, die sich mit armseliger Ergebenheit und Frömmigkeit dankbar angesichts aller guten Dinge des Lebens zeigen und sie der Gnade der Vorsehung zuschreiben, in Verbindung mit alles andere als schlichten Gemütern, die an nichts dergleichen glauben, aber bedingungslos weitaus gewaltsamere Methoden praktizieren, um all das zu bekommen, wird die Zivilisation weiterhin ein fröhliches Jagdrevier für Beutegreifer und

[3] A.d.Ü.: Soddy nimmt Bezug auf den Begriff „*rendering unto Caesar the things that are of God*" und spielt auf Markus 12;17 an: „*Da antwortete Jesus und sprach: So gebet dem Kaiser, was des Kaisers ist, und Gott, was Gottes ist!*"

Besitzgierige abgeben und eine Einöde für das Originelle und Kreative sein. Die neue Philosophie, indem sie für die technischen Wissenschaften ihre rechtmäßige Position als Gleichgestellte in der Dreieinigkeit der Weisheiten beansprucht, sollte es leichter machen, dem Kaiser die Dinge zu geben, die des Kaisers sind, und Gott die Dinge, die Gottes sind.

Vermögenswerte und Kalorien. In erster Linie wird die Ergosophie die genaue Bedeutung des altmodischen und unersetzlichen Wortes *Vermögen* rehabilitieren, das der orthodoxe Ökonom für zu selbstverständlich hielt und somit noch viel weniger über den vermeintlichen Gegenstand seines Studiums wusste, als die ursprünglichen Begründer des Fachs, die französischen Physiokraten. Er betrachtete, ausgehend letztlich von irgendeiner göttlichen Handlung, den Erwerb von Vermögen als gleichbedeutend mit dessen Erschaffung. Er wurde besessen von Kommerz und Handelsbeziehungen, weil er die technischen Prinzipien vernachlässigte, die jeder neuen Vermögensproduktion zugrunde liegen. Bis heute sind wir im Griff eines kaufmännischen Systems, das in der Verteilung die meisten Vorteile, die sich aus der Erleichterung der Arbeit in der Vermögensproduktion ergeben, verspielt. In eine Vielzahl offensichtlicher Ungereimtheiten verwickelt, schien der Ökonom die Verwendung des Vermögensbegriffs durch die seiner Sophistik Unkundigen zu missbilligen. Selbst die Orthodoxen sind heute in der Verwendung des Wortes äußerst zurückhaltend. Diesbezüglich hat die in letzter Zeit in den Zeitungen sehr deutlich gewordene Diskussion über das notwendige Einkommen, um unter anderem genügend Nahrung zur Versorgung einer Familie in Gesundheit und Arbeit zu erwerben, eine Bedeutung, die vielleicht übersehen worden ist. Die ganze Frage drehte sich um die Anzahl der Kalorien, die in der Nahrung selbst enthalten sind, was gegebenenfalls durch Verbrennung in einem Kalorimeter nachgewiesen werden kann. Das *ist* Ökonomik, auch wenn sie noch nicht als solche wahrgenommen wird.

Der überholte Marxismus. Man sollte nie vergessen, dass die viktorianische Ökonomie im Wesentlichen eine Klassenökonomie war, in der die effektiven Vermögensproduzenten, im Unterschied zu den Arbeitgebern und Grundstücksbesitzern, erst schrittweise und zögerlich betrachtet wurden. Aber unter den akzeptierten Lehren der linken und revolutionären Bewegungen finden wir die Sachlage noch schlimmer und unzulänglicher. Mit einer deutlicheren Anerkennung der sozialen Auswirkungen des Energiesektors, erscheinen unsere politischen Kontroversen vor allem als Folge ökonomischer Verwirrungen. Für eine Zeit, in der die Arbeiter immer mehr durch rein unbelebte Energiequellen aus ihrer Funktion als physische Arbeitskräfte verdrängt werden und Gefahr laufen, durch die Automatisierung weitgehend aus dem Produktions- und Verteilungszyklus herausgelöst zu werden, wäre es unglaublich, wenn es nicht so wahr wäre, dass ein so großer Teilbereich der Welt falsch dargestellt werden sollte, wie es durch die Lehren Karl Marx' geschieht, in denen die *menschliche* Arbeit als ursächlich für die Herstellung von Vermögenswerten beschrieben wird. Jeder Handwerker hat davon Kenntnis, dass dies nun nicht mehr der Wahrheit entspricht. Die Ansichten von Marx über Geld waren im Verhältnis zu seiner Epoche sogar noch veralteter als seine Ansichten über Vermögen, und in ihren Ausführungen vor dem Macmillan-Komitee war es bezeichnend für die Marxisten, dass sie wohl die letzten waren, die ihren primitiven Glauben an den Goldstandard und das Gold als Währungsmedium aufgegeben haben.

Beziehungen zwischen Völkern und Regierungen. Wenn, wie es scheint, diese veralteten Ideen und die sie missbrauchenden Doktrinäre rasch ihren Einfluss auf die Öffentlichkeit verlieren, und wenn durch den unausweichlichen Fortschritt der Wissenschaft ein anwachsender Kreis von Menschen aller politischen Couleur für die viel grundlegendere Revolution erwacht, wäre es für dieses und andere Länder, die noch nicht von Umstürzen eingeholt wurden, möglich, einen ganz anderen und vernünftigeren, wenn auch nüchternen Lauf der Ereignisse zu erwarten. Denn es wäre kein Fortschritt, nach der Abberufung einer Gottheit aus ihrer Funktion des universellen Versorgers, die Regierung an seiner Stelle einzurichten. Veblen war der Realität viel näher, indem er den Technologen anstellte. Zumindest wäre es für die wirtschaftlichen Aufgaben der Nation nicht von Nachteil, wenn gewöhnliche, praktische Geschäftsregeln eingehalten würden, in welchen Erfolg und Ehrlichkeit durch Beförderung begünstigt und Korruption und Inkompetenz, wie bei anderen bezahlten Beamten, zu Entlassungen führen würden.

Deutung der Geschichte aus Sicht der Physik. Auch die Geschichtsschreibung scheint sich nicht derselben Anklage wie die Ökonomik entziehen zu können. Studieren wir an anderen Umwälzungen nicht die Handlungen und lauthals verkündeten Motive der Konfliktparteien, sondern blicken auf die dauerhaften und bleibenden Früchte des Kampfes, scheint zwischen diesen nur wenig bis gar keine Ähnlichkeit mehr zu bestehen. Die Historiker müssen sich der Anklage stellen, eher das aufzuzeichnen, was nach ihren einseitigen philosophischen Vorurteilen hätte geschehen sollen, als das, was wirklich geschehen ist. Tatsächlich scheinen sich die aufeinanderfolgenden politischen Fraktionen gegenseitig effektiv ausgelöscht zu haben, bis durch einen Prozess der Eliminierung nach und nach die neueren Einflusskräfte in der Welt freiere Hand bekamen, die eine befriedigendere und intelligentere Lebensweise erlaubten und auch beförderten. Dann und nur dadurch ließen die gärenden Kräfte nach.

Dies ist zumindest die Interpretation der Geschichte durch Sydney A. Reeve[4], einen amerikanischen Ingenieur, der sich seit dreißig Jahren dem Studium der großen historischen Kriege und Revolutionen der Vergangenheit aus der Sicht der Sozialen Energetik widmet. Seine Schlussfolgerung, dass diese schrecklichen und verheerenden Ausbrüche hätten vermieden werden können und in Zukunft verhindert werden könnten, ist im gegenwärtigen Zustand der Welt gewiss von erheblicher Bedeutung. Die menschlichen Bestrebungen nach Fortschritt können als gesichert angesehen werden. Selbst in der totalen Finsternis sind sie nicht tot, sondern nur latent. Aber ob diese sich verwirklichen können und nicht nur eine bloße passive oder aktive Revolte bleiben, die im Voraus zur Vergeblichkeit verdammt ist, ist letztlich eher eine Frage der physischen Ressourcen als der psychischen Einstellung der Menschen. Ohne einen gewissen wirtschaftlichen Überfluss – umso wichtiger angesichts der Zerstörung, die diese Ausbrüche mit sich bringen – sind die kühnsten und heldenhaftesten Bestrebungen vergebens.

Die Wahrheit über den „Materialismus“. All das mag nach einem schäbigem und ungemilderten Materialismus klingen und mag für viele einen unheilvollen Klang haben. Doch nichts als Ignoranz oder noch Schlimmeres könnten es so erscheinen lassen. Es ist besser, auf diejenigen zu hören, die eine Wüste wie eine Rose erblühen lassen, als auf diejenigen, die wunderbares Weideland zu einem Schlick aus Schmutz und Blut gemacht haben; auf diejenigen, die aus den Gestirnen das Füllhorn brachten, mit dem Jupiter

[4] A.d.Ü.: Sidney Armor Reeve (1866–1941) war als Erfinder, Professor für Dampf- und Wasserbau sowie beratender Ingenieur in New York tätig. Inspiriert durch die Lektüre von Henry George begann er, sich mit der Soziologie zu befassen, Er begründete das wissenschaftliche Gebiet der sozialen Energetik, das später von Frederick Soddy in seinem Buch THE ROLE OF MONEY erweitert wurde. Seine Kernthese war, dass die gleichen mathematischen und konzeptionellen Überlegungen sowohl für Entropie, Energie und Thermodynamik in Dampfkesseln als auch für den gesellschaftlichen Apparat gelten.

gesäugt wurde, als auf jene, die es aus Angst vor Überfüllung in die Flüsse und ins Feuer entleerten; auf diejenigen, die Licht und Luft in die Keller lassen und soziale Krankheiten mit Nahrung und Wärme bekämpfen, anstatt mit Drogen und Almosen; auf die, die darauf warten, die wachsende Flut des Wohlstands für das Lebendige zu befreien, anstatt zuzusehen, wie diese Dämme zerbricht und wieder in das Werk von Zerstörung und Tod ausartet. Ist es nicht vielmehr schrecklich, dass Männer, die all diese Dinge tun könnten, als bloße Stellvertreter von fehlgeleiteten Humanisten und Idealisten angesehen werden und sich keine Gedanken darüber machen sollen, ob sie nun zum Erschaffen oder zum Vernichten angeheuert werden? Selbst die Maultiere der Vereinigten Staaten, so lesen wir, weigerten sich, die aufkeimenden Pflanzen wieder unter die Erde zu treten, als die speziell zu diesem Zweck eingeführten Baumwollkapselkäfer es versäumten, die Baumwollernte zu zerstören, um eine „Überproduktion“ zu verhindern. Hingegen sind jene Menschen nun am Ende ihrer Weisheit angelangt, die über ausreichende Mittel verfügen, um eine Zivilisation von einer Pracht und Freizügigkeit aufzubauen, die die Welt nie gekannt hat, nur um neue Formen der Zerstörung und Verschwendung zu erfinden, damit diese neue Zivilisation nicht die alte verdrängen kann.

Der physische Ursprung des „Fortschritts“. Einige mögen in der Ergosophie nichts als wirtschaftlichen Determinismus sehen, der auf die Spitze getrieben wird. Wahrlich, Kalorien stehen insofern an erster Stelle, als dass nichts ohne deren ausreichenden Einsatz geschehen kann – eine Bedingung, auf die sich Humanisten üblicherweise nicht bequemen einzugehen. Aber diese Art von Determinismus leitet die neue Lehre von Gesetzen ab, die überhaupt nicht aus dem Leben entstehen, obwohl alles Leben ihnen gehorcht. Dass dies nicht nur banal und selbstverständlich ist, oder zumindest war, wird aus den Ansichten von Marx deutlich, dem die Lehre vom ökonomischen Determinismus so weitgehend zugeschrieben wird, wie die der Entstehung des Vermögens. Hätte er bei seiner Definition von Vermögen das Wort „Mensch“ ausgelassen und gesagt, dass das Vermögen aus der Arbeit hervorgeht, in dem Sinne, in dem der Physiker das Wort für Arbeit oder Energie verwendet, hätte er moderne Ansichten antizipiert. Stattdessen bezeichnete er den ursprünglichen Begründer dieser vielleicht größten aller wissenschaftlichen Verallgemeinerungen als *„einen amerikanischen Humbug, der baronisierten Yankee, Benjamin Thompson, alias Graf Rumford.“*[5]

Aber obwohl dies jetzt kaum mehr als eine Binsenweisheit ist, gibt es in diesen Lehren etwas viel Positiveres als nur das Ausschließen oder Unterordnen menschlicher und religiöser Faktoren gegenüber der letztendlichen Entscheidung über das Schicksal der Gemeinschaften. Soweit es den Einzelnen betrifft, scheint es vollkommen freigestellt zu sein, die Möglichkeiten der Erfindung und Entdeckung zu nutzen oder nicht, um die Arbeit zu erleichtern und die Erträge des Lebensunterhalts zu vervielfachen. Aber dieser freie Wille erstreckt sich keineswegs auf seine Fähigkeit, andere dauerhaft davon abzuhalten. Reeves Theorie von Kriegen und Revolutionen ist, dass sie gerade aus diesem Versuch entstehen, der letztendlich immer erfolglos und katastrophal ausfällt. Was auch immer man als Bezeichnung für diese neue Sichtweise wählen mag, es bedeutet

[5] A.d.Ü.: Ein Verweis auf Karl Marx DAS KAPITAL - Bd. I Abschnitt VI. Kapitel 22. Teil 4: *„Zwei Jahrzehnte später verfolgte ein amerikanischer Humbug, der baronisierte Yankee Benjamin Thompson (alias Graf Rumford), dieselbe Philanthropielinie mit großem Wohlgefallen vor Gott und den Menschen. Seine ‚Essays‘ sind ein Kochbuch mit Rezepten aller Art, um Surrogate an die Stelle der teuren Normalspeisen des Arbeiters zu setzen.“* Soddy geht in WEALTH, VIRTUAL WEALTH AND DEBT noch genauer darauf ein, dass aus dem Werk dieses „amerikanischen Humbug“ tatsächlich die moderne Maschine mit 10.000 Pferdestärken entstand und jede Pferdestärke der von 10 Männern glich. Jede Maschine konnte somit als unermüdlicher Ersatz für die körperlichen Arbeitskräfte einer Gemeinschaft von 30.000 Arbeitern stehen. Der Vorwurf an Marx liegt darin, diese Arbeitsleistung physikalischer Energiequellen nicht bedacht zu haben.

eindeutig, dass der menschliche Fortschritt von unten bestimmt wird, selbst wenn er nicht von oben initiiert wurde. Im besten Fall können Menschen zu höheren Lebensweisen geführt werden, aber im schlimmsten Fall werden sie rückseitig angetrieben. Doch sie überlässt die tatsächliche Form und das Wesen des menschlichen Fortschritts den anderen Mitgliedern der Dreifaltigkeit, den biologischen und psychologischen Inhalten des Zeitalters, die zu der jeweiligen Zeit vorhanden sein können, da sie nicht in ihre Zuständigkeit fallen.

Die Doktrin des Kampfes. So bitter und erschütternd dies für viele liebgewonnene Illusionen auch sein mag, so ist dies doch der Schlüssel, der zu unserer Zeit passt, und niemand weiß es besser als diejenigen, die versucht haben, dieses neue Evangelium zu verbreiten. Wie ein australischer Schriftsteller kürzlich gut formulierte, gibt es viele, die sich an Armut, Unsicherheit, harter Arbeit, dürftigem Leben, Kriegen, Hunger und Krankheiten als verkleidete Segnungen klammern (zugunsten anderer, nicht für sich selbst), die erforderlich sind, um dieses faule und widerspenstige Tier, den Menschen, anzutreiben und zu unterwerfen und ihn vor Weichheit und Dekadenz zu schützen. Dies ist die Doktrin eines Daseins um des Kampfes willen, anstatt eines Kampfes um des Daseins willen, und es ist wahrscheinlich die älteste Lehre der Welt. Sie riecht mehr nach der Art des Ostens, als nach der des Westens. Wird sie als „biologische Notwendigkeit“ betrachtet, ist der physische Imperativ noch kategorischer. Denn im Kampf kann der Mensch nunmehr nicht existieren – er kann sich nur selbst zerstören oder zerstört werden. In Anbetracht der Tatsache, dass das Leben von Anfang an wenig anderes getan hat, als physischen Zwängen aus dem Weg zu gehen, ist es sicherlich eine eher grobe Biologie, anzunehmen, dass der Mensch in dieser Epoche seiner Evolution plötzlich seine Instinkte umkehren und notgedrungen sein Gehirn an ihnen zerschlagen sollte. Tatsächlich kommen diese Vorstellungen nur zu behelfsweiser Anwendung, wie der australische Schriftsteller mit Bedacht hervorhob, und die biologische Voraussetzung des Todes für den Einzelnen ist immer noch die größte Absicherung für das Überleben der Spezies. Das Problem ist vielmehr erzieherischer Art, damit die Menschheit als Spezies lernt, sich effektiv gegen diejenigen zu schützen, die ihre Lehren vorwiegend aus der Geschichte der vergangenen Pfeil- und Bogenzeit bezogen haben und die titanischen Waffen der Wissenschaft zur Vernichtung der Spezies einsetzen würden.

Wahrlich wurden die Menschen in jenen Epochen durch Hungersnöte zu erfolgversprechenden Raubzügen und dem Diebstahl an ihren Nachbarn angestachelt, jedoch wurde der Fortschritt in unserem Energiezeitalter durch die Eroberung der Natur und dem Umgehen des Menschen ermöglicht. Wie auch immer die endgültige genetische Auswirkung des Großen Krieges sein mag, es wird allgemein anerkannt, dass die Französische Revolution und die Napoleonischen Kriege den durchschnittlichen Gesundheitszustand der französischen Nation spürbar geschwächt haben, und dass Kriege sich nun definitiv und notwendigerweise dysgen[6] auswirken, da überlegener Mut und Tapferkeit viel wahrscheinlicher zu rascher persönlicher Vernichtung führen müssen, als zu schlussendlichem Überleben. Auf der lichten Seite, hat die Wissenschaft sowohl Möglichkeiten als auch unvermeidliche Notwendigkeiten für die Bewältigung und Überwindung von Gefahren geschaffen, die die Wangen der legendären Helden der alten Zeit hätte erbleichen lassen. Wo Mut und Ausdauer für das Überleben unerlässlich sind – bei der Erforschung von Land, Meer und Himmel und beim Erproben und Zähmen noch unvollkommen verstandener neuer Prozesse und Geräte für den Gebrauch durch den Menschen – liegt der Fehler, wenn überhaupt, vielmehr bei unseren Dichtern,

[6] A.d.Ü.: Im Sinne eines negativen Effekts auf den Gen-Pool, vor dem Hintergrund der damaligen Auslegung von Darwins Evolutionstheorie.

solche Errungenschaften nicht angemessen zu verewigen. Aber auf diesem Gebiet zweifelt niemand an der immensen Überlegenheit jener Ältesten uns gegenüber, wo wir ansonsten in vielerlei Hinsicht nur sehr wenig von jenen zu lernen haben.

Moderne Kriege und Staatsschulden. Noch einmal: Geht es bei Kriegen heute lediglich um den Lebensunterhalt? Werden Kriege nicht vielmehr geführt, um Märkte zu sichern, in denen der überschüssige Reichtum entsorgt wird, der sich aus der wissensgestützten Produktionsweise ergibt und welche unter dem althergebrachtem Lohnrecht stattfindet? (Mit dem von jeher angewandten „Lohnrecht“ ist das System gemeint, die Arbeiter gerade so viel verdienen zu lassen, dass sie überleben können, um sie in einem geistigen und körperlichen Zustand zu halten, in dem sie ihr effizientes Wirken in Handel, Handwerk oder Beruf ausüben können. Dies ist natürlich ein *direktes* Erbe des Zeitalters der Knappheit). Um es ganz offen zu sagen, der Zweck von Kriegen besteht darin, schwächere Nationen zu zwingen, den Stärkeren diesen Überschuss abzunehmen und dabei gegebenenfalls Schulden zu machen, um dafür zu bezahlen. Im Weiteren ist die Androhung eines fortgesetzten Krieges notwendig, um sicherzustellen, dass die Schulden und die Zinsen darauf nicht widerrufen werden.

Die wahren Kämpfe. Der Kampf ums Dasein erweist sich nun grundsätzlich als ein Streben nach physischer Energie, und die Eroberung der Natur hat davon Vorräte bereitgestellt, die weit über das hinausgehen, was aus den widerwilligen Körpern von Zugvieh und Sklaven gewonnen werden kann. Es ist nicht der Kampf, sondern die Energie, die für das menschliche Leben wesentlich ist. Die Doktrin einer Existenz um des Kampfes willen ist hingegen die älteste Religion der Welt.

Es war nie etwas anderes als eine Religion der Ehrgeizigen, Dominanten und Skrupellosen, gepaart entweder mit einer Rassen- oder einer Kastenüberlegenheit über die außenstehenden Völker oder über die in ihr lebenden Herdenmenschen, mit der Annahme einer Berechtigung, gegenüber Fremden tückisch und schädlich zu handeln und denjenigen, die sie für minderwertig halten, und ihre Ehren- und Verhaltensmaßgaben auf diejenigen ihres eigenen Blutes oder ihrer eigenen Ordnung zu beschränken. Es ist ein Code, dem sich das Christentum seit zweitausend Jahren aktiv und passiv widersetzt. Diese Tatsache ist nicht belanglos. Denn zwischen dem Fortschritt, der in der Ergosophie gipfelt, und der christlichen Religion besteht eine enge Verbindung. Tatsächlich ist erstere ihrem Ursprung nach vollständig das Produkt der christlichen Nationen des Westens.

Das Tabu wissenschaftlicher Ökonomik. Nach dem Krieg wurde der Ruf nach einer Zusammenarbeit der Wissenschaftler mit den Instanzen des Finanz-, Industrie- und Politiksektors laut, um die sozialen Übel zu lösen, die den Krieg auslösten und seither den Frieden zu einer bloßen Fehlbezeichnung gemacht haben. Aber die sonderbaren und ungewöhnlichen Schlussfolgerungen jener Wenigen, welche dieselben forschenden und originellen Gedanken an die sozialen Probleme herangetragen hatten, die sie sonst gewohnt waren, in ihren eigenen Nachforschungen anzuwenden, setzten nicht die Öffentlichkeit in Schrecken, sondern diejenigen, deren Interesse an solchen Problemen darin besteht, alles auf althergebrachte Weise zu halten. Diejenigen, die darauf beharrten, Licht in die sozialen Übel und Missstände zu bringen, wurden als unanständig angesehen, und deren Schlussfolgerungen wurden tabuisiert. Aber es ist von größter Torheit, anzunehmen, dass in unseren Tagen jede pauschale Verallgemeinerung, welche die bestehenden großen Fragen klärt und verdeutlicht, unterdrückt werden könnte. Nun, da es Anzeichen dafür gibt, dass die Schule der Währungsreformer eines Zeitalters des Überflusses Boden gewinnt und dass die Verschwörung des Schweigens seitens der „respektablen" Presse gescheitert ist, können wir die Kosten abschätzen. Fünfzehn Jahre kostbarer Gelegenheiten wurden verschwendet, wobei die Zeit stattdessen der Verschlimmerung der Krankheit gewidmet wurde. Die Herangehensweisen, die jetzt, wie jeder weiß, genau das Gegenteil von dem darstellten, was die Fakten erfordern, wie beispielsweise eine Sparsamkeit oder die Produktion von mehr Waren bei geringerem Konsum, haben sich zu ihren unvermeidlichen Ergebnissen gefügt. Von der Öffentlichkeit wird erwartet, zu glauben, dass die Missstände, die uns heimgesucht haben, Handlungen Gottes sind und dass es, obwohl wir über die Wissenschaft und die notwendige Ausrüstung und Organisation verfügen, um Wohlstand im Überfluss zu produzieren, es über den menschlichen Verstand hinausgeht, zu erlernen, wie man ihn gerecht verteilt. Wohl wahr, das Problem ist neu, und die Herangehensweise wird oft absichtlich durch eine Masse von Halbwahrheiten und einstigen Wahrheiten verschleiert. Aber seine Lösung wurde durch die kindischen Bemühungen der Nachkriegszeit, eine freie öffentliche Diskussion über die neuen Lehren zu unterdrücken, nicht näher oder klarer gemacht – ein Thema, das zur Zeit von Galilei in der Physik ausgefochten und gewonnen wurde.

Kriege und Revolutionen durch Wohlstand. Der Leser wird zweifellos in der Lage sein, viele eindrucksvolle Bestätigungen der Theorie zu liefern, dass Kriege und Revolutionen nicht aus Armut und Elend resultieren, sondern aus dem Wachstum des Wohlstands und aus dem vergeblichen Versuch, seiner Verteilung zu trotzen. Aber zwei markante Beispiele, die dem Autor einfallen, sollen hier zitiert werden. Das erste betrifft die direkten und indirekten Ursachen, welche die erste Kerenski-Revolution in Russland ausgelöst haben. Damals wurde uns von intelligenten und unvoreingenommenen Russen gesagt, dass es weder Hunger und Armut noch die Schrecken der Niederlage im Krieg seien, sondern zwei Offenbarungen staatlicher Inkompetenz, die so ungeheuerlich waren, dass sie die tiefsten Gefühle Russlands empörten. Das eine war die Massenrekrutierung der Bauern, lange bevor es auch nur für einen geringfügigen Teil derselben Waffen oder Kasernen gab, wobei ein großer Teil an den entstandenen pestartigen Bedingungen starb. Selbst aus rein militärischer Sicht wären sie bei der Arbeit auf ihren Feldern viel besser aufgehoben gewesen. Der andere war der Verlust praktisch der gesamten Ernte einer Saison in einem der Hauptkornbereiche Südrusslands während der Übertragung von Lastkähnen an einem Umschlagpunkt zum Schienenverkehr, an dem allgemein bekannt war, dass es zu plötzlichen Herbstüberschwemmungen kommen kann.

Das zweite Beispiel hat mehr als nur zufällige Bedeutung. So erzählt Olive Schreiner in der Einleitung zu ihrem Buch WOMAN AND LABOUR, wie sie es als fast selbstverständlich ansah, dass *„sich Frauen jeglicher Rasse oder Klasse jemals auflehnen würden oder niemals versuchen würden, auf revolutionäre Weise die Beziehung zu ihrer Gesellschaft anzupassen, so ausgeprägt ihr Leiden auch sein möge und wie deutlich ihre Wahrnehmung davon auch sei, während das Wohl und Fortbestehen ihrer Gesellschaft ihre Unterwerfung erfordert.“* Sie tun dies erst, in aller Kürze gesagt, wenn die veränderten Bedingungen jene Nachgiebigkeit nicht mehr notwendig oder wünschenswert machen.

Es ist nicht das Leiden selbst, sondern *unnötiges* Leiden und Elend, welche die Triebfedern des menschlichen Fortschritts sind. Diesen geht ein materieller Fortschritt in den Erfindungen und Künsten voraus, der den Menschen Macht über ihre Umwelt gibt. Glücklich ist in der Tat das Zeitalter, in dem auch im moralischen und geistigen Bereich mit der Expansion des Wohlstands Schritt gehalten wird. Denn dann erleben wir nicht die Revolution, sondern die Renaissance. So sind es in unserer Zeit weder der Agitator, der den Klassenhass schürt, um eine Revolution zu entfesseln, noch die Flieger, die Bomben regnen lassen, um eine Revolution zu stoppen. Aber Milch in den Potomac zu entleeren; Schädlinge zu importieren, um die Baumwollernte zu zerstören; Weizen und Kaffee als Brennstoff zu verheizen; die Produktion von Gummi einzuschränken; die Errichtung von Zollschranken, Trusts, Verbänden, Kartellen und Aussperrungen zuzulassen; den Gewerkschaften die Entwicklung von Verzögerungsmethoden zu ermöglichen, um die Produktion zu reduzieren; Massen von Arbeitslosen in Elend, Tatenlosigkeit und Unsicherheit zu lassen, denen nicht gestattet wird, ihr Los zu verbessern, indem sie die nötigen Dinge herstellen, derer sie bedürfen; dies wird die Revolution in irgendeiner Form nicht nur wahrscheinlich machen, sondern vielmehr sichern. Die Ideen, unter deren Herrschaft die Menschen stehen, sind ungeheuerlich. Statt einiger eindrucksvoller Beweise für Inkompetenz oder sogar schlimmerem beginnt man das allgemeine Chaos zu erkennen, das an die Stelle von Ordnung tritt. Ihre Einrichtungen, weit davon entfernt, sie in ihren friedlichen Berufen, von denen sie für ihren Lebensunterhalt abhängen, zu schützen, scheinen sich zusammenzuschließen, um sie in althergebrachter und unnötiger Knechtschaft und Abhängigkeit zu halten. Die Armee beginnt zu erkennen, dass sie vom Feind befehligt wird.

Das Geldwesen behindert den Fluss. Auch wird kein Mittel zur Verfügung stehen, um eine solche Revolution zu beenden oder zu bezwingen, sei sie plötzlich oder langfristig, heftig oder nachhaltig, es sei denn, es werden die Hindernisse, die der freien und vollständigen Verteilung des Wohlstands vom Erzeuger bis zum letzten Verbraucher und Konsumenten entgegenstehen, abgebaut und der Fluss des Wohlstands kann wieder den Zweck erfüllen, für den die Menschen ihn zu schaffen versucht haben. Da es in allen monetären Zivilisationen das Geld ist, das allein den Austausch von Vermögen und den kontinuierlichen Fluss von Gütern und Dienstleistungen im ganzen Land bewirken kann, ist Geld zum Lebensblut der Gemeinschaft geworden und für jeden Einzelnen eine wahre Lebenslizenz. Das Geldsystem ist der Verteilungsmechanismus, und die vorliegende Geschichtsauffassung unterstützt daher bis zum Äußersten die Schlussfolgerungen derjenigen, die eine besondere Betrachtung dessen vorgenommen haben, was unser Geldsystem zu werden droht. Sie ist die erste und zugleich unendlich bedeutsamste Quelle all unserer gegenwärtigen sozialen und internationalen Unruhen und für das bisherige Scheitern der Demokratie.

Schon eine sehr begrenzte Kenntnis unseres tatsächlich bestehenden Geldsystems macht deutlich, dass die Macht, Geld in Umlauf zu bringen, aus den Händen der Nation genommen und vom Geldverleiher als Vorrecht an sich gerissen wurde, ohne das Wissen oder die Erlaubnis der Demokratie, ohne dass dies für die Wählerschaft jemals auch nur als zweitrangige oder geringfügige politische Frage zur Debatte stand. Praktisch jeder echte Währungsreformer vertritt die Auffassung, dass die einzige Hoffnung auf Sicherheit und Frieden darin besteht, dass die Nation ihr Vorrecht in der Frage der Bereitstellung aller Formen von Geld, das sie rechtlich gesehen nie aufgegeben hat, sofort wiedererlangt.

Kapitel II
Geldtheorie – Virtuelles Vermögen

Was ist Geld? Beginnen wir unsere Betrachtung vom Sinn des Geldes durch eine verständliche Beschreibung dessen, was das moderne Geld ist.

Geld ist jetzt das NICHTS, *das man für* ETWAS *bekommt, bevor man dafür* ALLES *bekommen kann.*

Unsere Aufgabe wird es sein, all das zu verstehen, was dies beinhaltet. Die Definition ist natürlich eine ökonomische Definition, die sich auf gewöhnliche Transaktionen bezieht, wie Verdienen, Kaufen und Verkaufen unter gewöhnlichen Menschen – großzügige Onkel und andere freiwillige Wohltäter werden nicht in Betracht gezogen. Das *Nichts*, *Etwas* und *Alles* in der Definition bezieht sich auf Dinge von realem Wert an sich, normalerweise als Waren und Dienstleistungen bezeichnet, oder einfach nur auf Vermögen, es sei denn, es handelt sich um Haarspalterei oder rein technische Unterschiede, die auf die genaue Definition von Vermögen abzielen. Darüber hinaus bezieht sie sich auf die gewöhnlichen Menschen, im Sinne derer, die weder die Möglichkeit noch die Macht haben, selbst Geld zu drucken.

Tatsächlich beantwortet diese Definition nicht nur umfassend, was Geld jetzt ist, sondern auch gebührend alles, was Geld schon immer war, sei es nun Münzen oder Papier oder eine andere Form. Aus der Sicht des Eigentümers oder Besitzers[7] ist Geld der Kredit, den er zu seinen Gunsten bei der Gemeinschaft geschaffen hat und in welcher dieser derzeit in Umlauf oder als „gesetzliches Zahlungs-

[7] A.d.Ü.: Diese „eigentümlichen" Begriffe sind im Englischen oft unscharf, hier schreibt Soddy dezidiert „*owner or possessor*". Vergleiche dazu die Ausführungen von Bernd Striegel im Anhang.

mittel" in Gebrauch ist, indem er in der Vergangenheit wertvolle Waren und Dienstleistungen ohne Gegenleistung *abgegeben* hat, um in Zukunft nach eigenem Ermessen und ohne weiteres einen Gegenwert zu erhalten. Es ist lediglich ein geniales Mittel, um die Vorauszahlung zu sichern: In einer monetären Zivilisation sind die Geldbesitzer diejenigen, die für bestimmte Marktwerte von käuflichen Waren und Dienstleistungen im Voraus gearbeitet haben, ohne sie bisher erhalten zu haben.

Es gibt nichts Geheimnisvolles an all dem. Was als „moralisches Geheimnis des Kredits" bezeichnet wird, also Kreditgeld, könnte genauso gut als unmoralisches Geheimnis der Schulden bezeichnet werden. Denn es gibt kein Guthaben ohne Schulden ebenso wenig wie Höhe ohne Tiefe, Osten ohne Westen oder Hitze ohne Kälte. Die beiden sind verwandt, und obwohl es nur einen braucht, um ein Vermögen zu besitzen, braucht es zwei, um eine Schuld zu besitzen, denn für jeden Eigentümer gibt es einen Schuldner[8]. Geld ist natürlich eine ganz besondere Form des Kredit-Schulden-Verhältnisses, und sei es nur, weil alle anderen Formen völlig freiwillig sind, wobei der Gläubiger sowieso ein freier Agent ist, um in dieses Verhältnis einzutreten oder nicht. Geld ist ein Guthaben-Schulden-Verhältnis, dem niemand effektiv entgehen kann.

Wir sollten von vornherein die Vorzeichen richtig setzen. *Der Geldbesitzer ist der Gläubiger* und der Emittent ist der Schuldner, denn der Geldbesitzer gibt Waren und Dienstleistungen an den Emittenten ab. In einem ehrlichen Geldsystem würde der Emittent von Geld, der für umsonst Waren und Dienstleistungen erhält, dies auf Vertrauen und zum Wohle der Gemeinschaft tun. In einem betrügerischen Geldsystem tut er dies zum Wohle seiner selbst. Es spielt keine Rolle, ob er das Geld weitergibt und es selbst in

---

[8] A.d.Ü.: im Original „*because for every owner there is an ower.*"

Umlauf bringt oder es anderen zur Verfügung stellt, damit sie es für ihn weitergeben können. In jedem Fall wird das, was er so ausgeben oder verleihen kann, von jemand anderem aufgegeben. *Ex nihilo nihil fit.* Nichts kommt aus dem Nichts – oder, in moderner Phraseologie: Es müssen Materie und Energie erhalten bleiben.

Tauschhandel und Tauschwährungen. Die Erfindung des Geldes markiert einen deutlichen Schritt aufwärts in der Zivilisation. Im Tauschhandel [Barter] gibt es der Eigentümer einer Art von Habe im Austausch für eine gleichwertige Sache an andere weiter. Geld konnte den Tausch ersetzen, nicht weil es den Menschen ermöglichte, das Eigentum anderer Menschen zu erwerben, ohne etwas aufzugeben, sondern weil sie es in einer früheren und unabhängigen Transaktion bereits aufgegeben hatten. Alle Schattierungen der Unterschiede, die das Geld im Laufe seiner Entwicklung durchlaufen hat, vom Tauschgeschäft zum reinen Kredit (oder Schuld), betreffen nicht jenes Etwas, das zunächst für es hergegeben wurde und das für alle seine Formen das Wesentliche ist. Sie betreffen lediglich das, was im Austausch dafür empfangen wird. Dies kann vom vollen Wert in Form einer Goldmünze bis hin zu einem intrinsisch wertlosen Papierbeleg reichen, und heutzutage nicht einmal das. Aus einer Reihe von angeblichen Gründen, wie z. B. der Notwendigkeit, das Geld frei zirkulieren zu lassen, was wir jetzt nicht zu ernst nehmen sollten, wurde es als notwendig erachtet, zumindest in bestimmten Phasen der Geldentwicklung, dem Geber des Etwas den vollen Gegenwert an Gold oder anderem Edelmetall zurückzugeben. Wäre dies ein Äquivalent in Form eines bestimmten Gewichts an Goldstaub oder in Form einer anderen ebenso bequemen austauschbaren Ware, so sehen wir lediglich einen reinen und einfachen Fall von Tauschhandel, mit Ausnahme des Unterschieds, dass der Empfänger des Metalls aller Wahrscheinlichkeit nach in der Regel selbst keinen Gebrauch davon machte und es nur als eine anerkannte vorübergehende oder mittelfristige Zahlungsform akzeptierte. Aber als die Praxis des Geldprägens aufkam und Münzen von definitivem Gewicht und gewisser Feinheit herausgegeben wurden, die mit einem Bildnis geprägt waren, wie etwa dem Kopf des Königs, was auf die Autorität hinweist, unter welcher sie als Währung legalisiert wurden, wurde nicht nur ein großer Schritt nach vorn getan, wie z. B. in der Bequemlichkeit der Abrechnung ohne den Einsatz von Waagen. Darüber hinaus wurde auch das Material, aus dem die Münze hergestellt worden war, für den Besitzer nutzlos gemacht, solange die Münze nicht eingeschmolzen werden konnte. Innerhalb dieser Beschränkung, d. h. solange die Münze intakt bleibt, bedeutet diese Art von Geld, nicht weniger als modernes Kredit- oder Schuldgeld, dass man wirklich ohne Gegenleistung auf irgendetwas verzichtet – es sei denn, die Freude eines Geizhalses, sich an seinem Hort zu ergötzen, wird als wirtschaftlicher Wert angesehen. Auch war es durchaus üblich, das Verunstalten des Bildnisses des Herrschers oder eine sonstige Veränderung der Münze als ebenso hochverräterisch anzusehen, wie eine Fälschung zu veräußern. Obwohl dies vielleicht dazu gedacht war, das Beschneiden oder das Abschaben und dergleichen zu verhindern, übertrug es die Rechtskraft auf das, was hier als das gemeinsame wesentliche Kriterium für alles Geld angesehen wird, den freiwilligen Verzicht auf etwas von Nutzen oder Wert für den Eigentümer *ohne* gleichwertige Gegenleistung.

Papiergeld. Im Falle einer Papiernote ist diese noch immer genau das, was sie war, als sie entstand: Ein gedruckter Beleg für etwas, das ohne Gegenleistung überlassen wurde. Bei den ursprünglichen britischen Banknoten war es zugleich ein Beleg der Bank, die diese für das Äquivalent von Gold ausgab, das der Eigentümer freiwillig leihweise oder zur sicheren Aufbewahrung überlassen hatte, und ihr Versprechen, dieses auf Verlangen zurückzuzahlen. Hieraus entstand der Hinweistext des Zahlungsversprechens auf unseren aktuellen Banknoten. Bei der Verwendung als Geld sind Goldmünzen und Papiernote gleichwertig, mit dem einzigen Unterschied, dass letztere keine andere mögliche Funktion hat, während erstere durch ihre Zerstörung als Geld zur effektiven Nutzung als Ware zurückkehren können. Wir nähern uns hier zwei verschiedenen Überlegungen, die oft zu Unklarheiten führen: Erstens, was dem Geld einen bestimmten Tauschwert verleiht, und zweitens, wie verhindert werden kann, dass sich dieser Tauschwert ändert, und wie der Eigentümer vor Verlust geschützt werden kann, wenn dieser an Wert verliert.

Eine Gold- oder Silberwährung mit vollem Wert ist vor Wertverlust geschützt, da sie eingeschmolzen werden kann, ob nun legal oder nicht, und das Edelmetall gegen einen Wert getauscht wird, der demjenigen entspricht, der ursprünglich für das Geld aufgegeben wurde. Wohingegen jedes „ungedeckte" Papiergeld im Wesentlichen nur eine Quittung oder ein Schuldschein ist, und wenn dieser im Umtauschwert herabgesetzt wird, der Eigentümer ohne Abhilfe bleibt. Es ist üblich, im professionellen Geldinteresse hartnäckig Papiergeld zu verunglimpfen, um die Erinnerung an jeden Missbrauch der Druckerpresse wach zu halten (die dem Besitzer schließlich eine handfeste Quittung für das gibt, was er aufgegeben hat), und um die Tugenden des Goldes zu predigen, während sie selbst eine Alchemie praktizieren, die nicht einmal die Druckerpresse benötigt. Aber für einen unvoreingenommenen Kritiker könnte nichts so schlimm sein wie jenes System, das aufwuchs und blühte, nachdem es physisch unmöglich wurde, das Goldangebot so schnell zu erhöhen, dass es mit der Expansion der Industrie Schritt halten konnte, sodass ein Ersatz dafür gefunden werden musste, um als Geldmittel zu dienen.

Der „Bankkredit". Der ruinöse kontinuierliche Rückgang des Preisniveaus, der heute so vertraut ist, ergibt sich in normaler Weise aus den Kontrollen, die der natürlichen Expansion der Währung auferlegt wurden, um mit dem Vermögenszuwachs in einer Zeit des wachsenden Wohlstands Schritt zu halten. Der Anschein von Gold blieb erhalten, aber das System war in Wirklichkeit ein vergoldeter Betrug. Aus einer elenden „Deckung" durch das Gold (zunächst mit, aber letztendlich ohne die Hilfe eines Papiers oder die Ausstellung einer Quittung an den Besitzer für das, was er aufgegeben hatte) entstand ein riesiger Überbau aus physisch nicht vorhandenem Geld, der durch „Bankkredite" geschaffen wurde. Wir können die nähere Betrachtung der Vorgehensweise auf später verschieben. Wenn gedruckte Quittungen[9] an die Eigentümer ausgestellt worden wären, hätte diese Emission die schlimmsten historischen Beispiele der Vorkriegszeit für den Missbrauch der Druckmaschine in Zeiten politischer Unruhe und Schwierigkeiten in den Schatten gestellt. Es ist nicht die Frage der ordnungsgemäßen Quittungen, die angegriffen werden sollte, sondern die Tatsache, dass man durch die Emission von Geld, in größerem Umfang als die Öffentlichkeit dafür bürgen kann, dies alles für umsonst erhält. Wenn man Quittungen druckt, anstatt Gold für das zu geben, was der Geldbesitzer für Geld aufgibt, ist das eine unmoralische Praxis, aber wie viel unmoralischer ist es, nicht einmal Quittungen auszustellen! Wie zutiefst heuchlerisch ist es, gegen den Falschmünzer, der mit seiner Falschgeld-Note eine falsche Quittung ausstellt, wegen Verrat und nicht wegen Diebstahls vorzugehen, und durch ein Gesetz des Parlaments die Beträge, die die Banken von

[9] A.d.Ü.: Im Original *„printed receipts"* im Sinne von Banknoten – welchen das Giralguthaben (also Buchgeld ohne physisches Korrelat) entgegengestellt wird, Der Begriff „Giro" stammt – wie so viele Begriffe des Bankwesens – aus dem Italienischen (Kreis, Umlauf) und hat seine Wurzel im lateinischen Begriff „gyrus" (Kreis).

der Öffentlichkeit umsonst erhalten dürfen, durch die Ausgabe konkreter Quittungen streng zu begrenzen, während sie gleichzeitig in der Lage sind, für ihren eigenen Gewinn unvergleichliche höhere Beträge zu erhalten, solange sie den Erhalt überhaupt nicht bestätigen!

Die private Ausgabe von Geld. Durch die Erlaubnis private Münzprägestätten entstehen zu lassen, hat das Parlament die Demokratie grundlegend und vielleicht unwiederbringlich verraten. Noch bevor der Krieg ein grelles Licht in die Natur der Geldsysteme im Allgemeinen brachte, war es selbst in den Werken scheinbar seriöser Ökonomen üblich, absolut unehrliche, haarspalterische Unterschiede zwischen dem so geschaffenen unsichtbaren Geld und Papiernoten auszumachen. Letztere waren echtes Geld und erstere nicht! Tatsächlich kann der Leser in solchen Standardwerken zu diesem Thema immer erkennen, wenn er sich dem verdächtigen Teil des Geschäfts nähert. Die wesentliche Tatsache, die Schaffung neuen Geldes, wird in einer Wolke aus vorausschauender Rechtfertigung und aufwändigem Plädoyer verschleiert. Heute ist dies nicht einmal mehr möglich, und man mag dankbar sein, einige Fachautoren zu diesem übelriechenden Thema zu finden, die sich damit begnügen, die Fakten unmissverständlich darzulegen und den Leser seine eigenen Schlüsse ziehen zu lassen.

Zwar hielt das alte Kreditsystem „auf Goldbasis“ die Währung davon ab, schrittweise und dauerhaft gegenüber dem Gegenwert von Gold entwertet zu werden, indem sie nach einer Abwertung gewaltsam wieder an die Bank zurückgeführt wurde – somit entstand der Ausgleich nach vollzogenem Raub an Petrus durch den anschließenden Ruin von Paulus mittels Zahlung an die Bank. Einfach und in vielerlei Hinsicht gut, wie es echte Gold- und Silberwährungen sind, beinhalten sie eine große Menge sinnloser menschlicher Anstrengungen bei der Suche nach den Edelmetallen, die dann umgehend einer weiteren ästhetischen oder industriellen Anwendung entzogen werden. Aber es bleibt nur Vorwand, solche achtbaren Vorteile, die sie möglicherweise haben, modernen Systemen zuzuschreiben, die vorgeben, auf ihnen zu basieren, sie aber in Wirklichkeit brutal einsetzen, um den Wert des Geldes nach dessen Verwässerung wiederherzustellen, zum Schaden der Unschuldigen und zum Vorteil der Schuldigen.

Seit über einem Jahrhundert gibt es auf der Welt einfach nicht annähernd genug Gold und Silber für die Anforderungen einer reinen Tauschwährung. Seit dem endgültigen Zerfall des „Goldstandards" sind wir in Bezug auf die tatsächlichen gegenwärtigen Bedingungen in diesem Land und anderswo nun einem fast reinen Kreditschuldengeld verhaftet. Aber anstelle eines definitiven Standards sind wir in eine Phase der „Geldpolitik" eingetreten, in der das Preisniveau von Zeit zu Zeit von unverantwortlichen Richtern hinsichtlich dessen, was sie als „Politik" bezeichnen, bewusst verändert wird, und zwar ohne Berücksichtigung der elementaren Grundsätze der Gerechtigkeit und des fairen Umgangs mit denjenigen, die Geld besitzen. Und damit allen im Allgemeinen, da sie gemeinsam den entsprechenden Vermögenswert dafür aufgegeben haben.

Geldpolitik. Geldpolitik wäre besser als „Gewichts- und Maßpolitik" zu bezeichnen, denn sie ist einfach ein universelles Mittel, um mit den Normen von Gewicht und Maß zu jonglieren. Niemand außerhalb der wissenschaftlichen Metrik ist wirklich an dem absoluten Wert der letzteren interessiert. Ihre wirtschaftliche Nutzung besteht lediglich in ihrem Verhältnis zum Geld: welches Maß Kohle zum £, wieviel Pence für ein Pint Bier. Den Kauf von weniger oder mehr Kohlen oder Pints in Bezug auf das £ zu tätigen, ist in allen wirtschaftlichen Belangen dasselbe, wie an den Gewichten und Einheiten mal mehr oder mal weniger zu messen und zu wiegen. Dies ersetzt nur falsche Maßstäbe und Messgefäße durch einen universellen und unentrinnbaren Mechanismus des Schwindels.

Wir leben in einer Zeit, die durch die präzisen Wissenschaften allmächtig geworden ist, und es ist müßig, zu versuchen, unser Geld noch mit dem alten halbgötzenhaften Reiz von Gold und Silber zu verbinden. Bücher könnten und wurden für und wider das System der Verflechtung des Umtauschwerts von Waren mit der einen Ware, dem Gold, geschrieben, ohne überhaupt zu versuchen, die eigentliche Frage zu beantworten, was dem Geld seinen Umtauschwert gibt. Es ist wahr, dass einfache Tauschwährungen das Geld im Vergleich zu Gold oder Silber wertbeständig halten können. Aber das an sich hat keine Bedeutung, es sei denn, man findet eine Antwort auf die Frage, was den Wert dieser relativ seltenen Metalle bestimmt, die fast vollständig auf Luxuszwecke beschränkt sind, im Hinblick auf die Dinge, die das Leben überhaupt erst ermöglicht? Dass es eine zu beantwortende Frage gibt, liegt auf der Hand, wenn es sich um Geld in reiner Papier- und Kreditform handelt, und es ist fast ebenso offensichtlich, dass die Antwort nur in dem zu finden ist, was hier als das wesentliche Merkmal des Geldes im Allgemeinen angesehen wird, da es das einzige Merkmal ist, das diese Form des Geldes aufweist. Man muss für ein Papier-£ genauso viel aufgeben, wie für eine Sovereign Goldmünze. In diesem Aspekt gibt es keinen Unterschied zwischen den beiden Arten von Geld, und deshalb ist dieser Aspekt das gemeinsame Kriterium aller Geldformen.

Was dem Geld seinen Wert verleiht. Sein Tauschwert hängt in der Tat einfach von der Höhe der Vermögenswerte ab, auf welche die Menschen lieber freiwillig verzichten, als diese zu besitzen. Der Wert des Geldes hängt mit Sicherheit davon ab, wie sehr die Menschen Geld begehren, aber die vorherrschende laxe und verwirrende Bedeutung, die aus einem solchen Satz wie „Menschen, die Geld begehren“ entsteht, macht es erforderlich, auch ein *„anstelle* von Vermögensgegenständen“ hinzuzufügen. Auch hier sind „Geldnachfrage“, „Überfluss oder Knappheit von Geld“, „Geldpreis" und so weiter technische Ausdrücke des Kreditmarktes. Bei echten Kredittransaktionen jeglicher Art wird der Kreditgeber den Kredit, also das Geld, an einen anderen *weitergeben*, der es an seiner Stelle ausgibt, und in der Volkswirtschaftslehre ist es nicht von Bedeutung, wer es ausgibt, sondern die Tatsache, dass es ausgegeben wird. Da die Menschen kein Geld leihen und dafür Zinsen bezahlen, nur um es zu horten, sind in diesem Zusammenhang echte Kreditgewährung und Geldausgabe[10] gleichbedeutend. Entscheidend für den Wert des Geldes ist hingegen die Höhe des Vermögens, auf das die Menschen lieber verzichten; dies entspricht demselben Betrag als Kredit, den sie in Form von Geld *behalten*.

Der gesamte gängige Fachjargon des Geldes betont nur das, was man dafür bekommt, indem man es aus der Hand gibt, und nicht die vorherige Betrachtung dessen, was man aufgibt, indem man es erwirbt und behält. Vom ersten Standpunkt aus sind die Forderungen der Menschen danach unersättlich; vom zweiten Standpunkt aus wäre es stimmiger zu sagen, Geizhälse ausgenommen, dass die Menschen so wenig davon wie nur möglich behalten. Sie wollen im Durchschnitt so viel, wie es ihnen gestattet, ihre Berufe und Angelegenheiten ohne Unannehmlichkeiten und Verlegenheit zu erledigen. Sie streben nach genug Geld, um je nach Bedarf das zu kaufen, was sie sich leisten können. Wenn sie mehr als das haben, geben sie es aus oder investieren es. In jedem Fall setzen sie jemand anderem die Last auf, auf die Dinge zu verzichten, die man mit Geld kaufen kann. Es ist sehr wichtig, zugleich zu erkennen, dass Investitionen in diesem Zusammenhang ebenso Ausgaben darstellen, genau wie die Kreditvergabe, und aus demselben Grund. Der Leser wird daran erinnert, dass in dieser Untersuchung davon ausgegangen wird, dass die alltägliche Einstellung des Einzelnen zum Geld vollkommen

[10] A.d.Ü.: Im Original *„genuine lending and spending"*

ersichtlich ist, und es nicht dieser Aspekt ist, sondern der gemeinschaftliche Aspekt des Geldes, der untersucht wird.

Zwei grundlegende monetäre Prinzipien. Es gibt hier zwei Überlegungen, die von Bedeutung sind. Das erste ist, dass der Kauf, der Verkauf, die Investition, die echte Kreditvergabe und die Kreditaufnahme keinen Einfluss auf die Geldmenge haben – und dies stellt die Vermögensmenge dar, auf welche die Gemeinschaft verzichtet – weil das, was eine Person bekommt oder aufgibt, eine andere aufgibt oder bekommt. Irgendjemand muss also ständig das gesamte Geld besitzen und daher mit dem Schatten statt der Substanz vorliebnehmen. So frei der Einzelne zu sein scheint, seine Wahl zu treffen, so frei ist er nur, soweit die Anforderungen anderer das Gegenteil oder eine Ergänzung seiner eigenen sind. Wenn in der Gemeinschaft der Kauf stärker ausgeprägt ist als der Verkauf, steigt das Preisniveau und der Wert der Geldeinheit sinkt. Wenn der Verkauf gegenüber dem Kauf überwiegt, geschieht das Gegenteil. Unter der Annahme, dass sich die Geldmenge nicht ändert, bedeutet das erste, dass die Gemeinschaft beschließt, weniger Waren und Dienstleistungen abzugeben, wenn sich das Preisniveau nicht ändert; und das zweite, dass sie sich dafür entscheidet, mehr abzugeben.

Der zweite wichtige Punkt ist, dass, obwohl Einzelpersonen sterben und ihre Angelegenheiten abgewickelt werden, die Gemeinschaften auf unbestimmte Zeit weiterbestehen. Daher betrachten wir in einem Geldsystem gewiss nicht den vorübergehenden freiwilligen Verzicht auf etwas, das nicht den Vorlieben und der Bequemlichkeit des Einzelnen entspricht, sondern seitens der Gemeinschaft eine erzwungene Abkehr von der Nutzung und dem Besitz von kaufbaren Waren und Dienstleistungen darstellt, die dem Gesamtpreis oder -wert der Gesamtmenge an Geld in der Gemeinschaft entspricht.

Virtuelles Vermögen. Diese Ansammlung von austauschbaren Waren und Dienstleistungen, auf welche die

Gemeinschaft kontinuierlich und dauerhaft verzichtet (obwohl *individuelle* Geldeigentümer sie sofort verlangen und von anderen Individuen beziehen können), bezeichnet der Autor als das Virtuelle Vermögen der Gemeinschaft. Es legt den Wert der gesamten Geldmenge fest, unabhängig davon, um was es sich handelt. Der Wert jeder Geldeinheit, wie z. B. dem £, in Waren oder dem, was als „Preisindex" oder „Preisniveau" bezeichnet wird, ist also das Virtuelle Vermögen geteilt durch die Gesamtmenge des Geldes. In einem Kreditgeld-System kann letzteres alles sein, was auch immer, aber erstere ist definitiv und wird durch die Notwendigkeit bestimmt, dass die Menschen einen ausreichenden, sofort einsatzbereiten Kredit für Waren und Dienstleistungen behalten, damit sie bekommen, was sie wollen, sowie sie es wollen. Sie können eine große Vielfalt anderer Formen von Kreditgütern, Dienstleistungen, Schmuck, Investitionen, Immobilien und Eigentum haben, aber in einer monetären Zivilisation, im Gegensatz zu einem praktizierenden Tauschhändler, müssen diese alle zuerst an einen Käufer verkauft werden, der gegen den Kredit, der Geld ist, eingetauscht wird, bevor die Menschen bekommen können, was sie wollen, sowie sie es wollen. Dabei wird der Verkauf von Dienstleistungen gegen Geld natürlich häufiger als Verdienst bezeichnet (Löhne, Gehälter, Gebühren, Provisionen usw.).

Der Kredit der Gemeinschaft. Was hier mit einem besonderem Namen als *Virtuelles Vermögen* bezeichnet wird, wird oft von Währungsreformern in Betracht gezogen, wenn sie den viel breiteren und allgemeineren Begriff „Kredit der Öffentlichkeit" oder „der Nation" verwenden. In Wirklichkeit ist das Virtuelle Vermögen ein besonderer und eigentümlicher Teil[11] des Kredits der Nation. Der Kredit einer Nation kann und wird sich in den meisten Fällen nicht von dem eines Individuums unterscheiden, und zwar

[11] A.d.Ü.: Im Original *"a special and peculiar part of the credit of the nation"*

im gewöhnlichen Sinne seiner Fähigkeit, Schulden aufzunehmen. Somit ist das Verhältnis, das die gewöhnliche Staatsschuld regelt, das gleiche, als ob sie unter Einzelpersonen bestünde. Die Nation hat ihren Kredit in Höhe von sieben oder acht Milliarden Pfund in Anspruch genommen oder ausgegeben, indem sie diese Summen von einzelnen Bürgern zu verschiedenen Bedingungen in Bezug auf Zinszahlungen und Rückzahlungen, wenn überhaupt, in der Zukunft aufgenommen hat, und diese Individuen sind Inhaber von Schuldtiteln für die Geldbeträge, die sie der Regierung ermächtigt haben, an deren Stelle auszugeben. Sie übergeben ihr Geld und die Regierung kauft sich selbst Waren und Dienstleistungen.

Das Virtuelle Vermögen hingegen ist der von Individuen mit der Nation eingerichtete Kredit, durch den in erster Linie die Zwischenform der Zahlung, das Geld, entsteht. Es wird dadurch begründet, dass Waren und Dienstleistungen direkt an den Emittenten von Geld übergeben werden, wobei diese als solche nicht vom Emittenten (es sei denn, sie werden von der Nation ausgegeben), sondern von der Gemeinschaft auf Verlangen zurückgezahlt werden, wobei die Schuld für den Gläubiger nicht verzinst wird, solange er den Kredit und das Recht auf sofortige Rückzahlung behält. Zinsen können offensichtlich aus Schulden erzielt werden, die erst zu einem späteren Zeitpunkt, wenn überhaupt, zurückzuzahlen sind, und nicht aus solchen, die der Eigentümer jederzeit zurückzahlen kann, aber die Zahlung verschieben möchte.

Kredit-Geld als Steuer. Aus der Sicht der Gemeinschaft ist Kreditgeld jedoch einfach nur eine Form der Zwangsabgabe oder einer Steuer, der man sich nicht entziehen kann, wobei die Gesamtheit der Gläubiger in dieser Angelegenheit keine Option hat, wie in anderen Formen des Schulden-Kredit-Verhältnisses. Jeder, der Geld ausgibt, sei es Staat, Bank oder Fälscher, erhebt eine Zwangsabgabe auf die Waren und Dienstleistungen der Nation, die die bestehenden Gläubiger in ihrer Eigenschaft als Geldeigentümer durch entsprechende Wertminderung ihrer einzelnen Geldeinheiten aufgeben. Wenn die Besteuerung oder eine andere Form der Enteignung des Vermögens von Einzelpersonen durch den Staat alles ergeben hat, was letzterer zur Herausgabe erzwingen kann, ist das letzte Mittel des Steuereintreibers – und das ist vollkommen unausweichlich – die Ausgabe von frischem Geld, und dies kann fortgesetzt werden, bis das gesamte Geld auf eine relative Wertlosigkeit reduziert ist. Auf diese Weise haben nach dem Krieg selbstverständlich die besiegten Nationen, Russland, Deutschland und Österreich Einnahmen erzielt, wo keine anderen Mittel möglich waren, und gleichzeitig alle bereits bestehenden Schulden abgewiesen, soweit sie in Geld zurückzuzahlen waren.

Viele werden, bis sie sich damit vertraut gemacht haben, den Nutzen oder die Notwendigkeit dieser Konzeption von Virtuellem Vermögen in Frage stellen und behaupten, dass sie den Wert des Geldes nicht wirklich erklärt. Aus Sicht der Individuen mag es als wunderliche und ausgeklügelte Umkehrung des herkömmlichen Sprachgebrauchs erscheinen. Vielmehr ist es der erste Schritt zur Umkehrung der Umkehrung, die in den Denkgewohnheiten der Menschen induziert wird, indem Geld als der primär bestimmende und entscheidende Faktor betrachtet wird und das Vermögen, das es kaufen wird, als Folge oder inhärente Eigenschaft des Geldes. Es ist das Vermögen, das alle Menschen unfreiwillig aufgeben und entbehren müssen, als Hauptfaktor, der dem Geld die Macht verleiht, überhaupt etwas zu kaufen. Wenn alle sich weigerten, auf irgendetwas für ein Geld zu verzichten und all das Vermögen beanspruchen würden, auf das sie im Austausch dafür gesetzlich Anspruch haben, gäbe es nur Käufer, aber keine Verkäufer und kein Vermögen, das auch nur einen einzigen von ihnen befriedigen könnte. Insofern, als das Geld ein wertvolles Material beinhalten oder durch ein solches „gedeckt“

werden kann, welches bei Zerstörung des Geldes zurückgewonnen werden kann, gibt es genug, um sie zu befriedigen, aber insofern, als es reines Kreditgeld ist, gibt es absolut nichts dergleichen.

„Gedecktes" Geld. Betrachten wir eine Zwischenform wie etwa ein Papiergeld, welches mittels gesetzlicher Wertpapiere „gedeckt" und abgesichert ist, dann gibt es hinter der einen Art von Schuld, dem Geld, noch eine andere Art von Schuld, zu deren Abtretung der bestehende Eigentümer rechtlich gezwungen sein kann. Dies kann dann für das Vermögen, das der Eigentümer benötigt, in ähnlicher Weise wie, aber weniger einfach als mit Geld ausgetauscht werden. Aber in diesem Fall wäre es immer noch richtig zu sagen, dass das Vermögen, das der Geldbesitzer aufgegeben hat und ihm geschuldet wird, nicht existiert. Denn die Wertpapiere „hinter" dieser Art von Geld sind bereits im Besitz ihrer Eigentümer und der Prozess besteht lediglich aus einer Zwangsenteignung ihres Vermögens zur Eintreibung einer abgewiesenen Forderung. In Ruskins Worten ist es „die Grundlage und das Gebot der ganzen Ökonomie, dass das, was eine Person hat, eine andere nicht haben kann", und die schlimmsten Fehler des gewöhnlichen konventionellen Ökonomen werden sich aus dem Versuch ergeben haben, irgendwie doppelt über das Eigentum zweier Besitzer zu zählen, wo, wie in diesem Fall, die Rechte des einen erst beginnen, sobald die des anderen enden.

Geld als Anspruch auf das, was nicht existiert. Das wesentliche Merkmal von Geld ist, wie Macleod[12] voll und ganz verstanden hat, dass es ein Rechtsanspruch *gegenüber* dem vorhandenen Vermögen *und darüber hinaus* ist,

[12] A.d.Ü.: Henry Dunning Macleod (1821–1902), war schottischer Ökonom und Direktor der Royal British Bank, nach deren Scheitern er wegen Verschwörung zur Falschdarstellung der Finanzlage zu drei Monaten Haft verurteilt wurde. Im Jahr 1896 veröffentlichte er THE HISTORY OF ECONOMICS. Macleods wichtigster Beitrag besteht in seiner Arbeit über die Kredittheorie, der er als erster mit seinem Werk THE THEORY OF CREDIT (1889) Aufmerksamkeit schenkte.

welches in einer individualistischen Gesellschaft *bereits* unabhängig von diesem Anspruch im Besitz anderer ist. Selbst im Falle einer Goldmünze mit ihrem Aufdruck der Nation oder ihres Herrschers ist es durchaus üblich und näher an der Wahrheit, das Gold als Eigentum der Nation oder des Herrschers und nicht als Eigentum des einzelnen Münzbesitzers zu betrachten. So kommen wir ausnahmslos zu dem Schluss, dass über das bestehende Eigentum hinaus, das allesamt bereits Inhaber hat, die Geldbesitzer wohl einen Anspruch darauf haben, worauf sie verzichtet haben, aber worauf sie verzichtet haben, ist nicht wirklich vorhanden. Die beste physische Analogie dazu ist es, das Vermögen einer Gemeinschaft nicht vom Nullpunkt „kein Vermögen" aus zu betrachten, sondern von einer negativen Bezugslinie darunter zu schätzen: Nämlich um den Betrag des Virtuellen Vermögens, so wie es im speziellen Fall zweckmäßig sein kann, das Landniveau nicht vom durchschnittlichen Meeresspiegel wie üblich, sondern von einem Niveau darunter, wie zum Beispiel dem niedrigsten Stand der Gezeiten anzunehmen. Es gibt kein wirkliches Mysterium um das Geld, wie es bei übersinnlichen Phänomenen der Fall ist, sondern lediglich eine Art unberechtigter mathematischer Mystik, welche durch die Erfindung der Berechnung imaginärer negativer Größen eingeführt wurde – die durchaus legitim sind, wenn die Konventionen verstanden werden. Leider werden sie das nicht.

Das Preisniveau. Für alle brauchbaren Zwecke wird das Virtuelle Vermögen zu jedem Zeitpunkt an der Summe des Geldes „gemessen" (*im Geldwert!*). Wenn es sich hierbei um eine Milliarde handelt, verzichtet die Gemeinschaft freiwillig darauf, Vermögen im Wert von tausend Millionen zu besitzen, auf das sie das Anrecht hätte, es zu besitzen, und es nicht tut. Heutzutage bleibt die Geldmenge nicht mehr konstant. Sie variiert täglich von Minute zu Minute. Von Jahr zu Jahr kann sie innerhalb des Jahres um

Hunderte von Millionen variieren, um einer „Politik“ zur Erhöhung oder Verringerung des Wertes der Einheit zu entsprechen. Es ist jedoch nicht das Virtuelle Vermögen, das sich verändert. Das ist in der Tat eine sehr konservative Größe, da sie von den Bedürfnissen und Gewohnheiten der Menschen bestimmt wird, die sie allein ändern können. Da das Virtuelle Vermögen jedoch immer in eine größere oder kleinere Anzahl von Einheiten aufgeteilt ist, variiert das Preisniveau oder der Wert jeder Einheit proportional mit der Summe des Geldes, das als ein unabhängig arbeitender Faktor betrachtet wird. Andererseits gibt und sollte es, vor allem in diesen Tagen der kontinuierlichen Expansion, normalerweise über einen längeren Zeitraum eine stetige, allmähliche Wertsteigerung des Virtuellen Vermögens geben, sowohl aufgrund des Bevölkerungswachstums als auch aufgrund der Erhöhung des Lebensstandards. Wenn dies im Rahmen eines Kreditgeldsystems nicht durch die Ausgabe von entsprechend mehr Geld erreicht wird, haben wir die Lähmung durch ein ständig sinkendes Preisniveau und die Zerstörung der Produzenten im Interesse des Rentiers.[13]

Aber, wie sich später zeigen wird, ist es für den Zweck absolut notwendig, dass es freigiebig wie ein Geschenk und erst *nachdem* eine Steigerung des Wohlstands stattgefunden hat und Waren tatsächlich auf den Verkauf warten, an die Nation ausgegeben wird. Diese hat unentgeltlich die Waren und Dienstleistungen, die den Geldwert ausmachen, preisgegeben, für die es zuvor aber kein Geld gibt,

[13] A.d.Ü.: Soddys Anspielung auf den „Rentier“ wurde in seinem Werk MONEY VS. MAN ausgeführt als Teil zweier Klassen, die an der Veränderung der Geldmenge in entgegengesetzter Richtung Interesse haben. Zitat aus der Übersetzung MAMMON UND DIE MENSCHHEIT (S. 56f): *„Nichts zeigt sich heute so deutlich wie die diametral entgegengesetzten Interessen von Menschen zweier mächtiger Klassen, die versuchen, den Wert des Geldes zu verändern, was auf einer universellen Ebene genau dem entspricht, was passieren würde, wenn man an Gewichten und Maßen herumschrauben würde. Die Käufer würden den Yard, das Pfund oder das Pint größer und die Verkäufer diese kleiner machen wollen, (...).“*

um diese zu kaufen. Wenn es, wie in der Vergangenheit, als Schuld gegenüber den Banken ausgegeben wird, damit die Hersteller Waren und Dienstleistungen kaufen, um diese in der Neuproduktion einzusetzen, wird nicht nur der Geldemittent zum ungekrönten König, sondern es kann auch nicht ohne Erhöhung des Preisniveaus ausgegeben werden. Der übliche Beweis für die letztgenannte Konsequenz ist, dass man nicht durch bloße Buchführungstricks, die imaginäre negative Größen beinhalten, die physischen Prozesse, durch die neue Vermögenswerte geschaffen werden, um ein Iota verändert, sondern nur diejenigen, durch welche das Ausmaß der Verteilung des vorhandenen Vermögens auf die diversen Anspruchsteller und Eigentümer bewirkt wird. Es ist erstaunlich, aber dennoch ganz im Sinne des vergehenden Zeitalters, dass es bis vor kurzem üblich war, dem „moralischen Geheimnis des Kredits" und den besonderen Tugenden des britischen Bankensystems den Vermögenszuwachs zuzurechnen, der vielmehr auf das Wachstum des Wissens zurückzuführen war. So gerieten die „Orthodoxen" in den gleichen Irrtum, den sie auch anderen, vor allem monetären Reformern zuschrieben, nämlich die Absurdität zu denken, dass alle mit Hilfe der Druckerpresse und durch „Basteln an der Währung" reich werden könnten.

Geld aus Sicht der Emittentin. Bisher haben wir es mit Geld als öffentlichem Instrument zu tun, das den Tausch ersetzt, und wir haben das Wesen der Erfindung darauf zurückgeführt, dass es denjenigen, die über Waren und Dienstleistungen verfügen, ermöglicht, diese freigiebig und umsonst aufzugeben, mit einer mehr oder weniger sicheren Gewissheit, dass sie dadurch ihrerseits als *Gegenleistung* befugt wurden, Waren und Dienstleistungen im benötigten Ausmaß zu den gleichen Bedingungen von anderen zu erhalten. Nunmehr müssen wir das Geld aus der Sicht derjenigen betrachten, die es bisher als das *Etwas* für *Nichts* dargestellt haben, bevor überhaupt irgendjemand

Irgendetwas bekommen kann, so wie es denen zukommt, die es in erster Linie emittieren. Für diese glücklichen Menschen schien das Kriterium, was Geld ist und was nicht, von feinen Graden der allgemeinen Akzeptanz abhängig zu sein. Normalerweise wurde eine imaginäre Grenze zwischen der Banknote und dem Scheck gezogen, mit der Begründung, dass, obwohl beide in Wirklichkeit Forderungen an die Bank nach Geld waren (was in diesem Land jetzt nicht einmal mehr für das Erste gilt), doch die Banknote vom Brauch her allgemein akzeptiert wurde, wer auch immer sie vorgelegt hatte, während der Scheck nur dann gültig war, wenn er von der Person, die ihn ausgestellt bekommen hatte, oder einer anderen autorisierten Person vorgelegt wurde.

All dies ist aus der Sicht der Öffentlichkeit eine reine Spitzfindigkeit, da sie das Geld für seinen legitimen Zweck verwendet und den größten Teil ihres Lebens mit dem Streben danach verbringt, nicht ohne es auskommen zu müssen, während auf der akademischen Seite die Analyse vollkommen oberflächlich bleibt. Seit dem Krieg ist es erfrischend zu bemerken, dass selbst die Orthodoxen zugeben – wie sehr auch immer man dem Scheck abspricht, wirklich Geld zu sein –, dass die Einlagen bei der Bank, auf der der Scheck gezogen werden kann und die durch die Erfindung des Schecksystems entstanden sind, mit ziemlicher Sicherheit Geld sind. Die Öffentlichkeit ist heute zu hellhörig geworden für die diametral entgegengesetzten Interessen derjenigen, die mit der Schaffung und Vernichtung von Geld ihr Auskommen finden sowie derjenigen, die es als Lebenslizenz erringen müssen, um von solchen Ausflüchten länger getäuscht zu werden – zweifellos auch dank der Existenz von Währungsreformern und deren Verspottung jener alten Konventionen, aber noch viel mehr dank der fast unglaublichen Fehler und Verwirrungen, die seit dem Krieg im Namen der „soliden Finanzen“ begangen wurden.

Geld ist nicht mehr eine greifbare Wertmarke. Die Unterscheidung[14] zwischen dem, was eine physische und greifbare Existenz hat, wie Münzen und Banknoten, und dem, was keine hat, wie Bankeinlagen, ist eine höchst unheimliche und gefährliche, aber die Unterscheidung, was Geld ist und was nicht, wird damit nicht erreicht. Ein gesetzliches Klagerecht gegen eine Bank auf Lieferung von Geld auf Abruf ist für den Eigentümer so effektiv wie Geld selbst und in der Regel bequemer. Es ist nicht von großer Bedeutung, dass die Bank durch das Schecksystem in der Lage ist, den Großteil der auf sie gezogenen Schecks für die an sie eingezahlten Schecks zu stornieren, um bis auf die Differenz zwischen den beiden Beträgen ganz auf materielles Geld zu verzichten. Dies ersetzt lediglich ein automatisches Buchhaltungssystem durch physische Zähler mit einem kaufmännischen Buchhaltungssystem, das betrügerisch ist, weil es nicht mit der Berechnung von Null beginnt, sondern mit einem *kontinuierlich variierenden* negativen Wert.

Geld ist ein Rechtstitel gegenüber der Gemeinschaft, um *Waren und Dienstleistungen* zu erhalten oder um, was das Gleiche ist, Schulden zu begleichen, die durch deren Beschaffung beim Verkäufer entstanden, sodass ein Rechtsanspruch gegen eine Bank, Geld auf Abruf zu liefern, ein Anspruch *gegenüber der Gemeinschaft* ist, Waren und Dienstleistungen auf Abruf zu liefern. Jeder gewöhnliche Mensch weiß natürlich, dass Geld ein Anspruch auf Waren ist, und es ist nicht von praktischer Bedeutung, wenn er diesen Anspruch theoretisch bei einer Bank geltend machen muss, bevor er die Waren beanspruchen kann. Man kann wohl auch behaupten, dass ein im Gepäckabteil gelassenes

[14] A.d.Ü.: An dieser Stelle halten wir inne und fragen uns, warum Soddy dies als „gefährlich" bezeichnet (eine Antwort findet sich im kommentierenden Essay): *„The distinction between what has a physical and tangible existence, like coins and notes, and what has not, like bank deposits, is a highly sinister and dangerous one, but it is not a distinction between what is money and what is not."*

Fahrrad kein Fahrrad sei, sondern ein Anspruch gegen die Eisenbahngesellschaft, ein Fahrrad zu liefern. Die außerordentlich ernste und gefährliche Unterscheidung bezieht sich nicht auf den Aspekt, der üblicherweise betont wird, noch auf den, der bisher in diesem Kapitel betont wurde, sondern auf den Ursprung des Geldes und, wenn es zerstört wird, auf dessen Vernichtung.

Die Definition des modernen Geldes, mit dem wir begonnen haben, macht deutlich, dass, bevor es entstehen kann, jemand etwas umsonst an den Emittenten aufgeben muss, und das Aggregat, das die Gemeinschaft somit aufgibt, nennt man das Virtuelle Vermögen der Gemeinschaft. Bei einem vollwertigen Gold- oder Silbergeld muss der Emittent auch den vollen Gegenwert für das Geld aufgeben, das er, während es als geldwerte Marke verwendet wird, ansonsten völlig nutzlos stellt, sodass all der Aufwand für die Gewinnung der als Geld verwendeten Edelmetalle effektiv verschwendet wird. Aber bei der Emission jeder anderen Geldform muss der Emittent das Etwas *gratis* bekommen.

Umstieg vom Tauschhandel auf ein Kreditgeld. Ein solcher Wechsel ist leicht zu erkennen, wenn wir annehmen, dass eine Gemeinschaft, die Tauschhandel betreibt oder eine reine Tauschgoldwährung verwendet, plötzlich zu einem Kreditsystem wechselt. Es wäre vergleichbar mit dem Beginn eines Spiels bei dem jeder der Spieler, bevor er spielberechtigt ist, Geld in den Fonds einzahlen müsste, mit der Ausnahme, dass anstelle von Geld, in dem einen Fall Waren oder anderes austauschbares Eigentum und in dem anderen Fall Goldmünzen, die jetzt dem Umlauf entzogen werden und ihre ursprüngliche Funktion als Ware wiedererlangen, in dieses Sammelbecken eingezahlt würden, als Gegenleistung für Belege in Form von neuem Kreditschuldengeld. Die Folge wäre, dass der Croupier oder die für den Fonds verantwortliche Behörde verschiedene Formen des Eigentums für die Gemeinschaft treuhänderisch verwaltet, die dem Virtuellen Vermögen der

Gemeinschaft entsprechen. Aber da es nicht die Absicht gibt, jemals in Zukunft das Währungssystem abzuwickeln, ist es klar, dass all diese realen Vermögenswerte, die dem Virtuellen Vermögen im Wert entsprechen, dauerhaft im Pool bleiben würden. Wenn die Gemeinschaft gedeiht und expandiert, wird der Pool natürlich eher wachsen als abnehmen, indem die Menschen ihr Virtuelles Vermögen erhöhen und den entsprechenden tatsächlichen Vermögenswert dafür im Austausch für die Einnahmen, die Geld sind, aufgeben. Es kann nur abnehmen, wenn die Gemeinschaft an Zahl oder Wohlstand abnimmt, und es kann nur dann auf null reduziert werden, wenn die Gemeinschaft aufhört zu existieren.

Hieraus würde sich die Situation ergeben, die der Bankbetrieb anfänglich als Geschäftsgeheimnis entdeckt und bewahrt hat. Sie fungierten als Croupiers und erhielten das Gold der Öffentlichkeit, das ihnen freiwillig leihweise oder zur Verwahrung zur Verfügung gestellt wurde, und stellten dafür Banknoten aus, die zugleich Quittungen für das aufgegebene Gold und Versprechen zur Rückzahlung auf Verlangen waren. Dann begannen diese Scheine als Geld zu zirkulieren. Zuerst lag das Gold für jede Note, die im Umlauf blieb, ungenutzt in ihren Tresoren, und im Durchschnitt hielten sie immer eine viel größere Menge an Gold als ausreichte, um es denen zurückzuzahlen, die, anstatt die Banknoten zur Begleichung ihrer Schulden zu verwenden, das Gold von der Bank zurückverlangen. Dies war nicht von langer Dauer, denn natürlich begannen sie, einen Teil des Goldes gegen Zinsen an zuverlässige Kreditnehmer zu verleihen und hielten nur genug, um ihre Kunden zufriedenzustellen, die Gold forderten. Die Situation war dann, dass sie ihren Einlegern mehr Gold schuldeten, als sie jederzeit zurückzahlen konnten, aber ihrerseits so viel Gold von denen geschuldet wurden, denen sie es geliehen hatten, und unter Garantie standen, um es zu einem späteren Zeitpunkt in der Zukunft zurückzubringen. Aber auch das hielt nicht lange an.

Der falsche Schritt. Es ist dieser nächste Schritt, der das Geld in seinem heutigen modernen Sinne einleitet, in dem es sich um eine im Wesentlichen neue Erfindung handelt. Alle nachfolgenden Schritte sind lediglich Ausarbeitungen des Originals. Denn die Bankiers begannen bald, nicht nur Gold, sondern ihre eigenen Banknoten zu verleihen, oder versprachen, Gold zurückzuzahlen, das weder sie noch ihre Einleger besaßen. Selbst wenn es überhaupt so viel Gold gab, war es Eigentum und im Besitz anderer, die sich völlig außerhalb des Kreises ihrer Unternehmungen befanden. Die Situation war, unter der Annahme, dass sie nur Banknoten und kein Gold verliehen hatten (letzteres als „Deckung" für ihre Banknotenausgabe), dass sie Gold im Umfang der „Einlagen" ihres Kunden sowie der ausstehenden im Umlauf befindlichen Banknoten schuldeten, die sie im Falle einer Rückgabe an sie in Gold einlösen wollten. Gegen die Verbindlichkeiten hielten sie die Goldrücklage in ihren Tresoren und die Wertpapiere oder „Sicherheiten" ihrer Schuldner, d. h. derjenigen, denen sie die Noten geliehen hatten (als Versprechen, Gold zu zahlen). Von Letzteren mussten sie natürlich ihre eigenen Schuldscheine zur Rückzahlung der Schulden akzeptieren, wenn sie ihnen anstelle von Gold vorgelegt wurden.

Dies ist der Ursprung des modernen Geldes als ein Nichts für Etwas seitens des legitimen Nutzers; als ein Etwas für Nichts seitens des Emittenten; und als ein Etwas für ein Rückzahlungsversprechen seitens des Kreditnehmers, mit ausreichender Sicherheit, an den der Emittent den *kostenlosen* Erwerb des aus der Emission freiwerdenden Etwas übertragen hat. Vom Gesichtspunkt des Virtuellen Vermögens ist die Notwendigkeit sehr leicht zu verstehen, dass die Gesamtheit der Individuen einer Gemeinschaft, sollte sie einen Tauschhandel oder eine Tauschwährung vermeiden wollen, ohne eine Gegenleistung verzichten und für einen Teil ihres Eigentums dauerhaft in der Schuldenlast stehen muss. Wäre die Geldschöpfung von Anfang an so bewahrt geblieben, wie sie es hätte sein sollen, als Vorrecht des Staates, wäre die wechselvolle Geschichte der letzten zwei Jahrhunderte und der bevorstehende Zerfall der gesamten westlichen Zivilisation nie geschehen. Aber der Bankier allein kannte diesen Aspekt des Geldes und lange Zeit behielt er es als das höchste Geheimnis seines Geschäfts. Nun aber ist es nicht länger ein Geheimnis.

Warum war es falsch? Warum ist es für die Sicherheit des Königreichs so lebenswichtig, dass Geld, und insbesondere Kreditgeld, das Vorrecht der Krone sein sollte, als zentrale Behörde, die die gesamte Nation vertritt? Die Gründe sind zahlreich, aber die bei weitem grundlegendste ist offensichtlich, wenn wir uns die obige Phase noch einmal ansehen, welche die Erfindung des modernen Geldes im vorgenannten Sinne repräsentiert. Eine neue Währung wurde von den Banken geschaffen mit Hilfe von Personen, die in Unternehmen tätig sind und Schulden bei den Banken eingehen, die *nur durch die Vernichtung dieser Währung zurückgezahlt werden können*, denn es gibt sonst nichts, womit man sie zurückzahlen könnte. Wenn die Kreditnehmer einer Bank Geld zurückzahlen wollten, waren sie gezwungen, entweder Gold zu finden, wovon es keinen physischen Bestand gab, soweit die Bankiers davon Kenntnis hatten oder es sie interessierte, oder die Banknoten der Bank selbst zu beschaffen. Nun wurden diese Scheine aber nicht weitergegeben. Der Emissionsbetrag ist der Betrag, der der Bank geschuldet wird. Durch die Ausgabe von neuem Geld wird eine Schuld bei der Bank geschaffen und durch die Rückzahlung dieser Schuld wird das Geld wieder vernichtet. Offensichtlich muss es lange vor der Rückzahlung eines großen Teils zu einem Geldmangel kommen, und alle verbleibenden Schuldner wären physisch nicht in der Lage, das Geld zu beschaffen, d. h. sie würden ihre Produkte oder Erzeugnisse um jeden Preis verkaufen müssen.

Der Bankier als Herrscher. Aus dieser Erfindung erwächst das moderne Zeitalter des Bankiers als Herrscher. Die ganze Welt war nach diesem Zeitpunkt ihm überlassen. Durch die Arbeit der Wissenschaftler wurden die Gesetze zur Erhaltung von Materie und Energie aufgestellt und neue Lebensweisen geschaffen, welche auf der verächtlichen Ablehnung solch primitiver und kindlicher Bestrebungen wie eines Perpetuum Mobile und der Möglichkeit, jemals wirklich etwas für nichts zu bekommen, beruhen. Die ganze wunderbare Zivilisation, die aus dieser materiellen Grundlage entstanden ist, wurde an diejenigen überreicht, die der Welt nicht mehr als einen kleinen Bissen geben konnten ohne vorher jemand anderem diesen abgenommen zu haben.

Industrie und Landwirtschaft, die Produzenten des produktiven Vermögens von dem die Gesellschaften leben, können nur expandieren, wenn sie immer tiefer in die Verschuldung gegenüber den Banken geraten. Sie wurden zu einer dauerhaften und unentrinnbaren Knechtschaft erniedrigt durch eine subtile und an dieser Stelle nützlichen Form der Buchhaltung, die noch unterhalb der Schwelle, auf der es irgendetwas zu zählen gäbe, weiter zählt. Die fähigen Schöpfer des Wohlstands werden nun zu Holzfällern und Wasserträgern für die Verschuldungsschöpfer, die im Geheimen genau das getan haben, was sie in der Öffentlichkeit als unsolide und unmoralische Finanzwirtschaft verurteilt und sich stets geweigert haben, dies den Regierungen und Nationen auf offene und ehrliche Weise zu gestatten. Dies ist ohne Übertreibung die gewaltigste Farce, die die Geschichte je auf die Bühne gebracht hat.

Die Gewinne aus der Geldemission. Wir ließen unsere hypothetische Gemeinschaft plötzlich von einem Tausch- zu einem Schuldengeld wechseln, wobei die zentrale ausstellende Behörde im Besitz von Gold und anderem wertvollen Eigentum in Höhe des Virtuellen Vermögens der Gemeinschaft war, und letztere stattdessen im Besitz der Quittungen für das, was sie aufgegeben hatten, die ihnen künftig immerfort als Geld dienen sollen. Es liegt auf der Hand, dass der gesamte Bestand an wertvollem Eigentum im Besitz des Emittenten in der Praxis nicht als „Deckung" für das Geld betrachtet werden kann.

Alles, was ungenutzt bleibt, außer Gold und den Juwelen, würde verrotten. Da es nicht genug solcher unvergänglicher Vermögensformen gibt, um als Geld zu dienen, ist es müßig, alle diese Dinge in die völlige Verschwendung einer dauerhaften Verwahrung in Tresorräumen und Gewölben zu verbannen, als Teilsicherheit für eine Schuld, die nie zurückgezahlt werden kann, außer dadurch, dass die Gemeinschaft zu dem primitiven Tauschsystem zurückkehrt, dem sie entwachsen ist. Es braucht nur den gesunden Menschenverstand, um vorzuschlagen, dass alles auf einmal für die allgemeinen Zwecke der Gemeinschaft genutzt werden sollte, indem ein Teil der notwendigen öffentlichen Ausgaben aus diesem Lager gedeckt werden, die sonst durch Steuern gedeckt werden müssten. Wenn das Virtuelle Vermögen der Gemeinschaft wächst, sollte der zusätzliche Vermögensanteil, den sie für das weitere neue Geld, das sie benötigt, aufgeben muss, ebenfalls für den gleichen Zweck verwendet werden.

Viele Menschen, die mit dem Studium des Geldsystems beginnen, überschätzen die Beträge, die von der Gemeinschaft durch die Geldemission gratis erhalten werden können. Es wird sogar vorgeschlagen, dass die Besteuerung auf diese Weise vollständig erfüllt werden könnte und dennoch einiges davon zur kostenlosen Verteilung überlassen werden könnte! Aber die so kostenlos erhältlichen Beträge werden wohl keine moderne Regierung in Verlegenheit bringen! Obwohl sie aus Sicht des Einzelnen groß sind, sind sie im Vergleich zum Umfang der nationalen Ausgaben klein. Es wurden in zahlreichen Kreisen wieder lebhafte Hoffnungen geweckt, nationale Dividenden aus solchen neuen Geldern zu erhalten, aber diese scheinen auf einfache Fehler in Bezug auf die Art eines tatsächlichen oder sogar vorstellbaren Geldsystems zurückzuführen zu sein.

Eine bestimmte einzelne Geldmenge wird in der Regel für immer mit konstanter Geschwindigkeit weiterverteilt, wenn das Preisniveau unverändert bleibt, sodass die Gesamtmenge der Waren und Dienstleistungen, die sie von der Produktion in den Verbrauch und die Nutzung überführt, unbegrenzt ist. Es kann überhaupt kein neues Geld herausgegeben werden, es sei denn, es gibt eine Steigerung der Produktionsrate. Erst wenn die Raten von Produktion und Verbrauch ansteigen, d. h., wenn die pro Jahr oder in einer anderen Zeiteinheit produzierten und verbrauchten Vermögensmengen zunehmen, muss proportional mehr Geld bereitgestellt werden, wenn das Preisniveau gleichbleiben soll.

Geld unzerstörbar ohne Enteignung. Es ist Unsinn, anzunehmen, dass es zerstört werden kann, „wenn es seine Arbeit getan hat". Es kann nicht zerstört werden, ohne dass der Eigentümer seiner Ansprüche auf Waren und Dienstleistungen enteignet wird. Die Leichtigkeit, mit der die Banken Geld erschaffen und zerstören können, hängt von der Tatsache ab, dass dieses Geld überhaupt nicht abgegeben, sondern nur verliehen wird. Das für den Darlehensnehmer geschaffene Kreditgeld wird ihm automatisch wieder entzogen und verschwindet mit der Rückzahlung des Darlehens aus seiner Existenz.

Hingegen zieht der Vorschlag, nationale Dividenden aus solchen Krediten zu zahlen, überhaupt nicht in Betracht, Geld zu verleihen, sondern es zu verschenken. Solche Vermögensansprüche können nur durch Besteuerung oder einer anderen Form der Enteignung wieder zerstört werden, was den Eigentümer zwingt, das so ausgegebene Geld zur Zerstörung aufzugeben. Es ist absolut erstaunlich, wie bereit einige Leute sind, noch immer an Magie zu glauben.

Es wird natürlich nicht behauptet, dass die Gewinne aus der Neugeldemission nicht als nationale Dividende an die Verbraucher ausgegeben werden könnten, sondern nur, dass sich die Beträge kaum lohnen würden, da praktisch jeder Verbraucher bereits viel mehr Steuern zahlt, als er von einer solchen Quelle erwarten könnte. Es erscheint natürlicher, die Gewinne aus der Emission von neuem Kreditgeld für die allgemeine Entlastung des Steuerzahlers zu verwenden.

Aber die Gesamtmengen, die in der Vergangenheit privat ausgegeben wurden, könnten, wenn sie jetzt auf die Entlastung des Steuerzahlers angewendet würden, zu einer sehr lohnenden Verminderung seiner Belastung führen, etwa £2 pro Kopf der Bevölkerung und Jahr. Danach könnten die weiteren jährlichen Beträge, die in diesem Land notwendig wären, wenn sie entweder zur Entlastung der Steuerzahler oder als nationale Dividende ausgeschüttet würden, kaum mehr als ein paar Schillinge pro Kopf und Jahr betragen, das heißt, wenn das Preisniveau nicht erhöht werden soll. Wenn das Preisniveau nicht konstant gehalten wird, sondern kontinuierlich steigen darf, bis das Geld letztendlich wertlos wird, dann gibt es natürlich keine Begrenzung des Geldbetrages, der als nationale Dividende ausgeschüttet oder anstelle der Besteuerung ausgegeben werden kann.

Aber zu behaupten, dass eine lohnende nationale Dividende ausgegeben werden kann und ein Preisanstieg durch gesetzliche Vorschriften verhindert wird, ist heutzutage absurd. Denn alles, was *kostenlos* erhalten wird, muss in der Neuen Ökonomik genau berücksichtigt werden, indem andere darauf verzichten, das heißt, indem sie durch den zusätzlich ausgegebenen Betrag mehr als bisher *zurückhalten*. Sie müssen das sowieso tun, aber ob das bedeutet, dass sie freiwillig mehr Vermögen dafür aufgeben als bisher, hängt allein vom Preisniveau ab. Wenn sie es sich nicht leisten können, dann wird das Preisniveau steigen und das Geld wird weniger wert sein.

Kapitel III
Die Evolution des modernen Geldes

Der Ursprung des Schecks. Zu einem gewissen Zeitpunkt geht die Erfindung des Schecks derjenigen der Banknote voraus, die ursprünglich ein Versprechen war, Gold auf Verlangen hin auszuzahlen. Es war üblich, dass Kaufleute, die Gold zur sicheren Aufbewahrung bei den Goldschmieden – den Begründern des „Bankwesens", wie es noch genannt wird – hinterlegt hatten, einen Auftrag oder eine Anweisung an sie schrieben, eine bestimmte Menge ihres Goldes an eine andere Person als sie selbst, die im Auftrag genannt wurde, zu übergeben und diese mit Vorlage des Schreibens den Beweis dafür bringen konnte, dass die Verwahrung durchgeführt worden war und diesen Betrag ausbezahlt bekam. Es war ein Mittel zur Abrechnung mit den Gläubigern, indem es den Verwalter der Schuldnerfonds anweist, sie zu begleichen, ohne dass die Schuldner das Geld selbst ziehen müssen, was genau dem modernen Scheck entspricht.

Zu Beginn entwickelten die Bankiers jedoch die Banknote, denn dies war ein wirksames Mittel, um ihren Ruf für ehrlichen Handel und Vertrauenswürdigkeit in der Gesellschaft umfassend zu verbreiten. Als die Menschen feststellten, dass sie immer in der Lage waren, Banknoten bei der Bank gegen Gold einzutauschen, gewöhnten sie sich daran, sie von demjenigen zu akzeptieren, der sie zur Zahlung anbot, und sie bis auf besondere Gründe, wie z. B. bei einem Auslandsaufenthalt, nicht in Gold bei der Bank umzutauschen. Der Name des Scheckausstellers mochte relativ wenigen Menschen bekannt sein und hatte somit nicht den gleichen allgemeinen Akzeptanzstandard, wie die Banknote als eine Form von Geld. Ehrlicher Umgang und Vertrauenswürdigkeit bedeuteten damals die Fähigkeit, wann immer gefordert, Gold für Papier aufzubringen. Dies stellte zu jener Zeit die Hauptsache dar und es besteht kein Zweifel, dass der frühe Bankier ein Wohltäter war, der ein Kreditmedium erfand, als Gold nicht mehr ausreichte. Diese altmodische Art von Bankier wäre entsetzt über die schreckliche Macht, die er in weniger gewissenhafte Hände gelegt hat.

Es lag im direkten Interesse[15] der Banken, sicherzustellen, dass gefälschte Nachahmungen ihrer Banknoten unverzüglich entdeckt und aus dem Verkehr gezogen wurden und dass diejenigen, die sie ausstellten, aufgespürt und streng bestraft wurden, weil sie, wie es jetzt scheint, etwas weitaus weniger Gemeingefährliches in seinen letztendlichen Folgen getan hatten als das, was die Bankiers selbst taten. Aber in diesem Entwicklungsstadium des Geldes war die physische Unmöglichkeit der Rückzahlung der Schulden, die sie zu diesem Zweck so sorgfältig zu schaffen pflegten, noch nicht verstanden und die Öffentlichkeit war immer noch fest davon überzeugt, dass die Konvertierbarkeit des Papiers in seinen Nominalwert von Edelmetall das Notengeld darstellte. Das Papier selbst war hingegen Geld, da der Eigentümer diesen Wert von Waren und Dienstleistungen zum Zwecke des Gelderwerbs aufgegeben hatte und somit Anspruch auf einen entsprechenden Gegenwert hatte. Die versammelten Interessenten an der Geldemission fuhren jedoch mit allen Mitteln in ihrer schnell wachsenden Macht eifrig fort, den anderen Standpunkt zu propagieren. Deshalb vermuteten diese und die Politiker, dass es einen Aufschrei geben würde, wenn bei Ausbruch des Krieges die Rückrufaktion des gesamten Goldes und die Ersetzung durch ein reines Kreditgeld in Kraft treten würde. Jedoch gab es keinen Aufschrei, die meisten Leute bevorzugten es tatsächlich, die neuen Papiernoten anstelle der

[15] A.d.Ü.: Soddy nutzt hier die doppeldeutige Formulierung *„It was to the banks' direct interest (...)"*, womit das *Interesse* angedeutet wird: Es ist der *Zins*, der den Banken durch das gefälschte Geld entgeht, im englischen: *interest*.

königlichen Goldmünzen zu verwenden. Ebenso wenig sind die hartnäckigen und ruinös erfolglosen Bemühungen der Nachkriegszeit, zum Gold zurückzukehren, aus Sicht des Allgemeinwohls gerechtfertigt. Im öffentlichen Interesse ist ein konstanter Preisindex, sodass das Preis-Leistungs-Verhältnis in Bezug auf Waren und Dienstleistungen stabil bleibt. Sie hätten dies nicht erreichen können, wie wir sehen werden, ohne dass „Bankwesen", wie es bisher verstanden wird, zu zerstören. Hier muss man wie immer sehr deutlich zwischen den Interessen der Öffentlichkeit und denen ihrer wahren Herrscher unterscheiden; und bisher hatte die Demokratie noch nie eine Regierung, die sich darauf verlassen konnte, unabhängig von der Geldmacht zu regieren.

Staatliche Regulierung des „Bankwesens". Obwohl die Öffentlichkeit im Interesse der Banken eifrig vor dem Fälscher geschützt wurde, war sie nicht vor dem Versagen der Banken geschützt, ihre unmöglichen Versprechen einzulösen, die so zahlreich wurden und so weit verbreitet waren, dass das gesamte Währungssystem in dieser Übergangsphase in Gefahr war. Hierfür gab es viele Gründe. Die Regierung, die zunächst den Banken hatte durchgehen lassen, das Vorrecht der Geldschöpfung an sich zu reißen, versuchte nun, anstatt es selbst zu schöpfen, in jeder erdenklichen Weise, sie zu behindern und zu zügeln. Zumindest was die Landes- und Geschäftsbanken betrifft, waren sie misstrauisch und feindselig gegenüber Innovationen, die dem üblichen Standard der Geschäftsmoral zu widersprechen schienen und eine neue Form der Fälschung zu sein schienen. Doch in Bezug auf sich selbst verhielten sie sich anders. Anstatt selbst genügend Geld auszugeben, bevorzugten und ermächtigten sie mehr und mehr im Gegenzug für ihre steigenden Einkünfte aus staatlichen Maßnahmen eine einzige Bank – die Bank von England – für sie zu handeln. Unter der Herrschaft von William III. wurde diese Bank 1694 nach dem Vorbild früherer italienischer Banken gegründet, um der Regierung Geldmittel zur Verfügung zu stellen. Sie verlieh Geld gegen Zinsen zuerst als Gegenleistung für die Erlaubnis zur Ausgabe von Banknoten in gleicher Höhe und wurde bald durch das Monopol der Notenausgabe belohnt, deren Golddeckung sich bis 1709 halten sollte. Von ihrer Gründung bis heute war sie nie eine Bank der englischen Nation, sondern eine Bank, die der Regierung primär und hauptsächlich für Kriegsausgaben Geld zur Verfügung stellte – eine Waffe, die die Regierung gegen das Volk einsetzen kann und dies auch tut. Man verstand sich als Bank der Banken, nun jedoch ist diese Institution beinahe zur Regierung der Regierung geworden.

Die staatliche Regulierung des „Bankwesens" war, abgesehen von diesem Bestreben, restriktiv. Insbesondere darauf ausgerichtet, die Öffentlichkeit vor Betrug durch unehrliche und unsolide Banken zu schützen, machte sie die Position ehrlicher und zugleich sozial gesinnter Bankiers derartig prekär, dass ihr Versagen und die damit verbundene Ruinierung von Kauf- und Geschäftsleuten fast unvermeidlich wurde. Die Richtlinie gipfelte 1844 im Bank Charter Act von Sir Robert Peel, der das Währungssystem in diesem Land bis zum Krieg nominal festlegte. Doch fanden die Banken bald heraus, dass sie es leicht hintertreiben konnten. Es sah vor, die Emission von Banknoten in England auf die Bank von England zu beschränken und letztendlich zu beenden, indem es die Emission dieser Banknoten auf vierzehn Millionen über der Goldreserve beschränkte (die so genannte treuhänderische Ausgabe, weil sie auf dem Vertrauen der Öffentlichkeit und nicht auf ihren Notwendigkeiten beruhen sollte). Damit wurde die Expansion der Notenwährung wirksam gedämpft. Das Ergebnis war, dass der Scheck zunächst heimlich den Platz der Note als Mittel zur Schaffung von neuem Geld einnahm und sich bald zur überwältigend dominierenden Form des Kreditwechsels entwickelte.

Verleih von Scheckbüchern. Anstatt Banknoten zu drucken und zu verleihen, als eine offensichtliche Geldschöpfung, entstand diese viel arglistigere und gefährlichere Form der Emission. Der mittellose Darlehensnehmer durfte Schecks ziehen, als ob er Geld hätte, und einen Überziehungskredit bei der Bank erstellen. Die Bilanz der Bank wurde gefälscht, sodass sie weiterhin ausgeglichen blieb. Denn auf der einen Seite wurde dem Einzelnen der Grenzbetrag gutgeschrieben, bis zu dem er befugt war, zu überziehen, und auf der anderen Seite der gleiche Betrag, wie bei einer Schuld des Einzelnen gegenüber der Bank. Natürlich mussten, wie immer vor der Gewährung dieses Privilegs, erhebliche „Sicherheiten" oder ein Kollateral bei der Bank hinterlegt werden, die deutlich über dem Betrag der Überziehung lagen, um der Bank einen ausreichenden Sicherheitsspielraum zu bieten. Wenn der Schuldner in Verzug geriet, zog ein Zwangsverkauf der Sicherheiten die Beträge aus der Öffentlichkeit ein, die ihm durch seinen Überziehungskredit erlaubt worden waren, in Umlauf zu bringen. Unter diesen Umständen konnte nicht erwartet werden, dass das Wertpapier seinen tatsächlichen Wert einbrachte. Da solche Liquidationen zudem in Zeiten des Konkurses bei knappen Geldern und niedrigen Preisen erfolgen, während in Zeiten des Booms bei reichlich vorhandenem Geld und hohen Preisen „Kredite" gesucht werden, konnten die Banken somit wertvolle Sicherheiten zu Zwangsverkaufspreisen erwerben. Dann mussten sie jenes Kollateral nur bis zur Rückkehr des „Vertrauens" aufbewahren. Zu diesem Zeitpunkt gaben sie das von ihnen zurückgeforderte Geld wieder heraus, sodass es wieder reichlich vorhanden war, um mit den Sicherheiten weit mehr zu erlangen, als sie beim Verkauf eingelöst hatten, um das Geld, das durch die Überziehung in Umlauf gebracht worden war, wieder aus der Öffentlichkeit zu nehmen. Es ist wichtig zu erkennen, dass, egal in welcher Reihenfolge es abläuft, es für die Bank ein Spiel von Kopf oder Zahl ist, in dem bei Kopf die Bank gewinnt und bei Zahl der Kunde verliert.[16] Außerdem ist das Geld, mit dem sie abgegolten werden, im Durchschnitt mehr an Gütern wert als das, was sie zur Verfügung stellen.

Es gab darin im Wesentlichen nichts Neues oder etwas anderes als die Vergabe von „Versprechungen zur Zahlung von Gold“ anstelle von Gold selbst, außer dass die Banken die Notwendigkeit vermieden, gedruckte Quittungen für die Waren und Dienstleistungen zu geben, die ihre Kreditnehmer umsonst erhalten haben, und es herrschte eine verborgene anstelle einer offenen Geldschöpfung. Anstatt Banknoten zu verleihen, verleihen die Banken nun Scheckbücher und das Recht, Schecks bis zu einem begrenzten Betrag über das hinaus auszuleihen, was der Kreditnehmer besitzt. Fast ein Jahrhundert lang, bis die Offenbarungen des Krieges es unmöglich machten, die Wahrheit vor der Öffentlichkeit zu verbergen, leugneten die Bankiers entschieden, überhaupt Geld zu schaffen und behaupteten, lediglich Einlagen zu verleihen, die ihre Kunden nicht verwendeten. Vor nicht einmal einem Jahr wiederholte der Präsident der Bank von Montreal dies immer wieder, aber näher am Zentrum der Dinge war all dies bekannt und wurde von den orthodoxen Apologeten dieses monströsen Systems schon vor dem Krieg zugegeben, meist durch einen so erlogenen Satz wie „jedes Darlehen bildet eine Einlage“.

Echte und fiktive Darlehen. Ein Darlehen, wenn es sich um ein echtes Darlehen handelt, schafft *keine* Einlage, denn was der Kreditnehmer bekommt, muss der Kreditgeber aufgeben, und es gibt hierbei keine Erhöhung der Geldmenge, sondern nur eine Veränderung der Identität der einzelnen Eigentümer. Aber wenn der Kreditgeber überhaupt nichts aufgibt, ist das, was der Kreditnehmer erhält, eine Neuemission von Geld und dessen Menge wird

[16] A.d.Ü.: Im Englischen steht hier das knappe und immer noch gängige Idiom „*Heads I win, tails you lose*“.

proportional erhöht. So aufwendig wurde die wahre Natur dieses lachhaften Vorgangs von einigen der klügsten und geschicktesten Fürsprecher, die die Welt je gekannt hat, mit Verwirrung umgeben, dass es für die einfachen Menschen ein Mysterium bleibt und sie an ihrem Verstand zweifeln und gestehen, dass sie „die Finanzwelt nicht mehr begreifen". Es ist nicht beabsichtigt, dass sie das sollten. Aber wenn diese Leute, anstatt zu versuchen, es nach dem Muster von „was du für Geld bekommst" zu enträtseln, das Verfahren umkehren würden, wie in diesem Buch, und zwar nach dem Prinzip von "was du dafür aufgibst", dann wäre der Trick klar genug zu verstehen.

Kontokorrenteinlagen. Scheckguthaben bei der Bank stellen in Geldeinheiten das dar, was die Eigentümer an Waren und Dienstleistungen aufgegeben haben, um diese Ansprüche auf gleichwertige Waren und Dienstleistungen nach Bedarf zu erwerben. Sofern jemand sein Geld ausgibt, erhält ein anderer dieses und insofern jemand die ihm geschuldeten Waren und Dienstleistungen erhält, gibt ein anderer sie auf und erhält dafür eine Vergütung. Bei echten „Termineinlagen" ist es jedoch ganz anders, obwohl die Bankenpraxis darauf ausgerichtet war, die Unterscheidung zu verschleiern. In einem aufrichtigen Geldsystem würde dieser Unterschied als wesentlich für eine korrekte Buchhaltung angesehen werden. Dies ist jedoch eine zu wichtige Angelegenheit, um sie im Vorbeigehen zu behandeln, und ihre Erörterung wird verschoben. Wir werden das Argument hier auf Scheckkonto-Einlagen beschränken.

Die Summe der Scheckkonten, mit Ausnahme der echten Festgelder, stellt in Geldeinheiten dar, wie bereits erwähnt, was den Geldeigentümern (*nicht* den Kreditnehmern) auf Nachfrage an Waren und Dienstleistungen in dem Land, in dem das Geld gesetzliches Zahlungsmittel ist, zusteht. Diese riesigen Summen stammen zu allererst aus der Schöpfung der Bank. Wenn die Bank vorgibt, das Geld zu verleihen, verringert sie den Umfang der Ansprüche der

Geldbesitzer für den Abruf von Waren und Dienstleistungen nicht um einen Deut. Sie informieren diese auch nicht darüber, dass das Geld nicht mehr ausgezahlt werden kann, da es an andere ausgeliehen wurde! Sie schaffen im allgemeinen Kreis der Verkäufer, die Waren und Dienstleistungen liefern, im Austausch für die Schecks, die die Banken ihren Kreditnehmern erteilen, *neue* Ansprüche an die Gemeinschaft für Waren und Dienstleistungen. Wenn diese Schecks auf die Konten der Verkäufer eingezahlt werden, schaffen sie neue Einlagen bei den Banken. Wenn die Kreditnehmer ihre Kredite zurückzahlen und ihre Konten ausgleichen, ziehen sie Geld für den Zweck von denen ab, an die sie Waren und Dienstleistungen verkaufen, und indem sie ihre Kontoüberziehungen aufheben, verschwindet dieses Geld dann aus der Existenz, genauso unerklärlich wie es zum Vorschein kam. Wenn wir uns das Unmögliche vorstellen können, dass es ihnen jemals erreichbar sein wird, sich von ihrer Verschuldung gegenüber den Banken zu befreien, wäre jeder verbleibende Penny eine halbe Krone wert und Menschen, die £3 pro Woche verdienen, würden 2 Schillinge pro Woche erhalten.

Warum Scheckgeld den Münzen vorgezogen wird. Wir müssen nur physische Posten oder Belege einsetzen, um die absolute Unehrlichkeit der Buchhaltung aufzuzeigen. Denn wenn man einen physischen Geldschein übergibt, sei es, um ihn an jemanden zu verleihen oder um damit etwas von jemand anderem zu kaufen, ist das diesbezüglich ein Endpunkt. Man kann ihn nie wieder verleihen oder ausgeben. Man muss einen anderen verdienen oder warten, bis das Darlehen fällig wird, bevor man einen anderen zurückbekommt, den man verleihen oder wieder ausgeben kann. Aber wenn jemand sein Geld auf ein Scheckkonto einzahlt, kann er es verleihen oder ausgeben, als ob er es überhaupt nicht eingezahlt hätte, indem er einen Scheck für den Betrag verwendet, und doch ist es dasselbe Geld, das die Bank vorgibt, zu verleihen.

Der Goldstandard. Die heute überholten Methoden, mit denen die vorhandene Geldmenge bis zum Krieg im ewigen Zustand von Ebbe und Flut, dem so genannten Handels- oder Kreditzyklus, gehalten wurde, indem sie mit Gold konvertierbar gemacht wurde, müssen nur noch sehr knapp betrachtet werden. Die Details dieser „wundervoll funktionierenden automatischen Regulierung“ sind das feste Inventar aller konventionellen Geldschreiber der Vorkriegszeit und wir sollten uns nicht damit abgeben. Die Geldmenge wurde mit Hilfe des Goldstandards geregelt. Letzteres bedeutete, dass der Wert der Geldeinheit in einer großen Anzahl von Ländern gleich dem eines bestimmten Gewichts an Gold gehalten wurde, indem das Geld theoretisch immer mit Gold austauschbar gemacht wurde. In der Praxis bedeutete dies das Aufkeimen einer Reihe neuer Teufeleien, die zu ihrem Gegenstand die Vereitelung eines jeden Versuchs, Geld gegen Gold einzutauschen, hatten, sobald dieser Wechsel vollzogen werden sollte. Weil es auf der ganzen Welt nur für einen erbärmlichen Bruchteil der Goldansprüche ausreichend Gold gab, was die einfache Methode der Ausleihe von Scheckbüchern ermöglicht hatte, durften die Bankiers in keinem Fall erwischt werden. Alle anderen trugen die Verluste. Ob Hochkonjunktur oder Flaute, die Bankiers gediehen.

Es war einfach, den Geldpreis von Gold festzulegen, aber was hat den Warenpreis von Gold festgelegt? Da Gold einen festen Preis erhielt, variierte der Preis jedes anderen Rohstoffs nun im Vergleich zu demjenigen, der willkürlich festgelegt wurde. Der Durchschnittspreis, oder das Preisniveau, variierte im letzten Jahrhundert enorm. In allen Ländern gab es fünf markante Perioden, in denen sich der Wert aus unzähligen Gründen änderte. Abgesehen von menschlichen und psychischen Einflüssen waren einige der offensichtlichsten physischen Einflüsse die Entdeckung von Goldminen, die Erfindung neuer technischer Verfahren zur Goldgewinnung, die Anzahl der Länder mit

Goldwährungen im Vergleich zu Ländern mit Silberwährungen und so weiter. Es war wirklich viel schlimmer, als die Höhe des Barometers zu standardisieren, es als das „Bar“ zu bezeichnen, was auch immer es war, und alle Längen in Bezug auf das auszudrücken, was das „Bar“ im Moment auch sei. Die Variation des Preisniveaus in Bezug auf Gold lag jedoch über einer Spanne von zwei bis drei zu eins. Damit ist die Variation der Barometerhöhe in Bezug auf das Yard oder des Yards in Bezug auf die Barometerhöhe, je nachdem, was als „Standard“ gilt, vergleichsweise nahezu vernachlässigbar.

Die Fähigkeit der Banken, Geld zu erschaffen, ohne etwas dafür aufzugeben, hing davon ab, dass sie immer genügend gesetzliches Zahlungsmittel (umwandelbar in Gold) hatten, um die Forderungen ihrer Einleger zu erfüllen, d. h. derjenigen, die Geld auf das „Girokonto“ eingezahlt haben. In der Praxis wurde festgestellt, dass etwa fünfzehn Prozent ihrer Gesamteinlagen für ihre Sicherheit ausreichten, aber mit zunehmender Verwendung von Schecks sinkt der Prozentsatz. Der Sicherheitsfaktor wird heute mit etwa zehn Prozent angesetzt, kann aber nicht annähernd so hoch sein. Niemand außer den Bankiers selbst kann in einem Zeitalter des potenziellen Überflusses irgendeinen Sinn darin sehen, immer zu versuchen, mit £1 die Arbeit von £10 oder mehr zu tun, wenn sie tatsächlich Ansprüche an neun andere gestellt haben und die Inhaber nur ihre Ansprüche geltend machen müssen, um die Finanzleute in Panik zu versetzen und sich heulend an die Regierung für ein Moratorium zu wenden.

Die richtige Vorgehensweise. Das Richtige wäre natürlich, dass die Regierung so viele Pfund ausgibt, wie die Bürger im Wert von Waren und Dienstleistungen in Pfund aufgegeben haben, nicht ein Zehntel so viele, und dass die Banken aufgefordert werden, stets £1 nationales Geld für jeden £1 auf den Girokonten der Einleger der Banken zu halten.

Die Banken waren nie zahlungsfähig, seit das Bankwesen in der Praxis durch Herausgabe von Scheckbüchern anstelle von Banknoten bestimmt wurde, sondern sie mussten die Auszahlungen bereits dann einstellen, wenn mehr als ein Zehntel des Geldes (des gesetzlichen Zahlungsmittels), das sie ihren Kontoinhabern schuldeten, verlangt wurde. Die oben anempfohlene Maßnahme würde sie zum ersten Mal in der modernen Phase ihrer Geschichte solvent machen. Es gäbe ein Ende des hektischen Hin und Her der Goldlieferungen, um den Wert des Geldes hier zu erhöhen und es dort zu drücken, um plötzlich für den Export bestimmte Waren auf den Inlandsmarkt zu werfen und ebenso plötzlich den Inlandsmarkt zu leeren und die Waren ins Ausland zu versenden, wenn das Geld immer bei den Banken verfügbar wäre. Und all die schändlichen und skrupellosen Mittel, die im Laufe eines Jahrhunderts der Erfahrung mit dieser geheimen privaten Prägewerkstatt erfunden wurden, um die Welt arm zu halten und die Versorgung mit fleißigen Kreditnehmern in einer Epoche des Überflusses zu erhalten.

Abgesehen von dieser eigentlichen Erklärung besteht der einzige scheinbare Grund für das alles darin, zu verhindern, dass die Menschen das Geld verlangen, für das sie den Gegenwert für Waren und Dienstleistungen aufgeben mussten, wofür die Regierung es jedoch bisher unterlassen hat, ordnungsgemäße Quittungen auszustellen. Zwar hat die Regierung dies nicht getan, weil sie die Waren und Dienstleistungen noch nicht erhalten hat, aber die fleißigen Kreditnehmer haben das Geld erhalten und darüber hinaus für jedes geliehene Pfund eine ausreichende Sicherheit als Kollateral gestellt. Der Vorschlag sieht daher vor, dass die Regierung den Banken das notwendige Geld als Gegenleistung für die Sicherheiten der Kreditnehmer zur Verfügung stellt, sodass diese Kreditnehmer von nun an nicht mehr den Banken, sondern der Nation schulden, die, und nicht die Banken, die Waren geliefert hat. Sie können dann ihre Schulden zurückzahlen, ohne die Währung der Nation zu zerstören und es unmöglich für sie zu machen, das Geld aufzubringen, um zu bezahlen. Denn da die Kredite fällig werden und zurückgezahlt werden, sollte die Regierung das Geld wieder in Umlauf bringen (oder in die Pfund-für-Pfund-Einlagen der Scheckverwender), indem sie damit Staatsschuldtitel kauft und zerstört. So würde ein Äquivalent der verzinslichen Staatsschuld für die unverzinsliche Staatsschuld, das also Geld *ist*, vernichtet werden. Denn dieses Geld *wurde* von den Banken heimlich über das Schecksystem ausgegeben. Dies geschah, als die Regierung sie an der Ausgabe von Banknoten hinderte und versuchte, diese Form der Währung durch die Bank von England einzuschränken und zu kontrollieren. Es ist an der Zeit, dass die Rechtmäßigkeit dieser Vorgänge vor den Gerichten geprüft wird. Es ist eine seltsame Art von Gesetz, das die offene Geldemission als Hochverrat und seine geheime Ausgabe unter einem verschleierten Namen, als Bankkredit, so straffrei macht, dass es bis vor kurzem sogar Verrat war, dessen Legalität in Frage zu stellen. Doch das alles ist inzwischen veraltet.

Der Kredit- oder Handelszyklus. Bis zum Ausbruch des Krieges hat das System seinen unvermeidlichen Zyklus auf relativ einfache Weise wie folgt gestaltet:

1. Ein Zeitraum, in dem die Geldmengenzunahme schneller erfolgt (da mehr Bankkredite im Schnitt ausgestellt als zurückgezahlt werden) als das Virtuelle Vermögen steigt und die Preise daher steigen. Im Zuge der Produktion stehen nun Waren im Überfluss zur Verfügung, aber aufgrund der Kredite, die aufgenommen werden, während die Produktion in Gang gesetzt werden soll, geraten Produktion und Konsum aus dem Takt. Korrekterweise würde das neue Geld vielmehr als Steuererleichterung an die Verbraucher emittiert werden, nachdem die neue Produktion gereift und zum Verkauf bereit ist. Die Produktion hinkt dem Verbrauch um etwa die Hälfte der durchschnittlichen Pro-

duktionszeit hinterher, da das neue Geld den fertigen Vermögenswert aus dem Markt nimmt, um die Arbeiter zu bezahlen, und letztere erst in der Anfangs- oder Zwischenphase unfertige Vermögenswerte bereitstellen. Später wird es notwendig sein, auf diesen grundlegenden physikalischen Irrtum im gesamten Geldwesen der Bankiers zu sprechen zu kommen.

Aber es ist schon jetzt leicht zu erkennen, warum die Preise steigen müssen und warum das Virtuelle Vermögen nicht bis zum Umfang der Geldmenge steigen kann, sodass der Wert des Geldes erhalten bleibt. Die Menschen sind im Durchschnitt immer einige Monate früher mit dem Geld auf dem Markt, um zu kaufen, bevor die Waren da sind. Dies führt zu einem Rückgang der bestehenden Bestände und zu einem Mangel an fertigem Vermögen, sodass es ohne Preissteigerungen überhaupt keine Waren gäbe, die für den Teil des gesamten Geldes verkauft werden könnten, der dem zusätzlichen geschaffenen Betrag entspräche. Natürlich steigen die Preise, sodass dies nicht passiert. Aber alle bekommen weniger Waren für ihr Geld als vorher. Da das Geld jetzt weniger wert ist als zuvor, müssen die Leute mehr davon behalten, um das gleiche Virtuelle Vermögen (oder einen Kredit für Waren und Dienstleistungen) zu besitzen wie zuvor. Bald schon kauft die erhöhte Geldmenge nicht mehr als die ursprüngliche Menge des Geldes.

2. Obwohl alle anderen Preise steigen, ist der Goldpreis willkürlich festgelegt. Dies an sich bedeutet nur, dass Gold im Vergleich zu Waren an Wert verliert. Die Auswirkungen neuer Emissionen von Kreditgeldern sind die gleichen, als ob tatsächlich neue Goldminen entdeckt worden wären. Der Preisanstieg führt tendenziell dazu, dass der bestehende Goldbergbau unrentabel wird und lässt bisher rentable Bergwerke zahlungsunfähig werden, was wiederum die Goldproduktion verringert. Aber ein solcher Einfluss, der die *jährliche* Goldproduktion verringert, kann nur eine winzige Differenz in der Gesamtmenge an Gold hervor-

rufen und nur nach langer Zeit einen spürbaren Effekt auf das Preisniveau haben. Die tatsächliche Nachfrage nach Gold, außerhalb einer Absicherung für Kreditgeld, ist heute nicht mehr groß. Es ist wirklich eher ein nutzloses Metall für seinen Preis. Diese Veränderung des Werteverhältnisses zwischen Gold und Waren an sich könnte in einer in sich geschlossenen Gemeinschaft keinen automatischen Regulierungseffekt hervorrufen, da Gold kaum in die Kategorie der Waren fällt, die die meisten Menschen kaufen, um überleben zu können. Aber natürlich betrügt der Preisanstieg alle Gläubiger zum Vorteil der Schuldner.

Die Wirkung des Goldstandards besteht jedoch darin, Gold als weltweites Geld darzustellen. Da Geld nur eine Schuld in derjenigen Gemeinschaft ist, deren gesetzliches Zahlungsmittel zur Begleichung der Schulden es ist, und keine Schuld, die von anderen Ländern überhaupt anerkannt oder vollstreckbar wäre, muss die internationale Verschuldung durch die Übertragung tatsächlicher Waren oder Dienstleistungen aus dem Land, die dem geschuldeten Land zustehen, ausgeglichen werden, soweit sie nicht von der Art eines ständigen Darlehens oder einer ständigen Investition ist oder in diese umgewandelt wird und Zinsen trägt. Wenn man also das gesetzliche Zahlungsmittel in Gold konvertierbar macht, bedeutet dies, wenn die Preise für alles andere gestiegen sind und die für Gold jedoch nicht, dass die Verschuldung gegenüber einem anderen Land billiger durch den Umschlag von Gold als durch andere Waren beglichen wird. Wir haben gesehen, dass die erste Phase zu einem permanenten Mangel an Waren führt, da die Produktion dauerhaft hinter dem Verbrauch zurückbleibt. Dies führt natürlich zu einer Nachfrage nach Waren, und Waren können jetzt im Ausland gekauft werden, wo immer sie auch gerade billig und reichlich vorhanden seien und durch den Tausch von Gold anstelle von anderen Waren bezahlt werden, da alles andere als Gold im Preis gestiegen ist. Die Preise verstehen sich in Bezug auf die abgewertete Währung im Heimatmarkt, aber zum alten Kurs im Ausland. Daher werden die Goldbestände des Landes in dieser zweiten Phase ausgelaugt – in dem vor dem Krieg bestehenden System, als die Öffentlichkeit das Recht hatte, Gold im Austausch gegen Banknoten und Schecks zu verlangen – und das Verhältnis zwischen „Bargeld" und Kredit bei den Banken (gesamte Einlagen) wurde letztendlich unter das Limit gesenkt, das der Bankier für seine Zahlungsfähigkeit für wesentlich hielt.

3. Der Bankier verringert nun die Menge des vorhandenen Geldes, indem er seine Darlehen nicht so schnell erneuert, wie sie zurückgezahlt werden. Diese Darlehen, die in einer Zeit steigender Preise abgeschlossen wurden, müssen nun in einer Zeit fallender Preise zurückgezahlt werden, sodass durch die Veränderung der Kaufkraft des Geldes und ganz abgesehen von den für das Darlehen gezahlten Zinsen, die Waren und Dienstleistungen, die von den Kreditnehmern aufgegeben werden müssen, um das Geld zur Rückzahlung zu erhalten, im Durchschnitt immer größer sein müssen als die, die sie mit dem geliehenen Geld erhalten haben. Noch bevor ein nennenswerter Teil dieser Kredite bezahlt werden kann, wird es unmöglich, das Geld dafür zu beschaffen, d. h. Waren zu verkaufen, außer mit einem ruinösen Verlust für die Produzenten. Daher werden einige dieser Unternehmen bankrottgehen. Ihre Sicherheiten werden von der Bank verkauft, oder werden, wenn der Betrag zur Rückzahlung des Darlehens nicht eingetrieben werden kann, von der Bank angeeignet. In dieser Hinsicht sind diejenigen Kreditnehmer, die am verdienstvollsten waren und deren Vermögen daher mehr wert ist als diejenigen, die weniger effizient und umsichtig in der Ausübung ihrer Geschäfte waren, die ersten Opfer. Sie werden verkauft und ruiniert, während diejenigen, deren Vermögenswerte nicht den Ansprüchen der Bank genügen, eine

bessere Chance haben, zu entkommen, in der Hoffnung, dass es sich lohnt, sie später zu verkaufen.

Wie die Verluste verteilt werden. Unter (1) wird das von den Banken geschaffene Geld von der ganzen Gemeinschaft durch den Verlust der Kaufkraft des bereits vorhandenen Geldes bezahlt. Alle Verträge über künftige periodische Zahlungen für Dienstleistungen, wie Löhne, Gehälter, Zinsen und Mieten, und solche, die gesetzlich oder gewohnheitsmäßig festgelegt sind, wie Beförderungspreise, Postdienste und Honorare, sind zum Schaden derjenigen, die Geld erhalten, benachteiligt, während diejenigen, die diese Dienstleistungen erhalten, einen unvereinbarten Vorteil erhalten, genau so, als ob es eine allgemeine Gewichtsabnahme des Pfunds, des Volumens des Pints oder eine Kürzung der Längenmaße gegeben hätte. Dies ist die Inflationsperiode in dem einzigen Sinne, in dem der Begriff irgendeine Bedeutung hat, nämlich der Zeitraum, in dem der Wert des Geldes herabgesetzt wird.

Unter (2) gibt es eine tiefe internationale Verunsicherung, die die freundschaftlichen Beziehungen zwischen den Nationen gefährdet, auf die wir noch näher eingehen müssen. Unter (3) haben wir die Deflationsperiode, in der der Wert des Geldes wieder auf den Wert des Goldes zurückgeführt wird, den es ursprünglich hatte. Es gibt eine allgemeine wirtschaftliche Lähmung durch die Bemühungen der Schuldner, ihre Schulden zurückzuzahlen, was die Zahlungsmittel zerstört. Im gesamten System ist der grundlegende Zweck des Geldes aus den Augen verloren worden. Anstatt einem Gemeinwesen die Möglichkeit zu geben, Waren und Dienstleistungen vom Erzeuger zum Endverbraucher und -nutzer frei zu befördern, wurden die Interessen der gesamten Gemeinschaft geopfert, damit die Banken mehr Geld ausleihen können, als es in physischer oder materieller Form gibt. Es gibt nicht den geringsten Grund, warum nicht so viel existieren sollte, wie es die Wirtschaft des Landes erfordert, solange es nur dann emittiert wird, wenn zusätzliches Vermögen zum Verkauf steht. Die Situation ist dadurch entstanden, dass die Nation ihr Vorrecht in Bezug auf die Geldemission nicht ausgeübt hat, und durch die Präferenz der Banken für eine Methode, die die Ausstellung ordnungsgemäßer nationaler Quittungen verhindert, oder irgendetwas anderes im Gegenzug, an diejenigen, die Waren und Dienstleistungen für das Geld aufgegeben haben. Es gibt auch nicht den geringsten Grund für die Existenz des Bankwesens, wie es heute ist, was auch immer vor zwei Jahrhunderten der Fall gewesen sein mag. Die Öffentlichkeit besitzt die Waren und Dienstleistungen, die der Bankier einbehält, ohne dafür eine Gegenleistung zu erbringen, und sie zahlt für die private Ausgabe von Geld, indem sie der Gewinne der Emission beraubt wird, ebenso wie durch den Anstieg der Preise, den die falsche Art der Emission mit sich bringt.

Betrügerische monetäre Terminologie. Die gesamte Terminologie des Systems wird verkehrt eingesetzt. So sollten Bankkredite, wenn die Buchführung in Waren und Dienstleistungen und nicht in Zahlen erfolgt, Bankenschulden sein. Also Schulden der Banken gegenüber der Gemeinschaft für die Waren und Dienstleistungen, welche die Banken dem Staat abverlangt haben, indem sie den mittellosen Kreditnehmern die Möglichkeit einräumten, diese ohne Bezahlung zu erhalten. Auch bei dem überaus wichtigen Verhältnis von Bargeld zu Kreditgeld, das in verschiedenen Epochen von fünfzehn Prozent bis hin zu vermutlich nur sieben Prozent oder weniger variiert hat, sind beide Begriffe falsch. Wir können die Betrachtung der zweiten Komponente verschieben, welche einfach *die Summe* aus Kontokorrent- und Termingeldern ist und eigentlich die Schuld der Bank gegenüber ihren Einlegern für Geld auf Verlangen *und* nach rechtzeitiger Ankündigung. Es handelt sich um den Kredit der Öffentlichkeit und die Schulden der Banken. Aber in Bezug auf „Bargeld“, wie der allerletzte Trottel jetzt weiß, wird bei weitem der weitaus größte Teil sogar dieses „Bargeldes" heute von der Bank von England geschaffen, wobei Schulden jener Bank gegenüber den Clearingstellen als „Bargeld" ausgewiesen werden. Wir behalten uns vor, auch die nähere Betrachtung dieser Angelegenheit auf einen späteren Zeitpunkt zu verschieben. Unter dem Schutz der Regierung scheint diese Bank es für einen großartigen Witz zu halten, mit dem sie die Öffentlichkeit täuscht.

Der Goldabfluss. Die Vorrichtungen zur Tüftelei an der Währung und zur Erzeugung eines Minimums an echtem nationalem Geld als Grundlage als Stütze einer wahrscheinlich zehn- bis zwanzigfach größeren umgekehrten Pyramide eines magisch auftauchenden und wieder verschwindenden Geldes, genannt „Bankkredit", und die Methode der Bank von England zur Regulierung des gesamten Geldes, hatten einen brutalen und äußerst hartherzigen Charakter. Der Abfluss von Gold aus der Bank von England unter (2) führte „automatisch" zu einer Verringerung der Gesamtmenge des vorhandenen Geldes um das Zehn- bis Zwanzigfache der entnommenen Goldmenge. Für jedes Paar Schilling Goldgeld, welche das Land ersatzlos verließen, wurde £1 von den Banken zerstört, die willkürlich ihre Kreditnehmer aufforderten, ihre Kredite zurückzuzahlen – wie wir gesehen haben, eine Unmöglichkeit. Die Erfindung einer neuen Währung als Schuld gegenüber der ausgebenden Bank, die nie wieder zurückgezahlt werden konnte, weil die Rückzahlung sowohl die Währung als auch die Mittel zur Zahlung zerstörte, brachte das gesamte vermögensproduzierende System der Welt dem Bankier als Pfandrecht ein. Seitdem ist die Welt in seiner absoluten Gewalt.

Das Übel des echten Wucherns im Mittelalter, durch den Mangel an Edelmetallen und die Unzulänglichkeit des Tauschmittels, schrie lautstark zum Himmel nach Abhilfe. Aber der echte Wucherer hat zumindest aufgegeben, was er verliehen hat und wofür er Zinsen erhielt, während der

Bankier dies nicht tut, sondern auf die Waren und Dienstleistungen der Nation anrechnet, für das, was er zu leihen vorgibt und wofür er Zinsen erhält. Es ist schlimm genug, in die Fänge des Geldverleihers zu geraten, der sein Geld zur Verfügung stellt, aber es ist eine Million Mal schlimmer, in die Fänge des vermeintlichen Geldverleihers zu geraten, der nicht sein eigenes Geld ausleiht, sondern es schafft, um die Rückzahlungsmittel zu verleihen und so schnell zu zerstören, wie es den Schuldnern gelingt, es zurückzuzahlen. Dies ist die Auslieferung der Kräfte von Leben und Tod im Wirtschaftsleben der Nation an unverantwortliche Hochstapler.

Die Duldung durch die Regierung. Dass die Regierung schon immer an dieser Aufhebung ihrer Funktion beteiligt war, zeigte sich bei Kriegsausbruch am deutlichsten, als sich zum ersten Mal in der Geschichte die Drosselklappe der Industriebanken plötzlich lockerte und das Wirtschaftssystem die Möglichkeit hatte, die Produktion zum Zwecke der Kriegszerstörung vollständig auszulasten. Die Motoren des Geldsystems waren leise umgekehrt worden, bevor der erste Schuss fiel. Nationen, die mit anderen Nationen in einem weltweiten Kampf bis zum Tod beschäftigt sind, können es sich nicht leisten, im Spinnennetz der Bankenfinanzen gelähmt zu bleiben. Damals wurden die Banken angewiesen, ohne Einschränkung Kredite zur Finanzierung der Munitionsproduktion zu vergeben, und die Regierung verpflichtete sich, die bekannten „Bradburies" oder Bundesschatzbriefe in den Stückelungen £1 und 10s. zu drucken und auszugeben, soweit dies zur Erhaltung ihrer Solvenz und der sicheren zehnprozentigen Bar-Kredit-Relation erforderlich war, unabhängig von der Höhe der von ihnen gewährten Kredite. Der verheerende Preisanstieg wurde natürlich von allen Schreihälsen der City of London auf die Papiergeldflut der Regierung zurückgeführt.

Auf diese Weise wurde durch Druck und Ausgabe von drei- oder vierhundert Millionen Schatzanweisungen der Gesamtbetrag von rund £1.200 Millionen im Jahr 1914 auf rund £2.700 Millionen im Jahr 1920 erhöht und damit mehr als verdoppelt. Der Warenwert von £1 fiel auf weniger als die Hälfte dessen, was er vor dem Krieg gekauft hätte. Der Anstieg der Staatsverschuldung, bedingt durch den Krieg etwa £8.000 Millionen, wurde größtenteils in diesem entwerteten Geld eingezogen, und wenn das Geld korrekt ausgestellt worden wäre, *hätte die Schuld nicht die Hälfte dieser Summe betragen.*

Das Komitee von Cunliffe. Aber bevor überhaupt der Krieg sein Ende fand, waren in gerissener Weise die erforderlichen Schritte unternommen worden, um die Nation wieder in das Spinnennetz der Bankfinanzen einzubinden. Als der Frieden zurückkehrte, wurde das berüchtigte Cunliffe Komitee gegründet, um über das Währungssystem der Nation zu beraten. Mit Ausnahme eines akademischen, orthodoxen Ökonomen – der völlig unkritisch gegenüber der Ehrlichkeit des Bankwesens war, wie alle anderen seinerzeit –, bestand es aus den Bankiers selbst und den Finanzbeamten, die mit ihnen Hand in Hand arbeiten. Es ist bezeichnend für die engen Beziehungen zwischen der Regierung und dem Bankwesen, dass mehrere Schatzmeister die Regierung verlassen haben, um Bankdirektoren zu werden, einschließlich desjenigen, dessen Name die Öffentlichkeit mit der Schatzanweisung verbunden hat. Der Ausschuss enthielt keinen einzigen Interessensvertreter der Verbraucher oder Produzenten, zu deren Gunsten, und nicht zugunsten des Bankwesens oder des Finanzministeriums, Geld wirklich zur Verfügung stehen soll. Es enthielt auch keinen einzigen Währungsreformer, obwohl Arthur Kitson schon damals die Übel des nationalen Währungssystems seit über zwanzig Jahren offengelegt hatte und die unvermeidlichen Folgen zuverlässig vorhergesagt hatte, die sich aus ihnen ergeben würden, sollte es den Bankiers gestattet werden, wieder die Kontrolle über das Geldsystem zu erlangen.

Die erste Empfehlung dieses Ausschusses war die frühzeitige Rückkehr zum Goldstandard und die zweite, dass die nationalen Schatzanweisungen zurückgezogen und durch Banknoten ersetzt werden sollten. Die beabsichtigte Wirkung des ersten lag im Rahmen des Verständnisses des gewöhnlichen Börsenhändlers oder Nachlassverwalters, dessen Aufgabe es ist, diese Angelegenheiten im Interesse seiner Kunden zu kennen. Es bedeutete, dass die Staatsschulden, deren überwiegender Teil in einer entwerteten Währung aufgenommen wurde, in Bezug auf Kapital und Zinsen für Goldgeld im doppelten Wert zurückgezahlt werden sollte. Die Franzosen wussten alles darüber, und es ist sinnlos, so zu tun, als hätten es die britischen Experten nicht gewusst. Es wurde als „Korrektur" der Kriegsinflation gerechtfertigt, als die Vorkriegsgläubiger aller Nationen durch die Vortäuschung der Banken betrogen wurden, etwa fünfzehnhundert Millionen zur Finanzierung der Produktion zu verleihen und dabei nichts zu verleihen, sondern zu erschaffen. Dies wäre nie geschehen, wenn es sich bei den Darlehen um echte Kredite gehandelt hätte, die bei Ausbruch des Krieges ohne die geringste Schwierigkeit von der Öffentlichkeit zu bekommen gewesen wären. Dieses Unrecht wollte der Cunliffe-Ausschuss durch ein zweites und noch schlimmeres beheben, nämlich einem umfassenden Betrug der Schuldner zum Wohle der kriegsgeschwächten Gläubiger, denn Schulden und deren Zinsen werden nicht wirklich in Pfund bezahlt, sondern in den Waren und Dienstleistungen, die das Pfund zu kaufen vermag. Aber all dies ist heute allgemein bekannt und von nicht mehr zu verhehlender Schäbigkeit.

Deflation. Der Bericht des Cunliffe-Ausschusses wurde angenommen und die Koalitionsregierung von 1920 begann, ihn in Kraft zu setzen. Die ruinöse Deflationsstufe, Nr. (3) des Zyklus, stürzte die gesamte Nation in eine wirtschaftliche Lähmung, von der sie bisher kaum Anzeichen einer Erholung zeigte. Abgesehen von der physischen Zerstörung und dem Verlust von Leben und Gesundheit unter den eigentlichen Kämpfern während des Krieges und den finanziellen Verlusten, die der Klasse der Rentiers durch die Inflation entstanden sind, befand sich das Land beim Friedensschluss durch die vorübergehende Beseitigung des Würgegriffs des Geldes in einem Zustand des wirtschaftlichen Wohlstands und des Gedeihens.

Die absurdeste Propaganda begann nun in der Presse, wobei die Öffentlichkeit in der einen Woche aufgefordert wurde, mehr zu produzieren und weniger zu konsumieren, und in der anderen Woche, Kurzarbeit zu leisten und den eigenen Job mit dem Kumpel zu teilen. Die Banken begannen plötzlich, Kredite mit dem Ziel einzuziehen, den Wert des Geldes zu erhöhen und die Preise zu senken, und zwar ungeachtet der steigenden Flut von Konkursen und Arbeitslosigkeit. Aber, obwohl sie es leicht genug fanden, allgemeinen Ruin und Elend zu produzieren, war es nicht so einfach, die Preise zu senken, denn das Land produzierte und konsumierte immer weniger zum alten Preis mit der kleineren Menge an vorhandenem Geld, anstatt das gleiche wie zuvor zu entsprechend niedrigeren Preisen.

Der Hauptgrund dafür ist, dass Preissenkungen eine entsprechende Senkung der Löhne und Gehälter bedeuten, was von Gewerkschaften und Berufsverbänden effektiv bekämpft wird. Die Schwächeren werden an die Wand gedrängt und verlieren ihre Beschäftigung, sodass sie zu einer Belastung für den Steuerzahler werden, während diejenigen, die ihre Beschäftigung behalten, entsprechend von einer möglichen Preissenkung profitieren. Tatsächlich waren die brutalen Methoden des Goldstandards zu hoffnungslos veraltet, um das Preisniveau nach dem Krieg effektiv zu senken. Seine Prinzipien wurden seinerzeit von den Wirtschaftsberatern der industriellen Arbeitgeber und der Arbeiterschaft ebenso gut verstanden wie von der

Finanzhierarchie. Außerdem ist es in einem Zeitalter des Überflusses, wie es die Wissenschaft eingeleitet hat, nicht mehr möglich, die nackte Waffe des Hungerns einzusetzen, um widerspenstige Arbeiter auf einen niedrigeren Lebensstandard zu drücken, wie es noch vor einem Jahrhundert war. Ebenso wenig kann man von Geschäftsleuten erwarten, sich an der Produktion zu beteiligen, wenn ihnen, bevor ihr Produkt auf den Markt kommt, gesagt wird, dass die Preise unter den Herstellungskosten des Produkts liegen werden!

Die gescheiterte Rückkehr zum Gold. Aber bereits 1925 wurde die Auffassung vertreten, dass die Deflationspolitik ihr Ziel ausreichend erreicht hatte, um die Wiederherstellung des Goldstandards in Bezug auf die Devisenmärkte zu riskieren. Das Goldstandard-Gesetz von 1925 ermöglichte es, ganze Goldbarren von etwa vierhundert Feinunzen Gewicht zum Vorkriegspreis des Goldes zu kaufen. Dies gab den Importeuren von auswärtigen Gütern offen eine Prämie und lud sie ein, unseren Goldbestand, mit dem sie weit unter dem Marktpreis versorgt wurden, für den Export im Austausch gegen ausländische Güter zu nutzen, um mit denen auf dem Inlandsmarkt zu konkurrieren. Die Kosten der einheimischen Produzenten fielen natürlich in der noch abgewerteten Landeswährung an, während die der Ausländer in Goldeinheiten mit deutlich höherer Kaufkraft bezahlt wurden. Es war wahrscheinlich ein verzweifelter letzter Versuch der Bankiers, den Widerstand gegen ihre Politik der Preissenkung zu brechen, indem sie den Heimatmarkt einem mit Kopfgeldern unterstützten ausländischen Wettbewerb unterwarfen, aber er konnte nicht lange bestehen.

Ein wahrhaftiger Verrat. Die zweite Empfehlung des Cunliffe-Komitee wurde durch das Währungs- und Banknotengesetz der letzten konservativen Regierung von 1928 umgesetzt. Diese grundlegende Änderung der britischen Verfassung, wie sich zeigen wird, wurde in keiner Weise zu einem politischen Thema gemacht. Die Regierung als die wahrhaftigen Erhalter des Königs und der Verfassung genehmigte leise und mit einem Minimum des Aufhebens die Rücknahme der Banknoten des National Treasury, die den Kopf des Königs tragen, und deren Austausch durch Banknoten, die das Zahlungsversprechen der Bank von England tragen. Im besten Fall könnte dieses Versprechen sehr wenig Bedeutung haben, aber es wurde völlig unsinnig, als die Koalitionsregierung von 1931 den Goldstandard verließ! Die Entscheidung, dies zu tun, war umso erstaunlicher, als der vermeintliche Grund der Koalitionsregierung darin bestand, zu verhindern, dass eine solche „Katastrophe" die Nation überkommt. Das war zumindest der Grund in einem Wahlkampf, der noch weniger auf Wahrheit und Realität beruhte, als es heute üblich ist.

Das Gesetz von 1928. Mit dem Gesetz von 1928, das die Schatzanweisungen als Banknoten „betrachtet", wurde vorgesehen, sie durch eine „treuhänderische" Ausgabe von £260 Millionen Banknoten der Bank von England oberhalb der Goldreserve zu ersetzen, wobei die Erhöhung oder Verringerung dieser Emission nach Rücksprache zwischen der Bank und dem Finanzministerium vorgesehen war. Anschließend wurde sie um £15 Millionen erhöht, als der Goldstandard 1931 aufgegeben wurde. In diesem Gesetz wird viel über die rein nominale Haftung der Bank für diese Emission und wenig über die Emissionsgewinne gesagt, aber es scheint klar zu sein, dass die Nettogewinne, wie zwischen der Bank und dem Finanzministerium vereinbart, an die Nation weitergegeben werden. Dies ist die Sprotte, um eine Makrele zu fangen, wie wir im nächsten Kapitel sehen werden, wenn wir uns mit der unmittelbaren Fortsetzung befassen. Denn 1932 konnten die Bankzinsen auf der Grundlage der £15 Millionen Erhöhung ihren Bestand an marktgängigen Wertpapieren des Landes oder an verzinslichen „Krediten" um satte £300 Millionen erhöhen. Das Gesetz von 1928 markiert einen zweiten grundlegenden Schritt in der Entwicklung der privaten Währungsemission, von dem der erste gemacht wurde, als die frühen Goldschmiede es „sicher“ (für sich selbst) fanden, Banknoten oder Zahlungsversprechen auf Gold nach Erfordernis auszugeben, die ein Vielfaches des von ihnen besessenen Goldes übertrafen. Diese jüngsten rasanten Veränderungen haben die eigentliche Frage, um die es hier geht, viel klarer gemacht und es ermöglicht, sie der Nation näher zu bringen, als es möglich wäre, dass sie falsch dargestellt wird.

Was ist heute echtes Geld? Obwohl ein Großteil davon dem gewöhnlichen Leser bekannt ist, war es notwendig, in diesem Kapitel auf die kaleidoskopischen Veränderungen etwas ausführlicher einzugehen, welche das empirische Regelwerk erfahren hat, das als unser Währungssystem seit Ausbruch des Krieges gilt. Aber diese Geschichte hat dazu geführt, dass einige der interessanteren und ausschlaggebenden Erwägungen, die diesen Veränderungen zugrunde liegen, auf das nächste Kapitel verschoben wurden. Geld unter der derzeitigen Situation hat nicht mehr die geringste Ähnlichkeit mit dem, was es je war. Alle früheren Überlegungen über gutes und schlechtes Geld, über echtes, vom Staat ausgegebenes Geld und das vom Fälscher in Umlauf gebrachte Privatgeld, über die Pflicht des Staates, die Geldeigentümer vor böswilliger Manipulation des Geldes und vor der Entwertung der Kaufkraft zu schützen, sind nun über Bord gegangen. Wir befinden uns in einem Zeitalter der „Geldpolitik“, in dem der Wert des Geldes mit den im Bankwesen bekannten Mitteln ständig verändert wird, um es weniger oder mehr wert zu machen, also das Preisniveau zu erhöhen oder zu senken. Seinen Wert zu stabilisieren, ist völlig unmöglich, ohne die Ansprüche, mit denen sich das Bankensystem gütlich getan hat, völlig zu zerstören, wohingegen sein Wert, wenn man ihm Einhalt gebieten würde, wieder genauso stabil wäre wie früher. Bei all dem wird den elementarsten Prinzipien der Gerechtigkeit gegenüber den Eigentümern des Geldes, die dafür wertvolle Güter und Dienstleistungen aufgeben und ein Recht darauf haben, wieder einen Wert zu erhalten, der demjenigen entspricht, den sie aufgegeben haben, nicht einen Moment lang berücksichtigt.

Kapitel IV
Geld wie es jetzt ist

Monetäre Illusionen. Der Vorteil Geld zu verwenden, welches ermöglicht, alle wirtschaftlichen Werte in einer gemeinsamen Einheit auszudrücken, ist einer der größten Nachteile im Verständnis seiner realen Natur. Alle wirtschaftlichen Vorgänge, mit denen der Normalbürger zu tun hat, werden immer zuerst in Geldeinheiten umgerechnet und verbucht. Tatsächlich werden Geldeinheiten oft ohne jeden Vorbehalt sowohl als Geld als auch als Formen von Eigentum oder Schulden verwendet, die leicht in Geld umgewandelt werden können. Die Definition von Geld in diesem Buch ist, dass es sich dabei um Verbindlichkeiten gegenüber dem Eigentümer handelt, die auf Verlangen in dem Land, in dem das Geld gesetzliches Zahlungsmittel für die Bezahlung von Schulden ist, gegen einen bestimmten Wert marktfähiger Vermögensgegenstände eingelöst werden können. Weil der Normalbürger nie einwilligend an dem ersten Akt der Geldschöpfung teilnimmt, hat er dessen nationale Bedeutung nicht erkannt. Die Bedeutung der Schulden-Kredit-Beziehung durch die das Geld selbst entsteht, wird ihm nicht verständlich, da alle Schulden in Währungseinheiten zusammengefasst und ausgewiesen werden. Der „Kredit der Nation" ist nicht nur ihre Macht, sich für Geld bei den einzelnen Bürgern zu verschulden, sondern schließt auch ihre Macht ein, sich bei den einzelnen Bürgern für tatsächliche Güter und Dienstleistungen zu verschulden, wodurch das Geld selbst entstammt. Die Tatsache, dass die Verschuldung der Nation gegenüber den Bürgern in Waren und Dienstleistungen und nicht in Geld besteht, ändert nichts am Vorzeichen der Transaktion. Sie scheint dies nur deshalb zu tun, weil die Verkäufer, die neues Geld für aufgegebenes Vermögen erhalten, sich als bezahlt betrachten, während sie nicht bezahlt werden, sondern ihnen geschuldet wird.

Alles Geld, das von den einzelnen Bürgern im Tausch gegen Staatsschuldverschreibungen aufgegeben wird, gehört wie selbstverständlich der Nation, die die Schulden aufnimmt, während die Waren und Dienstleistungen, die von ihnen im Tausch gegen Papier- und von den Banken geschaffenes Kreditgeld aufgegeben werden, von unserem Währungssystem bis zum Gesetz von 1928 als dem Emittenten des Geldes gehörend verbucht wurden. Das Außergewöhnliche ist, dass man vergeblich nach einem Gesetz suchen würde, das diese Buchführung in Bezug auf den größten Teil, nämlich den als Bankkredit ausgestellten, sanktioniert.

Eine Unterscheidung ohne Unterschied. Freilich wird dagegen eingewandt, dass die Banken das dauerhafte Eigentum an dem von ihnen ausgegebenen Geld nicht beanspruchen und dies nie taten. In der Wirtschaftspraxis gibt es in diesem Zusammenhang aber zwischen dem Geldkapital und dem Ertrag, den es einbringt, keinen wesentlichen Unterschied mehr. Der Eigentümer eines Staatsschuldtitels ist in Wirklichkeit der Eigentümer der jährlichen Einnahmen, die das Wertpapier abwirft. Bei £100 pro Jahr und vier Prozent Zinsen ergibt sich eine Wandelbarkeit von rund £2.500, bei fünf Prozent für £2.000, und so weiter. In der Praxis ist es das Gleiche, wenn man ständig in den Genuss der jährlichen Einnahmen kommt, wie wenn man Eigentümer des Kapitalbetrags ist. So ist es mit den etwa £2.000 Millionen, die durch Bankkredite geschaffen werden, die den Banken einen jährlichen Ertrag zu einem Bankensatz von fünf Prozent von £100 Millionen pro Jahr einbringen. Daran erfreuen sie sich seit der Ausgabe des Geldes und sie zeigen noch immer keine Bereitschaft, es freiwillig der Nation zu übergeben. Es ist daher eine Spitzfindigkeit zu argumentieren, dass sie das Geld, das sie geschaffen haben, nicht besitzen. Würde es durch

Staatsgelder ersetzt, könnte der Staat auch wählen, ob er die Kapitalsumme erhielte, oder ob er sie verleihen und die Zinsen daraus beziehen würde; ob er damit £2.000 Millionen neue Ausgaben tätigt, oder diese Summe von der Staatsschuld abschlägt und dem Steuerzahler £100 Millionen pro Jahr erspart. Dies sind nur zwei der vielen ähnlichen Wege, die die Nation umso reicher machen würden, wenn sie die Waren und Dienstleistungen, die ihre Bürger für Geld aufgeben, als Eigentum der Nation und nicht der Banken bilanzieren würde.

Um eine solche Situation, wie sie jetzt besteht, zu beenden, darf die Öffentlichkeit nicht weiter auf das Geld schauen, wie es so eifrig vom Standpunkt des Emittenten aus propagiert wurde, der Waren und Dienstleistungen dafür *gratis* erhält, sondern vom Standpunkt des Benutzers aus, der diese zuerst für Geld hergeben muss, bevor er sie wieder bekommen kann. Die Buchhaltung muss eine Stufe früher als das Geld beginnen, um die Transaktion, durch die das Geld entstanden ist, abzudecken. Wenn dies geschieht, kann die Behauptung der Banken, dass sie ihren eigenen Kredit und nicht den der Gemeinschaft verwenden, nicht bestätigt werden. Es stimmt, dass die frühen Bankiers dachten, sie täten dies, und ohne Zweifel taten sie es ursprünglich, als sie einen Teil des Goldes ihrer Einleger verliehen. In jener Epoche war der Ruf der Goldschmiede besser als der der Regierung, die es für angebracht hielt, sich nötigenfalls der Goldvorräte der Kaufleute im Tower ohne die formale Zustimmung der Eigentümer zu bemächtigen, und diese so dazu trieb, nach einer „Bank“ zu suchen, die mehr Sicherheit bot.

Das Eigeninteresse an der Geldschöpfung. Aber als man begann, nicht das Gold zu verleihen, sondern lediglich Versprechen, Gold zu liefern oder später im Rahmen des Schecksystems, Schecks ausstellte, die nur Forderungen auf Geldsummen an die Bank sind, begannen die Banken, sich einen Kredit anzueignen, der nicht ihr eigener war, sondern der Gemeinschaft gehörte, die die entsprechenden Waren und Dienstleistungen an diejenigen abtrat, denen die Banken den „Kredit“ in erster Linie gewährte. Nun schließt sich der Kreis. Die Erfindung des Kreditgeldes ermöglichte es dem Bankgewerbe, sich den Teil des Kredits der Gemeinschaft, der als Virtuelles Vermögen bezeichnet wurde, zu eigen zu machen, und dies, da es die Macht der Geldschöpfung aus dem Nichts mit sich bringt, stellte sich als ein außerordentlich profitables Geschäft heraus, das nun zu einem gigantischen Eigeninteresse geworden ist.

Inzwischen wird von Autoren der konventionellen Sichtweise, also ausgehend vom Standpunkt des Emittenten, vertreten, dass die Banken, etwa in Zeiten der wirtschaftlichen Depression, in denen niemand ihr Geld zu irgendeinem Preis leihen will, berechtigt sind – da sie mehr „Bargeld“ haben, als der zehn Prozent Sicherheitsquote ihrer Gesamteinlagen entspricht – mit dem Geld, das sie emittieren, Eigentum der Öffentlichkeit kaufen. Eine Transaktion, die sich kaum von den Operationen der Geldfälscher unterscheidet. Dies wird als „Offenmarktgeschäft“ bezeichnet und, getreu der Bankphraseologie, wird diese Methode des Erwerbs der wertvollen marktfähigen Sicherheiten der Nation durch die Ausgabe von neuem Geld technisch immer noch als „Kredit“ bezeichnet, und nicht als Diebstahl.

Offenmarktgeschäfte. Wenn ein normaler Bürger Wertpapiere kauft, wird sein Geldbestand verringert, aber beim Bankier verhält es sich genau umgekehrt. Er erhöht die Menge des von ihm ausgegebenen Geldes durch Kauf ebenso wie durch Kreditvergabe. Er vernichtet es wieder durch Verkauf genauso wie durch das Einfordern eines Kredits. Um dies für den normalen Bürger überhaupt verständlich zu machen, muss man es ihnen in solcher Weise darstellen. Das Bankensystem ist heute eine Kapitalgesellschaft, die das Recht erworben hat, etwa neunmal so viel Geld zu emittieren, wie sie „Bargeld“ besitzt. Wenn kreditwürdige Gläubiger sich noch nicht ausreichend aus der

Deflationsfalle befreit haben und diese Emission nicht übernehmen können oder wollen, haben die Banken das Recht, sich auf dem freien Markt ertragswirksame Investitionen zu kaufen. Und sie bezahlen sie mit ihren eigenen Schecks. Diese zahlen die Verkäufer in ihre jeweiligen Banken ein und legen dort Einlagen an – bis das sichere Verhältnis von Bargeld zu Einlagen erreicht ist.

Bargeld (!). Aber was ist jetzt „Bargeld"? Im Bankenjargon ist „Bargeld" das gesetzliche Zahlungsmittel *plus* Kredite bei der Bank von England. Lassen Sie uns sehen, wie dies 1932 ausgearbeitet wurde, kurz nachdem wir vom Goldstandard abgekommen waren und die „Geldpolitik" darauf ausgerichtet war, die Preise zu erhöhen und den Wert des Geldes eines jeden Menschen weniger wert in Waren zu machen, wodurch ein Teil der Staatsverschuldung in Waren und Dienstleistungen gegenüber den Geldeignern aufgehoben wurde. Es begann damit, dass sich das Finanzministerium mit der Bank von England arrangierte und sie ermächtigte, weitere £15 Millionen ihrer Schuldverschreibungen gemäß dem Gesetz von 1928zu emittieren. Der Nettogewinn dieser Emission, was auch immer es gewesen sein mag, wurde vermutlich an den Fiskus gezahlt, und in diesem Umfang kam der Steuerzahler in den Genuss. Dann erhöhte die Bank von England ihre „Kredite" (Bankenphraseologie), indem sie für sich selbst £32 Millionen marktgängige Wertpapiere von der Nation erwarb und in den Genuss der Zinseinnahmen kam, die sie einbringt, indem sie diese mit Schecks bezahlte. Ob nun die alte Dame, die ihr Konto überzogen und dem Bankier einen Scheck über diesen Betrag geschickt hatte, eine Erfindung ist oder nicht, es gibt nicht den geringsten Zweifel daran, dass dies die normale, natürliche und regelhafte Methode der *Old Lady of Threadneedle Street*[17] ist.

---

[17] A.d.Ü.: Ein altes Synonym für die Bank von England, die seit ihrer Gründung an der Threadneedle Street liegt.

Die Verkäufer dieser Wertpapiere zahlten diese Schecks zu gegebener Zeit in ihre Banken ein, und diese gaben sie an die Bank von England zurück, wodurch sich ihre Kredite bei der Bank von England, die als „Bargeld“ gelten, um £32 Millionen erhöhten. Dieser große Zuwachs an „Bargeld“ ermöglichte es ihnen, ihre „Kredite“ um etwa £267 Millionen zu erhöhen, wobei ein Großteil des Anstiegs wahrscheinlich auf den immer noch prekären Zustand kreditwürdiger Schuldner zurückzuführen ist, die sich noch nicht ausreichend davon erholt hatten, dass sie mit „Offenmarktgeschäften“ deflationiert wurden. So konnten sie zwischen Februar 1932 und Februar 1933 einen Anstieg ihrer „Einlagen“ um fast £300 Millionen verzeichnen. Danach wurde es ziemlich ruinös, für einen Urlaub in die Schweiz zu fahren, oder in ein anderes Land mit Goldstandard, was dem schlechten „Wechselkurs“ uns gegenüber geschuldet war. Zum Zeitpunkt des Schreibens (1934) ist das Pfund in Ländern, die noch auf dem Goldstandard liegen, etwa 12s wert. Aber die Banken zusammen „erwarben“ etwa £300 Millionen der einkommensproduzierenden Sicherheiten des Landes oder die entsprechenden Einnahmen ihrer Kreditnehmer, sofern es ihnen gelungen sein mag, das neue Geld, das sie im ersten Jahr nach dem Verlassen des Goldstandards herausgegeben haben, wirklich zu verleihen.

Banken schaffen Geld, um es selbst auszugeben. Damit ist nun sicher auch der letzte Rest der Ausrede beseitigt, dass die Banken, die der Industrie mit fiktiven Krediten „helfen“, eine öffentliche Dienstleistung sind, weil sie durch Deflation und plötzliche Rücknahme ihrer „Hilfe“ die Industrien der Nation kampfunfähig gemacht haben, da nun niemand mehr „helfen“ kann, müssen sie auf Hilfe zur Selbsthilfe zurückgreifen, um die monetäre Ziehharmonika wieder aufzublasen. Das Bankensystem ist heute in der Tat nichts anderes als ein gigantisches Besitzstandsinteresse an der eigentlichen Ausgabe von neuem Geld mit Methoden, die sich immer noch dem Gesetz entziehen und erst Gläubiger und dann Schuldner ruinieren. Es gibt im üblichen Kanon der Geschäftsmoral keinen Unterschied zwischen einer Geldschöpfung, um anderen Geld gegen Zinsen zu leihen, und einer Geldschöpfung, um es selbst auszugeben, und nun wird auch in der Bankenmoral kein Unterschied mehr wahrgenommen. All dies wurde natürlich von der üblichen unehrlichen Propaganda begleitet, die die Aufmerksamkeit von dem Geschehen ablenken sollte. Die Zeitungen lenkten die Aufmerksamkeit auf die reichlich vorhandenen ungenutzten Kreditrahmen und die fehlenden Kreditnehmer und verspotteten diejenigen, die sich einbildeten, dass der Geldmangel irgendetwas mit der Rezession zu tun haben könnte!

Der Bankier als Steuereintreiber. Das Währungs- und Banknotengesetz vonhat, wie im letzten Kapitel angedeutet, ohne jeden Zweifel, seit das Land vom Goldstandard abgekommen ist, ein neues Prinzip in die britische Verfassung eingeführt. Zuvor war die Ausgabe von Banknoten gesetzlich streng geregelt, aber was die Emissionsgewinne betrifft, so erhob die Nation keinen Anspruch auf diese. Solange sie in Gold konvertierbar waren, machte sich der Bankier für die Ausgabe verantwortlich, obwohl es keinerlei Sicherheit für seine Zahlungsfähigkeit gab. Ungeachtet der Tatsache, dass er damit begann – durch das Gesetz an der Emission von Banknoten gehindert – Scheckhefte in einem solchen Ausmaß zu verleihen, dass es ihm bald physisch unmöglich wurde, seine Verpflichtungen zu erfüllen, und dass jeder Versuch, ihn dazu zu bringen, seitens eines kleinen Teils der Öffentlichkeit die Nation in eine Finanz-Panik gestürzt hätte, hielt der Handelsbrauch, wenn nicht sogar das Gesetz, immer noch die Fiktion aufrecht, der Bankier nutze und handele mit seinem eigenen Kredit.

Das Gesetz von 1928, das die Herausgabe von Banknoten durch die Bank von England als Ersatz für die Staatspapiere genehmigte, sah vor, dass die Gewinne aus der Emission an das Schatzamt abzuführen waren. Wie wir gesehen haben, handelt es sich bei jeder Form von Kreditgeld um eine Zwangsabgabe oder Steuer auf die Güter und Dienstleistungen der Gemeinschaft, der sich die Gemeinschaft nicht widersetzen oder entziehen kann. Allein das Parlament hat das Recht, Steuern zu genehmigen und zu erheben, und dieses Gesetz ermöglicht es, die gesamte verfassungsmäßige Position herauszufordern. Denn was die relativ unbedeutende Ausgabe von Banknoten betrifft, so hat das Parlament seine Befugnisse an die Bank von England delegiert, die in dieser Hinsicht der bevollmächtigte, aber inoffizielle Steuereintreiber der Regierung ist. Denn sicher kann – selbst im Rechtssystem – nicht behauptet werden, dass eine Steuer nur dann eine Steuer sei, wenn die Abgabe in Geldmünzen bezahlt wird, und dass eine direkt in Wertsachen gezahlte Abgabe keine Steuer sei. Denn das wäre genauso dumm wie die Behauptung, dass eine Person, die Geld aufgibt, einen Kredit einrichtet, aber eine Person, die Waren und Dienstleistungen von gleichem Wert für Geld aufgibt, nicht.

Schon 1928 galt das oben Gesagte für den gewöhnlichen Bürger, obwohl das Gesetz von 1925 dem Geld eine begrenzte Konvertierbarkeit in Gold zum Nutzen des ausländischen Händlers gegeben hatte. Dies wurde jedoch 1931 aufgehoben. So haben wir per Parlamentsbeschluss das Abbild des Königs vom Geld der Nation entfernt und an seiner Stelle das Zahlungsversprechen einer Bank gesetzt. Dieses „Zahlungsversprechen" stammt aus jener Zeit, in der die Banknote zugleich die Quittung für das freiwillig vom Besitzer an die Bank abgegebene Gold und ihr Versprechen darstellte, es auf Verlangen zurückzuzahlen. Indem die Zahlungsanweisungen der Bank von England anstelle der nationalen Schatzanweisungen zum gesetzlichen Zahlungsmittel erklärt wurden, ist das Versprechen zu einem Scheinversprechen geworden. Die Banknote ist nun nur noch die autorisierte, aber inoffizielle Quittung für eine nationale Steuer, die im Namen des Schatzamtes durch die Bank von England eingezogen wird. Das Versprechen der Bank von England kann von jedem, der einige dieser £1-Noten zur Bank bringt und verlangt, dass sie ihr Versprechen einlöst, „Pfund" im Austausch zu zahlen, als Schwindel entlarvt werden. Es ist an der Zeit, dass diese verlogene Aufschrift durch die wahre Bedeutung ersetzt wird: „Gegenwert erhalten in Höhe von £1". Es ist an der Zeit, dass diese heimliche Übertragung der Steuerbefugnisse an die Bank von England durch das Parlament angefochten und rückgängig gemacht und die Banknote von der zuständigen Behörde des Finanzministeriums unterzeichnet wird, genau wie es die ursprünglichen Schatzanweisungen waren.

Eine Sprotte, um die Makrele zu fangen. Aber wie schon angedeutet, ist dies gar nicht das eigentliche Problem, das darin besteht, dass die Banken durch einen buchhalterischen Trick etwa zwanzigmal so viel Geld schaffen können, wie der Betrag, für den Quittungen über gesetzliche Zahlungsmittel ausgestellt wurden. Solange physische Wertmarken (Token) existieren, ist es nicht möglich, sie kleiner als Null zu machen. Aber durch die Buchhaltung kann diese offensichtliche Beschränkung umgangen werden, denn mit Zahlen ist es genauso einfach, in negativen Zahlen zu zählen, wie in positiven. Es gibt dann keine feste Zahl, wie z. B. Null, von der aus die Zählung beginnt. Die Geldbuchhaltung sollte bei dem Nullpunkt (kein Geld) anfangen. Die tatsächliche Menge des Geldes ist ja eindeutig festgelegt, denn sie ist in Geldeinheiten der Gesamtwert der realen Dinge, die die Gesamtheit der Bürger auf Verlangen gegen Geld zu erhalten berechtigt ist. Die Fiktion, dass das einzige gesetzliche Zahlungsmittel „wirklich" Geld ist und dass Girokonten kein Geld sind, sondern Ansprüche auf Geld auf Abruf, wirkt sich nicht im Geringsten auf die Menge der Waren aus, die die Bürger dafür aufgegeben haben und auf Abruf geschuldet werden. Das Schecksystem bewahrt sich den Nullpunkt als Ausdruck für keinerlei Geld für das gesetzliche Zahlungsmittel oder physische Wertmarken vor, aber erweitert für gar nicht vorhandenes Geld die Buchhaltung in einem unbestimmten und ständig variierenden Ausmaß unter die Null bis in den Bereich von Minusmengen oder Schulden der Banken. Indem man die Banken dazu bringt, Pfund für Pfund der nationalen Geldmarken gegen die Verbindlichkeiten gegenüber ihren Girokontoinhabern aufzubewahren, würde man diese betrügerische Buchhaltung sofort unterbinden.

Banken geben überhaupt keine Sicherheiten. Es ist die merkwürdigste Perversion der gängigen Rechtsprechung, dass, während die Kreditnehmer den Banken mit wertvollen Sicherheiten in Form von Eigentumsurkunden für Häuser, Bauernhöfe, Fabriken oder Investitionen bürgen müssen, die einen möglichen Ausfall mehr als genug absichern, die Banken, die niemandem trauen, ihren Einlegern selbst keinerlei Sicherheit geben. In dem einen Fall, wenn es für die Gläubiger unmöglich wird, ihre Verpflichtung zu erfüllen, werden sie verkauft und in den Konkurs getrieben. Im anderen Fall wird den Banken ein Moratorium gewährt und daraufhin genügend nationales Geld gedruckt, um einen Ruin zu vermeiden. Mit einem Pfund-für-Pfund-System nationalen Geldes wäre die Absicherung der Nation für die Zahlungsfähigkeit der Banken gegeben und diese könnten bei Bedarf gegen geeignete Sicherheit in Form von Vermögenswerten die Deckung des Darlehens sicherstellen. Aber in der Tat würde die bloße Ersetzung des gegenwärtigen betrügerischen privaten Geldsystems durch ein nationales Geld eine solch fast augenblickliche Zunahme des realen nationalen Wohlstands bewirken, dass es nicht lange dauern würde, bis Industrie und Landwirtschaft aus der Verschuldung gegenüber den Banken herauskämen und in der Lage wären, ihr eigenes Kapital zu schaffen und anzuhäufen, ohne die Hilfe, zum größten Teil, entweder echter oder fiktiver Kredite.

Das Zeit-Element des Geldes. In wissenschaftlicher Lesart erkennt die hier besprochene Geld-Philosophie den Unterschied zwischen einem Tauschhandel und einem Handelsvorgang im Geldsystem durch das darin erforderliche Zeitintervall, welches zwischen der Aufgabe einer Art von Eigentum und seiner Rückzahlung durch eine andere auftritt. Geld kann somit als Zwischenrückzahlung betrachtet werden, aber dies trifft den Punkt nicht ganz, der im Wesentlichen bei der Zeit liegt. Wenn wir uns in wissenschaftlicher Weise das Zeitintervall kontinuierlich auf null reduziert vorstellen, kommen wir von einem Geldsystem zu einem Tauschsystem. Im eigentlichen Sinn ist das nicht möglich. Sollte man den Fehler begehen, dies anzunehmen, wäre es ebenso, als hätte man vor sich eine Tauschgemeinschaft, in der, sobald eine Sorte von Produkten gebrauchs- oder verbrauchsfertig ist, automatisch ein genau entsprechender Wert am selben Ort und zur selben Zeit erscheint, wie der Produzent ihn haben wollte. Dagegen gibt es, wie wir wissen, bei landwirtschaftlichen Produkten und deren Äquivalenten in der industriellen Produktion Überlegungen zur Aussaatzeit und zur Ernte sowie die Tatsache, dass der Produzent in der Zwischenzeit nie genau weiß, was seine Bedürfnisse sein werden. Geld überbrückt diese Lücke, weil es die Möglichkeit bietet, kontinuierlich das zu erhalten, was für die Nutzung und den Konsum benötigt wird, unabhängig vom sprunghaften Charakter der Produktion oder, nach den Gepflogenheiten, der Bezahlung (Löhne, Gehälter, Dividenden) für die Aufnahme der Produktion.

Die Zirkulation des Geldes. Orthodoxe Ökonomen scheinen die technischen und biologischen Prozesse bei der Schaffung von Vermögen zu ignorieren und vernachlässigen in ihrer fast ausschließlichen Beschäftigung mit der völlig nachgeordneten Funktion des Tausches oder Handels – gegen die Ruskin zu seiner Zeit vergeblich kämpfte – die Prinzipien, die dessen Konsum und Verwendung regeln.

Hier, wie er es ausdrückte, „gibt es für jedes Plus ein Minus“, wobei die eine Partei beim Austausch lediglich darauf verzichtet, was die andere bekommt. Man versuchte in der sogenannten „Quantitätstheorie des Geldes“ den Tauschwert des Geldes invers von seiner Menge „im Umlauf“ und direkt von seiner „Umlaufgeschwindigkeit“ abhängig zu machen. In einem privat emittierten Geldsystem stießen Versuche, erstere zu bestimmen, auf die beinahe unüberwindliche Schwierigkeit, genau zu wissen, welche Menge zu jedem Zeitpunkt vorhanden sein könnte, ganz zu schweigen von der Menge, die „im Umlauf“ sein mochte. Man war dafür von jenen Zahlen abhängig, die der Bankier die Öffentlichkeit glauben lassen wollte, abgesehen davon, dass sie den eigenen Methoden der Bankiers, an die Informationen zu gelangen, unverständlicherweise folgten. Diese scheinen einen grundlegenden Fehler zu begehen, auf den noch zurückzukommen sein wird, indem sie Kontokorrent- und Termingelder zusammenwerfen und ihre Unterscheidung verschleiern. Was die Zweite betrifft, die Umlaufgeschwindigkeit, scheinen sie die Zeitfaktoren in der Produktion, welche zu überbrücken die Funktion des Geldes ist, zu ignorieren. Man stellte es so dar, als ob die Zirkulationsrate des Geldes die Rate der Vermögensbildung bestimmt und nicht letztere vielmehr der wesentliche Faktor ist, dem der *Geldumlauf* entsprechen *muss*. Die bloße Tatsache, dass Geld den Besitzer wechselt, ist überhaupt keine Zirkulation. Denn von Augenblick zu Augenblick wechselt nur die Identität der Individuen mit Geld und ohne Waren beziehungsweise mit Waren und ohne Geld – also kurz gesagt, aller Handel, einschließlich aller Börsen-, Immobilien- und anderen Transaktionen, die den Austausch von fertigem Eigentum beinhalten. Dieser Begriff sollte sich auf die oben genannten Zahlungen für die Aufnahme der Produktion, die Rückführung des so ausgezahlten Geldes in das Produktionssystem im Austausch für das Produkt und seinen Durchlauf durch das Produktionssystem bis zur erneuten Auszahlung und Vervollständigung des Kreises beschränken.

Es ist nicht notwendig, diese alte „Quantitätstheorie“ des Geldes weiter zu betrachten, denn es wurde genug gesagt, um zu zeigen, dass es sich fürwahr um einen Betrug handelt. In der Praxis war keiner der beiden Faktoren bekannt, die den Tauschwert des Geldes bestimmen sollten, sondern nur ihr Produkt, und das war per Definition einfach das gesamte Geld, das pro Jahr gegen Waren ausgetauscht wurde, oder „das Handelsvolumen“. Dividiert man dabei die Geldmenge durch die Warenmenge, so erhält man den Durchschnittspreis der Waren oder den Preisindex, eine rein statistische Zahl, die von keiner Theorie abhängig ist. Es kann somit festgestellt werden, dass eine quantitative Theorie des Geldwertes gar nicht angewandt werden kann, wenn die Menge des vorhandenen Geldes willkürlich variiert wird. Unter Umständen wird es dazu erschaffen, um Leuten an der Börse mit Margen spielen zu lassen, möglicherweise sogar zu diesem Zweck aus der Produktion abgezogen und wiederum möglicherweise auch nicht. Es ist, als würde man eine Reihe von statistischen Zahlen über einen Zeitraum ernst nehmen, in dem die Recheneinheiten von einem Moment zum anderen nie gleichbleiben, oder eine Reihe von Messungen, bei denen jemand die Kalibrierung der Messgeräte willkürlich verändert, sodass sie immer falsch abgelesen werden.

Der Geldwert oder das Preisniveau. Indem man Geld in erster Linie als einen Kredit betrachtet, stellt die Menge des Geldes einfach die Menge von Gütern und Dienstleistungen dar, die seinen Besitzern gutgeschrieben worden sind, die also freiwillig entbehrt wurden, und die wir als das Virtuelle Vermögen der Gemeinschaft bezeichnen. Es handelt sich dabei um eine Menge, nicht um eine Rate wie das Handelsvolumen. Ohne jede Verkomplizierung ist also der Tauschwert des Geldes das Virtuelle Vermögen geteilt durch die Geldmenge, wobei der Preisindex oder das

Preisniveau proportional zum Kehrwert davon ist. Sie kann sich nur ändern (1), wenn mehr oder weniger Geld vorhanden ist oder (2) durch die Gemeinschaft im Sinne der Gesamtheit ihrer einzelnen Mitglieder, die sich dafür entscheidet, auf weniger oder mehr Güter zu verzichten und sich diese gutschreiben zu lassen. Die erste ist die physische und die zweite die psychische Größe. Letztere hängt von der Anzahl der Individuen in der Gemeinschaft und von ihren geschäftlichen und privaten Gewohnheiten und Bräuchen ab, die durchaus konservativ sind. Wenn die Geldmenge einigermaßen konstant wäre, ist nicht vorstellbar, dass das Virtuelle Vermögen irgendeiner sprunghaften Veränderung unterliegen sollte, außer durch eine weitreichende natürliche oder menschliche Katastrophe. Insofern sich die Menge des vorhandenen Geldes heftig und plötzlich ändert, wirkt sie sich gewaltig auf den Lebensstandard und den allgemeinen Wohlstand sowie auf die Menge an Gütern und Dienstleistungen aus, auf die zu verzichten sich die Menschen leisten können. Aber da die Ursache dafür rein äußerlich, willkürlich und *vermeidbar* ist, scheint es keinen Grund zu geben, dies weiter zu diskutieren und die hier gegebene einfache Konzeption damit übermäßig zu verfeinern. Es ist vielmehr der Zweck dieses Buches, es auf ein echtes Geldsystem anzuwenden, das physische Wertmarken verwendet, die in der Menge reguliert werden, um das Preisniveau konstant zu halten.

Einige monetäre Einflussgrößen. Um aber das Konzept in eine einfache Beziehung zum Zeitintervall zwischen der Aufgabe einer Art von Eigentum und seiner Rückzahlung durch eine andere zu bringen, welches zu überbrücken die Funktion des Geldes ist, wird es notwendig, neben der Geldmenge lediglich noch das „Handelsvolumen" oder jene Gesamtgeldmenge zu kennen, die jährlich gegen Waren ausgetauscht wird. Wenn wir dies £V und die Gesamtmenge des Geldes £Q nennen, dann ist $Q \backslash V$ das erforderliche Zeitintervall, d. h. die durchschnittliche Zeit, die jede

Geldeinheit aufbewahrt wird, bevor sie ausgegeben wird. Nehmen wir an, dass das Handelsvolumen im definierten Sinne durch die Menge der Wechsel, Schecks und so fort, die jährlich von den Bank-Clearingstellen verrechnet werden, hinreichend genau angegeben wird. Dies waren £44.200 Millionen im Jahre 1928. Die Geldmenge auf den Kontokorrentkonten dieser Banken soll in jenem Jahr £1.026 Millionen betragen haben. Was diesen Teil des Geldes betrifft, so beträgt der durchschnittliche Zeitabstand zwischen den Ausgaben also eher mehr als ein Vierundvierzigstel eines Jahres oder acht Tage und acht Stunden. Wahrscheinlich gilt so etwas wie dieser Zeitraum für Geld im Allgemeinen über den gesamten Zyklus von Produktion und Konsum. Man kann nur raten, was es für jede Hälfte einzeln sein könnte. Die Zeit eines vollständigen Umlaufs ergibt sich aus dem Produkt dieser durchschnittlichen Zeitspanne und der Anzahl der Austauschvorgänge auf beiden Hälften. Wenn es richtig ist, dass das Nationaleinkommen damals etwa £4.000 Millionen betrug, beträgt die durchschnittliche Anzahl der Austauschvorgänge in der Gesamtzirkulation etwa ein Dutzend.

In jedem Fall ist es wichtig zu beachten, dass dieses Intervall eine abgeleitete oder sekundäre Größe ist, die an sich nicht so aufschlussreich ist, wie die grundlegende Konzeption des Virtuellen Vermögens. Letzteres wird gemessen an der vorhandenen Geldmenge geteilt durch den Preisindex. Dieser wiederum, geteilt durch die Bevölkerung, ergibt die durchschnittliche Menge an Vermögen (in Geldeinheiten, welche auf das übliche Preisniveau als Standard gesenkt werden), auf welches jeder Einzelne der Gemeinschaft freiwillig verzichten möchte, um Geld zu besitzen. Wenn man den Geldwert von 1914 als Maßstab nimmt (Preisniveau = 100), war er in diesem Jahr etwas mehr als £20 wert. Die Menge der Waren und Dienstleistungen, die dies darstellt, variiert wahrscheinlich vergleichsweise wenig, wie auch immer der Preisindex variieren mag.

Diese Zahlen sind zwar nur als grobe Anhaltspunkte für die Größenordnung der fraglichen Mengen angegeben, scheinen aber sehr nahe an denen zu liegen, die man aufgrund anderer Erwägungen hätte annehmen können.

Eine Getreidewährung. Der Mensch lebt auch im wirtschaftlichen Sinne nicht nur vom Brot allein, aber nehmen wir der Einfachheit halber an, dass er es täte und betrachten wir eine in sich geschlossene Gemeinschaft, die ihr eigenes Getreide produziert und konsumiert, das z. B. im September geerntet wurde, und bezeichnen die Ernte als H in Geldeinheiten konstanter Kaufkraft. Vernachlässigt man dann noch die Schwierigkeit der relativ geringen Getreidemenge, die immer für die Aussaat im nächsten Jahr reserviert werden muss, und geht man von einem gleichmäßigen Verbrauch aus, so muss die immer vorhandene Getreidemenge mindestens FH betragen, wobei F der noch zu bewältigende Teil des Jahres vor der Ernte ist. Somit ist F kurz vor und kurz nach der Ernte 0 und im März ½, sowie im Juni ¼ usw. Nehmen wir nun ein einfaches Geldsystem zur Verteilung dieser Ernte an, bei dem die Regierung H-Einheiten Geld ausgibt, um diese im September zu kaufen, und sie das ganze Jahr über wieder verkauft. Dann, kurz vor der Ernte, verfügt die Gemeinschaft über kein Geld und kein Getreide, kurz nach der Ernte H in Getreide und kein Geld, und kurz nach dem Verkauf H in Geld und kein Getreide. Dies veranschaulicht sehr gut den sprunghaften Charakter der Produktion, zu dessen Überbrückung eine der Funktionen des Geldes dient. Bis März hat die Regierung ½ H Geld und Getreide, und die Gemeinde ½ H Geld, bis Juni hat die Regierung ¾ H Geld und ¼ H Getreide und die Gemeinde ¼ H Geld, und so weiter, die Geldmenge in den Taschen der Gemeinde entspricht wertmäßig immer dem Getreidevorrat in der Kornkammer der Regierung. Man beachte insbesondere, dass die Regierung *nur einmal* H-Einheiten Geld emittieren muss, nicht bei jeder Ernte!

Interessanter Weise gibt es so etwas wie dieses einfache System für die Verteilung von Getreide in Lettland, wobei die Emission, die als Schatzwechsel bezeichnet wird, 104 Millionen Lats beträgt (1 Lat = 1 Schweizer Franken, derzeit zum Pfund Sterling etwa 15:1) und das übrige Geld etwa 36 Millionen Papier- und Münzgeld und 57 Millionen „Bankkredite“ umfasst, mit einer Goldbasis von sechsundvierzig Millionen in Lats. Das ist unendlich viel besser, als wenn die Regierung kein Geld ausgibt und die Produzenten vor der Ernte immer für einen Teil, wenn nicht sogar die gesamte Ernte, verschuldet sind und nach der Ernte ihre Schulden zurückzahlen und sich während der Zeit bis zur nächsten Ernte ganz oder teilweise wieder verschulden. Die wesentliche physische Tatsache ist, dass es immer *FH* an Getreide geben muss, sonst wird die Gemeinschaft vor der nächsten Ernte unterversorgt oder verhungert sein, und diese Tatsache wird nicht durch die Bankfinanzierung geändert, deren einziger sozialer Zweck darin besteht, die Produzenten von Vermögenswerten in Schulden zu halten, um sicherzustellen, dass sie hart arbeiten und nicht säumig werden, dies zurückzuzahlen. Dies kann eine wirtschaftliche Notwendigkeit sein oder auch nicht, aber wenn dies der Fall ist, sollten sie sich selbst etwas schulden, und das ist es, was Geld wirklich ist und was es bewirkt, wer auch immer es emittiert.

Falsche Sparsamkeit in der Verwendung von Geld. Es ist die Ironie der Situation, dass die vom alten Bankier erfundenen Methoden zur „Sparsamkeit bei der Verwendung von Gold als Zahlungsmittel“, durch die Schaffung von Geld ohne Gold, jetzt vom Staat genutzt werden sollten, um die Bedürfnisse des Bankiers (im modernen Sinne des Münzprägers) einzudämmen, wenn der Staat über den Vorteil für den Beruf des Münzprägers hinaus weiterhin bestehen soll. Die Idee des sparsamen Umgangs mit der Währung stammt aus der Zeit, als die Edelmetalle, die im Schnitt wahrscheinlich viel mehr kosten als sie wert waren, langwierig und mühsam aufgespürt werden mussten. Durch das Verständnis, dass Gold und Silbergeld das Prinzip des Virtuellen Vermögens nur in einer groben und elementaren Form verkörpern, wird das genaue Gegenteil ersichtlich. Geld ist eine Schuld der Gemeinschaft gegenüber dem Eigentümer. Der Geldemittent entschwindet dem Gesamtbild mit seinen Gütern und Dienstleistungen, die er durch die Emission umsonst erhält, und so sehr er auch vorgibt, für die Ausgabe und die Rückzahlung der Schulden zu haften, die Schulden werden nie und nimmer zurückgezahlt werden können, sondern nehmen in einem wissenschaftlichen Zeitalter weiter zu und zirkulieren durch die Gemeinschaft und tauschen auf ewig ihre Güter und Dienstleistungen untereinander aus.

Wir können aus der vorstehenden Veranschaulichung noch viel über das Wesen eines jeden Geldsystems lernen. Was den Punkt betrifft, dass in den staatlichen Getreidespeichern immer genauso viel Weizen wie Geld in den Taschen der Verbraucher vorhanden ist, so haben viele Währungsreformer die selbstverständliche These aufgestellt, dass immer so viel Geld vorhanden sein sollte, wie es Waren und Dienstleistungen gibt, die zum Verkauf anstehen, und wir werden diese Aussage später kommentieren müssen. Aber beachten wir zunächst, dass im Durchschnitt die Hälfte des Getreidegeldes, das nach der Ernte von *0* auf *H* kurz vor der nächsten aufsteigt, immer in den Kassen der Regierung liegt, „untätig und unfruchtbar", wie die alten Bankiers beklagt hätten, aber eigentlich aus dem einfachen Grund, dass es dann kein Getreide im Austausch dafür gibt.

Geldmarken oder Buchkredite? Nun wird klar, dass – soweit es sich um eine staatliche Dienstleistung dieser Art handelt – die Regierung, anstatt das im Laufe des Jahres zurückgegebene Geld zu behalten, es genauso gut nach dem Erhalt verbrennen könnte, um das Risiko eines Verlustes während der Aufbewahrung zu vermeiden, und jeden Herbst ein neues Kontingent emittieren könnte. Oder, was die Buchführung anstelle von Zählwerten betrifft, könnte sie den Produzenten für ihre Ernte einen Kredit von H ausstellen und, wenn das Getreide von ihnen zurückgekauft wird, den Kredit annullieren. Dies bedeutet, dass für jede Ernte eine neue Kreditausgabe und deren Vernichtung im Laufe des Jahres vorgenommen wird, anstatt ein einziges Mal ein dauerhaftes Geld zu vergeben. In diesem speziellen Fall ist die Kreditbuchhaltung noch realitätsnäher als die andere, da die Kredite immer dem nicht verbrauchten Getreide entsprechen und kein Geld „brachliegend und unfruchtbar“ ist. Es ist jedoch unbedingt zu beachten, dass, wenn das Getreide nicht effektiv ein staatliches Monopol wäre, sondern von den Großhändlern auf dem normalen Geschäftsweg in einer individualistischen Gesellschaft gekauft würde, sie es sich nicht leisten könnten, die Kredite beim Weiterverkauf ihres Getreides zu streichen, aus dem einfachen Grund, dass sie nicht die Macht haben, sie bei der nächsten Ernte wieder zu erzeugen. Das ist nur für eine Regierung möglich, die die Vermarktung durchführt. Für Banken ist es möglich, weil sie das Vorrecht der Regierungen an sich reißen, indem sie die Kredite der Gemeinschaft für die von ihnen aufgegebenen Waren und Dienstleistungen vergeben und vernichten. Die Usurpatoren verlangen Zinsen dafür, dass die Menschen in ihre Verschuldung geraten, während alle demokratischen Regierungen Geld bereitstellen würden, um die Menschen aus den Schulden herauszuhalten, wenn sie die elementaren Grundlagen ihres Handwerks kennen würden.

Diese Bemerkungen können auch dazu dienen, die unterschiedlichen Ausgangspunkte zweier Schulen von Geldreformern zu veranschaulichen: Derjenigen, die wollen, dass echtes, dauerhaftes nationales Geld, das vom Staat ausgegeben wird, sobald die Produktionssteigerung zur Verteilung bereit ist, ausschließlich nach statistischen

Vorschriften, um das Preisniveau konstant zu halten, ohne dass es anderweitig gestattet oder behindert wird, und derjenigen, die eher eine Änderung und Erweiterung des Systems der Ausgabe von Ad-hoc-Krediten für bestimmte Produktionszwecke anstreben, wobei die Kredite bei jeder Runde des Produktions- und Konsumzyklus vernichtet und wieder neu geschaffen werden.

Die Gründe, warum das erstgenannte System in diesem Buch bevorzugt wird, sind vielfältig, aber der Hauptgrund ist, dass ein System, das irgendeine Form von physischen Zählern verwenden muss, so viel weniger leicht zu fälschen ist, als ein System der Buchhaltung. Und wie bereits angedeutet, gibt es, solange nicht auf ein solches offenes und unbedenkliches System zurückgegriffen und die volle statistische Erfahrung damit veröffentlicht wird, viele einfache Fragen, wie z. B. die richtige Geldmenge für eine bestimmte Produktions- und Verbrauchsrate, die nicht wirklich definitiv beantwortet werden können und die, wie es scheint, tatsächlich im gegenwärtigen Systems unbeantwortbar gemacht werden sollen. Die Menschen leben nicht nur vom Brot allein, auch im wirtschaftlichen Sinne, und zumindest in den modernen Industrieländern, aber auch in zunehmendem Maße in der modernisierten Landwirtschaft gibt es das ganze Jahr über einen ziemlich konstanten Fluss von Zahlungen für Rohstoffe, Zwischenprodukte und Dienstleistungen in der Produktion, der durch gleiche Zahlungen für die Fertigprodukte oder für Reinvestitionen ausgeglichen wird. Auch wenn die Produktion wie geschildert sprunghaft verläuft, leben doch die Menschen nicht stoßweise. Obwohl in den ersten Tagen des Kreditgeldes eine seiner Funktionen darin bestand, die Produktionssteigerung zu erleichtern, ist es jetzt umgekehrt, und das Problem besteht darin, all das zu verteilen, was die Menschen bereits produzieren können. Gerade unter diesen Umständen scheint es überhaupt keinen Grund zu geben, warum Geld nicht dauerhaft und physisch sein sollte, um so die Gefahr einer unehrlichen Buchführung zu vermeiden, die so leicht auftreten kann, wenn Geld ständig vernichtet und neu geschaffen wird.

Sollte die Vergabe von Gelddarlehen erlaubt sein? Der nächste interessante Punkt ist, dass zwar die Regierung, wenn sie das Geld zurückerhält, es nicht für den Kauf von Getreide verwenden kann, weil es dann kein Getreide zu kaufen gibt, aber der Erzeuger, wenn er es bei der Ernte erhält, nicht daran gehindert werden kann, einen Teil des Geldes gegen Zinsen für einen Teil des Jahres an jemand anderen zu verleihen, der keinen Kredit aufnehmen würde, wenn er nicht den Wunsch hätte, das Geld auszugeben. Beschränkt man die Überlegungen weiterhin auf Geld, das in einer geschlossenen Gemeinschaft zum Zwecke der Vermarktung eines einzigen Gutes, nämlich Getreide, ausgegeben wird, so ist ebenso klar, dass der Kreditnehmer nur das Getreide kaufen kann, das der Kreditgeber später im Jahr selbst benötigt, und wenn der Kreditnehmer es verbraucht, damit es nicht „im Kornspeicher untätig liegen bleibt", kann der Kreditgeber es nicht zurückbekommen, wenn er es wünscht. All diese einfachen Überlegungen mögen dazu dienen, die weitreichende Frage der Physik, wenn nicht gar der Ethik des Geldverleihs im Allgemeinen im Gegensatz zu einer echten Investition aufzuwerfen, wenn der Investor sein Geld tatsächlich ausgibt und es nur dann zurückerhalten kann, wenn er jemanden findet, der bereit ist, seine Investition von ihm zu kaufen. Es gibt eine wachsende soziologische Denkschule, die den besten Traditionen des Mittelalters folgt und sich gegen das Geldverleihen als solches wendet, bei dem der Kreditgeber kein Risiko eingeht, so wie er es täte, wenn er sein Geld in einem echten Unternehmen einsetzt, an dessen Erfolg oder Misserfolg sein eigenes Schicksal gebunden ist.

Je mehr man darüber nachdenkt, desto mehr scheint es, dass selbst ein schlichter, einfacher, echter Geldverleih – so wesentlich es auch sein mag, ihn in der Übergangsphase zur neuen Ära zu erhalten, um allzu große und plötzliche Eingriffe in die Gewohnheiten und Vorstellungen des Geschäftslebens zu vermeiden – selbst jetzt unter einem richtig funktionierenden reinen Kreditgeld-System, eine rückschrittliche Redundanz wäre, die mit der einen Hand zunichtemacht, was mit der anderen geschaffen wurde. Geld ist selbst eine Schuld gegenüber Gütern und Dienstleistungen, und das Verleihen von Geld schafft lediglich eine neue private Geldschuld zwischen Individuen, was, abgesehen von der Frage bestimmte Zwecke zu gewährleisten, die es einem außergewöhnlich geschäftstüchtigen und fähigen Individuum ermöglichen, schneller zu Gelegenheiten von gesellschaftlichem Nutzen zu gelangen, eher durch die Ausgabe von neuem Geld gedeckt werden sollte, wenn die physischen Umstände die Entstehung einer neuen Schuld rechtfertigen. Denn niemand leiht sich Geld, um es zu horten, sondern nur, um konsumieren zu können, normalerweise natürlich mit dem Ziel, neues Vermögen in die Produktion zu bringen, das erst zu einem späteren Zeitpunkt zum Konsum oder zur Verwendung bereit ist. So nimmt eine Geldschuld in der Regel genau so viel fertiges Vermögen aus dem Markt, als hätte der Eigentümer sein Geld selbst ausgegeben und das gekaufte konsumiert, während sich dieser, aufgrund der vorherrschenden Laxheit in diesen Dingen, ganz frei fühlt, den Kredit einzufordern und das, was der Kreditnehmer bereits konsumiert hat, wieder zu konsumieren.

Physische Absurdität kurzfristiger Kreditvergabe. Was auch immer man über den Geldverleih über einen längeren Zeitraum denken mag, der die Reproduktion des Vermögens abdeckt, das der Kreditnehmer konsumiert, sobald er in der Lage ist, den Vermögenswert wieder in das System einzubringen, bevor der ursprüngliche Besitzer des Geldes sein Geld zurückerhält und es wieder aus dem System herausnehmen kann, so ist die Praxis, Geld auf Abruf oder kurzfristig zu verleihen, eine physikalische Idiotie und sollte gestoppt werden. Aufgrund der variablen Minusmengen, mit welcher die Geldsummen hier kalkuliert werden, ist es lediglich eine mathematische und keine physische Möglichkeit, welche den Einsatz physischer Zähler unmöglich macht. Denn dann wäre es nicht machbar, wie es jetzt der Fall ist, dass der Eigentümer sein Geld wieder zurückerhält, ohne dass jemand anderes es aufgibt. Die Rückzahlungen müssen unter solchen Umständen ein Gleichgewicht zwischen neuen Krediten herstellen, wobei es nicht zu viel verlangt ist, zu sagen, dass das Ziel des bestehenden Systems gerade darin besteht, sich dieser durch den gesunden Menschenverstand auferlegten Beschränkung zu entziehen.

Girokonten und Termineinlagen. Hiermit wird vielleicht der im letzten Kapitel zurückgestellte Punkt bezüglich des wesentlichen Unterschieds in der korrekten Buchführung zwischen Girokonten und Termingeldern wieder aufgenommen, bei dem es die Praxis des Bankensystems war, dies zu verschleiern und zu verwässern. Die Summe der beiden, oder die „Gesamteinlagen“, stellt das Geld dar, das die Bank ihren Einlegern auf Abruf oder auf kurzfristige Anfrage schuldet. Wenn ein Kunde Geld von einem Termingeldkonto auf ein Kontokorrentkonto überweist, macht das keinen Unterschied im Verhältnis von „Bargeld“ zu Krediten und es scheint, dass einige der schlimmsten Verfälschungen des Geldsystems aus diesem völlig ungerechtfertigt lockeren Verfahren resultieren. Obwohl eine Termineinlage nominell nur bei rechtzeitiger Ankündigung durch den Eigentümer einklagbar ist, wird in der Regel nicht einmal auf die vorgeschriebene Frist bestanden. Im schlimmsten Fall würde die Bank lediglich einen „Abschlag“ für die kurzfristige Rückerstattung des Geldes verlangen, es sei denn, sie befindet sich selbst in Schwierigkeiten.

Es ist hingegen offenkundig, dass, wenn ein Einleger von der Bank Zinsen auf seine Einlage erhält, die Bank diese nur deshalb zahlt, weil sie sie selbst an einen Kreditnehmer ausgeliehen hat, vermutlich zu einem höheren Zinssatz. Das Geld ist ebenso wenig im Besitz der Bank wie das Gold der Einleger, das im Tresor der Goldschmiede blieb, als diese es gegen Zinsen ausliehen. Wenn Geld als die Schuld von Gütern und Dienstleistungen definiert wird, die dem Besitzer des Geldes auf Verlangen geschuldet wird, dann müssen wir, um die gesamte Menge des vorhandenen Geldes zu erhalten, nicht das Geld auf den Girokonten und in den Zeitdepots zusammenzählen, sondern nur erstere berücksichtigen. Das Geld in der Termingeldanlage wurde von der Bank verliehen, die dem Eigentümer dafür Zinsen zahlt, und es erscheint dann entweder auf dem Girokonto oder der Termingeldanlage eines anderen. Liegt es in letzterem, dann gilt für das neue die gleiche Überlegung wie für das ursprüngliche Zeitdepot. Das bedeutet, um zu dem gesamten vorhandenen Geld zu gelangen, dürfen nur die Girokonten berücksichtigt werden. Dies setzt voraus, wie es bei dieser Art grober Berechnung üblich ist, dass sich das Geld außerhalb des Bankensystems, in den Händen der Öffentlichkeit als physische Wertmarken, nicht verändert, wobei es aber auf jeden Fall ein zu kleiner Anteil des Ganzen ist, um die Schlussfolgerung ernsthaft zu entkräften.

Wie der Bankier seine eigene Falle vermeidet. Es wäre anzunehmen, dass gerade durch diese Methode die wirklich erschreckende Geldvernichtung, die seit Beginn der Deflationspolitik des Cunliffe-Komitees vor sich geht, verschleiert wird. Indem man beide Arten zusammenwürfelt, erscheinen die „Einlagen", die allein in den Bankbilanzen angegeben werden, nicht stark vermindert. Es stimmt, dass in letzter Zeit Zahlen veröffentlicht wurden, die den Eindruck erwecken, dass sich das Verhältnis zwischen Girokonten und Zeiteinlagen seit 1919 nur von dem damaligen Verhältnis 2:1 auf 1:1 geändert hat. Aber sie muten gefälscht an. Soweit sich ihre Quelle zurückverfolgen lässt, scheinen sie aus einer Tabelle zu stammen, die im

Bericht des Macmillan-Ausschusses veröffentlicht wurde. Allerdings beschwerte sich der Statistiker H. W. Macrosty[18] 1922, dass diese wichtigen Zahlen vom britischen Bankensystem nicht veröffentlicht wurden, und er schätzte das Verhältnis, wie bei den achthundert Hauptbanken des US-Bundesbanksystems, damals auf 5:1.

Wie dem auch sei, es scheint, dass die derzeitige Quote von 1:1 die niedrigste ist, die man erreichen kann. Denn die Banken wagen es nicht, das ihnen von ihren Einlegern tatsächlich geliehene Geld zu vernichten, sonst würden sie selbst in die Falle geraten, in der diejenigen gefangen sind, denen sie Geld geliehen haben. Diese „Zeiteinlagen" können von ihren Eigentümern kurzfristig und im Verhältnis 1:1 verlangt werden. Und weil die Gelder auf den Girokonten die Summe der vorhandenen Gelder ergeben, können sie, außer durch erneutes Anlegen der vernichteten Gelder, nur durch Überweisung der gesamten Gelder auf den gegenwärtigen Girokonten auf die Girokonten der Eigentümer der Zeiteinlagen bezahlt werden. Das durch die Deflation erreichte Verhältnis von 1:1 bedeutet, dass die Banken gerade noch genug Geld übriggelassen haben, um dieser Verbindlichkeit nachzukommen, und wenn diese Interpretation der Situation richtig ist, dann scheint es, dass praktisch der gesamte Rest des vorhandenen Geldes in ihren wilden Bemühungen zerstört wurde, „das Land an einem Kreuz aus Gold und Überfluss zu kreuzigen."[19]

---

[18] A.d.Ü.: Henry William Macrosty (1865–1941) war 1940/41 Präsident der Royal Statistical Society und war viele Jahre lang in der Fabian Society aktiv, von 1895 bis 1906 gehörte er deren Vorstand an. 1893 erstellte er einen Gesetzentwurf zur Einführung des Achtstundentags, sein wohl bekanntestes Buch ist THE REVIVAL OF AGRICULTURE: A PROPOSED POLICY FOR GREAT BRITAIN (1905).

[19] A.d.Ü.: Soddy setzt hiermit vermutlich einen Hinweis auf die Rede des US-Senators William Jennings Bryan auf dem Parteitag der Demokraten in Chicago am 9. Juli 1896, bekannt als „Rede vom Goldenen Kreuz". In der Rede unterstützte Bryan den Bimetallismus und die Initiative „freies Silber" und verurteilte den Goldstandard. Sie gilt als eine der größten politischen Reden in der amerikanischen Geschichte.

Kapitel V
Internationale Wirtschaftsbeziehungen

Schlechtes Geld verheddert die Nationen. Das gewachsene System hätte nicht so lange überleben können oder so lange als das Gegenteil von dem getarnt bleiben können, was es wirklich ist, ohne die Verwicklung in die Probleme, die durch die internationalen wirtschaftlichen Transaktionen entstanden sind. Vom Standpunkt einer einzigen, in sich geschlossenen Gemeinschaft aus betrachtet, birgt der Goldstandard einen fast selbstverständlichen Widerspruch. Es handelt sich um ein System, in dem das Geld in Bezug auf Gold angeblich von konstantem Wert gehalten werden sollte und in dem die Art und Weise der Ausgabe von neuem Geld so beschaffen war, dass es zwangsläufig den Wert des Rests proportional verringert. Da nämlich nicht mehr Waren und Dienstleistungen zum Verkauf stehen als vor der Emission, wird das, was zum Verkauf steht, auf mehr Geldeinheiten aufgeteilt, sodass jede einzelne proportional weniger wert ist, und die neue Emission verwässert lediglich den Wert der alten. In der Praxis löste sich dieser grundlegende Widerspruch in zwei Teile bzw. Phasen auf: Die inflationäre Periode, in der das Preisniveau durch neue Emissionen nach oben getrieben wurde, und die deflationäre Periode, in der es durch die Geldvernichtung wieder nach unten getrieben wurde. Die Zwischenstufe, das Abfließen des Goldes aus dem Land als der einzigen Art von Ware, die willkürlich am Preisanstieg gehindert wird, wodurch das Verhältnis „Bargeld zu Kredit" verringert wird, ist die Stufe, die den internationalen Aspekt des Geldes einbringt. Schlechtes Geld im Inland bringt die Angelegenheiten der Nation im Ausland durcheinander.

Internationales Bankwesen. Als die unvermeidliche Inkonsistenz, die ihrem System zugrunde liegt, dem Bankensektor in verschiedenen Ländern bekannt wurde, entstand ein entsprechendes internationales Bankensystem, das zum gegenseitigen Nutzen und zur Sicherheit beider Seiten Hand in Hand mit den internen Banksystemen arbeitete. Damit dehnten sie ihr Einsatzgebiet auf das der gesamten zivilisierten Welt aus und machten es ihnen viel leichter, der Entdeckung und Bestrafung zu entgehen. Während das interne Bankwesen abwechselnd die Schuldner- und Gläubigerklassen innerhalb der Gemeinschaft gegeneinander ausspielt und sie in ständigem Wettstreit und Armut hält, spielt das internationale Bankwesen das ärmere Land gegen das reichere aus und ist, indem es letzteres auf das Niveau des ersteren reduziert, der eigentliche Agent, der den aggressiven Nationalismus, aus dem internationale Konflikte entstehen, schürt und verewigt. *Das Geld, so sagen die Geldverleiher, muss sein eigenes Niveau finden. Dabei drückt es den Lebensstandard sowohl von Einzelpersonen als auch von Nationen auf das niedrigste Niveau.*

In der Inflationsphase wird der Export von Waren aufgrund der hohen Preise und des Kaufkraftüberflusses auf dem heimischen Markt erschwert und unrentabel gemacht. Die Einfuhr von Waren wird aufgrund der hohen Preise auf dem Inlandsmarkt und der Möglichkeit, durch die Verwendung von Gold Waren zum gleichen Preis wie zuvor aus dem Ausland zu beziehen, begünstigt. Damit soll der Mangel an Fertigwaren korrigiert werden, der dadurch entstanden ist, dass das Gold kostenlos an die Produzenten abgegeben wurde, um in der zukünftigen Produktion zu sinken. In der deflationären Phase wird das Gegenteil erreicht. Die Vernichtung von Geld und die Einforderung von Krediten schränkt die Beschäftigung ein und verringert die

Kaufkraft der Gemeinschaft, während gleichzeitig der Überfluss an noch in der Produktion befindlichen Gütern auf den Markt kommt und ein katastrophaler Preisverfall stattfindet. Die Einfuhr aus dem Ausland wird verhindert, und stattdessen werden die Waren, die durch die Zerstörung des Tauschmittels im Inland nicht verkauft werden können, in die Häfen geschafft, um dort um jeden Preis ins Ausland verschifft zu werden.

Geld auf kurzfristigen Abruf. In der ersten Phase sind die Kredite des Bankiers zu Hause gefragt, aber in der zweiten Phase hat er, nachdem er seine internen Kredite eingefordert hat, die Fähigkeit, Kredite zu vergeben, wobei seine Einnahmen in Form von Zinsen versiegen. Genau in diesem Moment entsteht die Nachfrage nach Krediten zur Finanzierung des Exporthandels. In dieser Situation wuchs also das Geschäft, Geld auf Abruf und kurzfristig an die internationalen Bankiers zu verleihen, die den Transport von Export- und Importgütern finanzieren, und zwar auf die Sicherheit dieser Güter. Es liegt auf der Hand, dass Geld, das für diese Art von Transaktionen, im Wesentlichen für den Transport, geschaffen wurde, sehr viel schneller zurückgerufen und vernichtet werden kann, als das in der Produktion versenkte Geld. Durch die Aufteilung des Geschäfts in langfristige Kredite und kurzfristige Darlehen auf Abruf und durch die Erhöhung des Anteils des ersten in der Inflationsphase und des zweiten in der Deflationsphase, gelang es den internen Bankern, konstantere Einnahmen zu erzielen, indem sie das Virtuelle Vermögen der Gemeinschaft ausliehen, welches sie, soweit es die zweite Quelle betrifft, mit den internationalen Bankern teilten. Die Hauptpositionen einer Bankbilanz auf der Aktivseite sind „Geld auf kurzfristigen Abruf“ und „diskontierte Wechsel“, sie beziehen sich hauptsächlich auf den internationalen Kreditmarkt. „Vorschüsse, Darlehen usw.“ beziehen sich auf die internen Kredite und „Investitionen“ auf das, was die Banken mit dem Geld, das sie im Rahmen von Offenmarktgeschäften für sich selbst geschaffen haben, gekauft haben.

Wie der Internationale Bankier die Welt regiert. Mit dem Alternieren von Ausgabe und Rückforderung von Darlehen im Inland und von Rückforderung und Ausgabe im Ausland, spielten sich die nationalen und internationalen Bankiers gegenseitig in die Hände und hielten die ganze Welt in einem ständigen Aufruhr und das interne Preisniveau immer in Bewegung. Aber in diesem schmutzigen Spiel lernte der internationale Bankier bald, dass er die Oberhand hatte und die Situation absolut kontrollieren und die inländischen Bankiers zwingen konnte, seinem Beispiel zu folgen. Denn indem er einem Land jederzeit einen Kredit unter solchen Bedingungen gewährte, die es für dieses Land profitabler machten, den Kredit nicht in Form von Waren, sondern in Gold aufzunehmen, mit dem es in einem Drittland das kaufen konnte, wofür der Kredit tatsächlich benötigt wurde, war es ihm möglich, das Gold nacheinander aus jedem Land abfließen lassen. So setzte er dort eine Deflation und eine Preissenkung durch, die zu einer anhaltenden wirtschaftlichen Depression führte, bis die Beschäftigten in eine bescheidenere und weniger unabhängige Gemütsverfassung zurückfielen. Der Goldstandard wurde nicht so sehr zu einem Mittel, um nach einer Inflation die Gelder aller Länder, die ihn angenommen hatten, zurückzudrängen und ihren konstanten relativen Tauschwert aufrechtzuerhalten, sondern vielmehr, um die Löhne und Preise in allen Ländern auf das Niveau der ärmsten und rückständigsten zu drücken.

In diesem Kapitel soll vor allem versucht werden, einige der überaus komplizierten Folgen dessen zu klären, was im internationalen Bereich euphemistisch als „Bankwesen“ bezeichnet wird. Aus der Sicht des professionellen Geldverleihers, und nur aus seiner Sicht, ist Wohlstand ein Fluch. Sein Geschäft ist die Schuld, sein Ziel ihre Erzeugung, und seine Vormachtstellung über die Schöpfer der

Vermögenswerte hängt von dem Trick ab, dass seine Kredite fiktiv sind und nie zurückgezahlt werden können. Allein die nationalen Grenzen versperren nun seine Weltherrschaft, weshalb auch diese verschwinden müssen.

Geld ist nationale, keine internationale Schuld. Die erste Überlegung bei internationalen Wirtschaftsgeschäften ist, dass das Geld eines Landes nur in dem Land Bedeutung hat, in dem es als gesetzliches Zahlungsmittel gilt oder auf Verlangen in ein solches umgewandelt werden kann, um Schulden zu begleichen. Es ist eine Verpflichtung dieses Landes allein, oder eine Forderung auf seinen Märkten und nicht auf denen einer anderen Nation. Damit das Wechselkursverhältnis auf einer bestimmten Kennzahl verbleibt, ohne dass Gold von einem Land in ein anderes fließt, muss in jedem Land der Wert der Verkäufe des eigenen Geldes für das Geld des anderen Landes immer gleich dem Wert der Verkäufe des Geldes des anderen Landes für das eigene Geld sein. Wenn also das Wechselkursverhältnis zwischen England und Deutschland wie vor dem Krieg bei etwa zwanzig Mark zum Pfund lag, können £100 nur gegen 2.000 Mark getauscht werden, wenn jemand anderes 2.000 Mark gegen £100 tauschen will. Wenn nur 1.800 Mark für £90 angeboten wurden, dann kann die Differenz von £10 nur durch den Kauf von 200 Mark mit Gold in Mark umgetauscht werden. Andernfalls werden die 1.800 Mark dann £100 wert sein oder der Devisenkurs sinkt von 20 auf 18 Mark zum Pfund.

Die zweite Überlegung hat mit dem Austausch von Gütern zu tun. Damit das Devisenverhältnis nicht schwankt und das Gold nicht abfließt, muss jeder Überschuss der Importe gegenüber den Exporten dadurch ausgeglichen werden, dass dasjenige Land, das den Überschuss erhält, (1) dafür eine neue Schuld gegenüber dem Rest der Welt eingeht oder (2) dem Land bereits etwas geschuldet wird und Zinszahlungen oder Kapitalrückzahlung für Schulden erhält, die der Rest der Welt zuvor bei ihm aufgenommen hat. Wenn die Exporte die Importe ausgleichen (soweit dies der Fall ist), werden sie vom Importeur in jedem einzelnen Land abgewickelt, indem er den Exporteur seines eigenen Landes in seiner eigenen Währung bezahlt. Ein ausgeklügeltes System von „Wechselnoten", Wechselmaklern, Wechselakzeptanten, Diskontmärkten usw., das in technischen Arbeiten über Geld erläutert wird, ermöglicht dies. Die technischen Einzelheiten, die sich eher mit den Mitteln, mit denen dies geschieht, als mit dem eigentlichen Zweck befassen, brauchen uns hier nicht aufzuhalten.

Um die komplizierte Frage der internationalen Wirtschaftstransaktionen zu vereinfachen, werden die beiden Vorschläge nun ausführlicher diskutiert. Nur außerhalb dieser vereinfachenden Vorschläge entstehen Komplikationen. Beide verkürzen die Frage auf ein Thema zwischen einem einzelnen Land und dem Rest der Welt als Ganzes, um zu vermeiden, dass sich unzählige Fälle ergeben würden, wenn wir alle Länder paarweise hintereinander betrachten würden, was natürlich für die tatsächlichen Transaktionen gilt. In der Diskussion geht es darum, die Art der Transaktionen, die keine Auswirkungen auf die Stabilität der Devisenmärkte haben, von denen zu unterscheiden, die diese stören.

Importeure bezahlen Exporteure der eigenen Nation. Der zweite Vorschlag wird normalerweise als selbstverständlich angesehen, aber es empfiehlt sich, ihn präzise zu formulieren. Es ist so, dass in jedem Land, soweit der Wert seiner Importe durch den Wert seiner Exporte wettgemacht wird, im Handel mit allen anderen Ländern, für die dasselbe gilt, dieser Handel in Wirklichkeit ein Tauschhandel ist und nicht notwendigerweise irgendeinen Austausch der Währungen der Länder beinhaltet. In jedem Land zahlt der Importeur dem Exporteur tatsächlich das Geld des jeweiligen Landes. Der einfachste Fall ist, wenn nur zwei Länder betroffen sind, z. B. Großbritannien, das Heringe in die USA exportiert, und die USA, die Traktoren im gleichen Wert nach England exportieren. Wenn der britische Importeur von Traktoren den britischen Exporteur von Heringen und der amerikanische Importeur von Heringen den amerikanischen Exporteur von Traktoren bezahlt, jeweils in ihrer jeweiligen Währung, werden die Konten miteinander abgeglichen.

Der nächst kompliziertere Fall wäre ein Dreieckshandel mit, sagen wir, dem Äquivalenzwert von Heringen, die von Großbritannien nach Russland exportiert werden, von Platin, das Russland in die Vereinigten Staaten exportiert, und von Traktoren, die letztere nach Großbritannien exportieren. Wenn wir uns vorstellen, dass jeder Importeur sein eigenes Geld zur Bezahlung des Imports überweist, dann hätte Großbritannien russisches, Russland amerikanisches und Amerika hätte britisches Geld, das jeder gegen sein eigenes eintauschen könnte. Wenn ein Land, sagen wir, Großbritannien, die Initiative ergreift und sein russisches Geld im Tausch gegen sein amerikanisches Geld nach Russland schickt, könnte es dieses dann gegen britisches Geld nach Amerika schicken, und alle wären zufrieden. Dies wird im Grunde genommen im Rahmen eines Systems von Wechseln getan. Der Trattenwechsel[20] ist eine Art umgekehrter Scheck, der vom Empfänger des Geldes ausgestellt und vom Zahlenden indossiert oder akzeptiert wird. Es handelt sich in der Tat um einen Schuldschein, der genau die gleiche Eigenschaft hat wie Scheckgeld, wenn er auf Verlangen sofort fällig wird (ein „Sichtwechsel“). Normalerweise ist er jedoch innerhalb von drei oder sechs Monaten nach der Annahme auszuzahlen. Das „Diskontieren“ solcher Wechsel bedeutet, jetzt das Geld zu erschaffen, auf das der Wechselakzeptant später bei Fälligkeit verzichten muss. Dies ist ebenso eine Erzeugung von Geld, gefolgt von seiner Vernichtung, wenn der Wechsel von seinem

[20] A.d.Ü.: Mit Tratte bezeichnet man einen gezogenen Wechsel, der vom Bezogenen noch nicht akzeptiert wurde. Er ist jedoch bereits eine Zahlungsanweisung, die alle gesetzlichen Bestandteile des Wechsels enthält.

Akzeptanten eingelöst wird, wie das gewöhnliche „Darlehen“ einer Bank. Dieser Aspekt soll uns nun aber nicht mehr beschäftigen, obwohl er die internationalen Handelsbeziehungen in ein Chaos stürzt.

Die Handelsbilanz. Der vorgenannte Gedankengang gilt für eine beliebige Anzahl von Ländern, wie vernetzt der Austausch von Waren und Dienstleistungen auch sein mag, solange in jedem Land der Wert der Importe dem der Exporte entspricht. Oder anders ausgedrückt, der internationale Handel kann nur dann ohne Komplikationen, als einfacher Tauschhandel, betrieben werden, wenn diese Bedingung erfüllt ist. Wenn dies der Fall ist, dann ist es klar, dass es keine Importe ohne gleichwertige Exporte geben kann, und anstatt, dass die Interessen der Exporteure und Importeure entgegengesetzt sind, sind sie deckungsgleich. In jedem Land werden buchstäblich die Ersten von den Zweiten bezahlt. Aber wenn eines der Länder der Gruppe mehr importiert als es exportiert, etwa wenn Russland mehr Heringe aus Großbritannien importiert, als dem Platin entsprechen, das es nach Amerika exportiert, muss es aus der Gruppe ganz herausgenommen werden. Denn im anschaulichen Beispiel eines jeden Importeurs, der den Exporteur in seiner eigenen Währung bezahlt, gäbe es nicht genug amerikanisches Geld in Russland, um es in Großbritannien gegen russisches Geld zu tauschen. Im einfachsten Fall müssten die Russen das Defizit ausgleichen, indem sie Gold im Tausch gegen ihr Geld schicken. All dies ist vom Standpunkt des Geldes aus ganz einfach zu verstehen als eine Schuld, die in dem Land, in dem sie legalisiert ist (oder nach Belieben in ein gesetzliches Zahlungsmittel umgewandelt werden kann), sofort in Waren und Dienstleistungen auf Verlangen zurückgezahlt werden kann, außerhalb dieses Landes aber völlig bedeutungslos ist. Das Ganze ist ein Beispiel für die Aufhebung der gegenseitigen Verschuldung der Nationen, die das moderne Geld selbst zwischen Individuen einer Nation bewirkt. Das Schecksystem, wie es in einer einzigen Bank funktioniert, ist ein Beispiel für das Verhältnis zwischen den Kunden dieser Bank und, erweitert durch das Clearingsystem, für das Verhältnis zwischen allen Kunden aller Banken. In jedem Fall ist nur das unausgeglichene Restsaldo von Bedeutung.

Auswirkungen von Darlehen und Rückzahlungen. Das Angebot kann auf den Fall von Darlehen ausgedehnt werden, die z. B. von Land A auf Land B ausgedehnt und von Land B an Land A entweder mit Zinsen oder Kapital zurückgezahlt werden. Letztere können wir als Zinsrückzahlung und sinkende Fondsrückzahlungen bezeichnen, der Kürze halber als Kreditleistung. Dann gilt der Ansatz auch dann noch, wenn in jedem Land die Differenz zwischen den Werten der Exporte und Importe auf Kredite und Kreditleistungen angerechnet werden kann. Erstere werden die Exporte ohne entsprechende Importe und letztere die Importe ohne entsprechende Exporte steigern. Man betrachte in dieser Weise ein Darlehen von Land A an Land B. A versetzt B faktisch in die Macht, Waren und Dienstleistungen *in A* zu kaufen, und wenn B diese Macht ausübt, werden die Exporte von A nach B entsprechend erhöht, ohne dass entsprechende Importe von B nach A erfolgen. Indem eine Darlehensleistung erbracht wird und B seinen Kredit oder die Zinsen dafür zurückzahlt, erhält A die Macht, Waren und Dienstleistungen *in B* zu kaufen, wobei die Importe von B nach A kommen, die nicht durch entsprechende Exporte ausgeglichen sind. Insofern dieser erweiterte Vorschlag für jede Nation einer Gruppe von Nationen unabhängig von den Beziehungen zwischen den verschiedenen Ländern gilt, verläuft der internationale Verkehr ohne jeglichen Goldfluss und ohne Störung der ausländischen Börsen. Damit soll nicht geleugnet werden, dass dies immer noch durch andere Faktoren geschehen kann, z. B. durch Touristen und andere, die Geld in andere Länder nehmen oder schicken, um es dort auszugeben. Umgekehrt muss, sofern dies für keine der Nationen zutrifft, deren Transaktionen aus denen der betrachteten Gruppe ausgeklammert werden, und ihre Abrechnungen mit den anderen können nur entweder durch Goldbewegungen, Wechselkursschwankungen oder andere gegenläufige Faktoren ausgeglichen werden. Wenn alle Länder den Goldstandard einhalten, wird es einen Goldfluss von den Ländern, deren Importe die Exporte übersteigen, in die Länder geben, deren Exporte die Importe übersteigen, und zwar in der Form, wie sie auch auf Kredite und Darlehensservice ausgedehnt werden. Wenn es keinen Goldstandard gibt, wird der Austausch gegen ersteren zu Gunsten des letzteren erfolgen.

Die Auslandsbörsen. Es kann nützlich sein, einen einfachen Fall des letzteren in Betracht zu ziehen. Angenommen, es wird kein Versuch unternommen, den Austausch zwischen zwei Ländern zu beeinflussen, weder durch Spekulanten oder andere, die ausländische Währungen anstelle ihrer eigenen bevorzugen, noch durch Zölle und Prämien. Dann *müssen* die Importe und Exporte, abgesehen von denjenigen, die durch Darlehen, Kreditdienstleistungen oder andere direkte Ein- oder -ausfuhren von Geld bezahlt werden, unabhängig von ihren relativen Beträgen gleichwertig sein. Um noch einmal auf den ersten Fall zurückzukommen: Der britische Importeur von Traktoren hat Pfund, um den amerikanischen Exporteur, der Dollars will, zu bezahlen, und der amerikanische Importeur von Heringen hat Dollar, um den britischen Exporteur, der Pfund will, zu bezahlen. Das Wechselkursverhältnis zwischen Pfund und Dollar bedeutet und wird absolut davon bestimmt, wie viele Dollar für £1 erhältlich sind. Bevor jemand in England seine Pfund in Dollar umtauschen kann, muss jemand in Amerika Pfund zum Umtausch besitzen und stattdessen Dollar haben wollen. Der Wechsel von Währungen ist ein reiner Tauschhandel, der für beide Arten von Geld genauso gilt wie für zwei verschiedene Arten von Waren, und der Wechselkurs ist einfach das Verhältnis der jeweils angebotenen und der nachgefragten Mengen. Der einzige Unterschied besteht darin, dass Geld normalerweise einen Heimfinde-Trieb hat und jede Art von Geld dazu neigt, so schnell wie möglich an den Ort seiner Herkunft zurückzukehren, wo es allein einen Rechtsanspruch auf Vermögenswerte hat und immer und sofort gegen diese eingetauscht werden kann.

Es ist im internationalen Handel nicht möglich, die Grenze zu überschreiten und eine Schuld für die Waren und Dienstleistungen des einen Landes durch eine Schuld für einen ähnlichen Wert von Waren und Dienstleistungen des anderen Landes zu ersetzen. Die Schulden, d. h. die Gelder, müssen ausgetauscht werden, und bevor jemand ausländisches Geld gegen seine eigene Sorte tauschen kann, muss gleichzeitig jemand anderes es haben wollen und die andere Sorte dafür aufgeben. Nur innerhalb der Gerichtsbarkeit eines Landes kann das Bankensystem wie ein Zauberer, der Kaninchen aus dem Hut zaubert, Geld erschaffen und es dann wieder vernichten. Manche Leute mögen denken, dass unsere Bankiers einzigartig rückständig sind, da sie noch keine internationale Währung außer Gold geschaffen haben, aber solche Leute sind normalerweise mehr um ihren eigenen Komfort und ihre Fähigkeit besorgt, von einem Land zum anderen zu reisen, als um etwas, das so völlig außerhalb ihres Verständnisses liegt, wie dieser Aspekt des Geldes. Es wäre nur eine kleine Kompensation von Amerika, wenn es für die Nachfrage an internationalem Geld beispielsweise ein Haus für einen britischen Untertanen aufgeben müsste, weil dieser früher ein Haus in Großbritannien hatte, es aber mit einem anderen Briten gegen das Geld eingetauscht hatte.

Der Goldstandard zieht alle Nationen auf das niedrigste Niveau. Das vordergründige Ziel eine Reihe von Ländern zu vereinigen, um deren Währung in Gold wandelbar zu machen, d. h. den Goldstandard einzuführen, war lediglich, die Buchhaltung zwischen den Nationen zu erleichtern. Denn wenn Russland, wie im vorhergehenden Beispiel, weniger Platin in die Staaten exportiert als Großbritannien Heringe nach Russland, wird die Differenz durch eine Goldlieferung von Russland nach Großbritannien ausgeglichen, und die Rechnung wurde beglichen. In der Praxis hat die korrekte internationale Buchführung leider dazu geführt, dass unter dem Goldstandard jede Nation ihrerseits frustriert war und auf den Lebensstandard der Ärmsten und Rückständigsten zurückgeführt wurde, indem mit der völlig falschen Buchführung in den einzelnen Ländern operiert wurde, wo Geld willkürlich geschaffen und nach Belieben vernichtet wurde. Solange ein Darlehen von einem Land an ein anderes Land ein Darlehen von Waren und Dienstleistungen ist und die Rückzahlung auch in Form von Waren und Dienstleistungen erfolgt, entsteht kein Goldabfluss. Die Bürger des Schuldnerlandes sind berechtigt, in dem einen Fall auf den Märkten des Gläubigerlandes und in dem anderen Fall die Bürger des Gläubigerlandes auf den Märkten des Schuldnerlandes einzulösen. Kein Geld überschreitet die Grenze.

Nun liegt es in der Natur der Sache, dass die Länder, die Kredite vergeben, wohlhabender und fortschrittlicher sind als die Länder, die im monetären Sinne Kredite aufnehmen. Aber es liegt fast ebenso in der Natur der Sache, wenn wir die Worte reich und arm im ursprünglichen Sinne von Wohlstand oder Wohlergehen verwenden, dass die Produktionskosten in den reichen Ländern tendenziell höher sind als in den armen. Zunächst natürlich verbilligen wissenschaftliche Produktionsmethoden diese Kosten, wie in der habgierigen viktorianischen Epoche, indem sie den Arbeiter der direkten Konkurrenz der Maschine aussetzen. Dies ermöglichte es Großbritannien, die Fabrik der ganzen Welt zu werden. Aber wenn sich solche Methoden allgemein durchsetzen und alle Nationen mit den gleichen arbeitserleichternden Anlagen ausgestattet werden, werden die Produktionskosten tendenziell dort am niedrigsten sein, wo die Löhne am niedrigsten sind, d. h. in den Ländern, in denen der Lebensstandard am niedrigsten ist und am wenigsten vor einer weiteren Senkung durch Gewerkschaften und ausgleichende Gesetze, wie z. B. Arbeitslosen- und Krankenversicherungen, geschützt wird.

Es sind darüber hinaus keine weiteren Überlegungen notwendig, um deutlich zu machen, dass zwar die ärmeren Länder von den reicheren in monetärer Hinsicht Kredite aufnehmen werden, die Kreditnehmer jedoch zunehmend den Vorteil darin sehen werden, Geld statt Waren und Dienstleistungen zu leihen und das Geld in noch ärmeren Ländern auszugeben, wo die Kosten am niedrigsten und die Dinge, die sie brauchen, am billigsten sind. Dann entsteht die Dreieckssituation, dass ein Land A einem anderen Land B Geld leiht, das nicht in A, sondern in einem Drittland C kauft und durch den Abfluss von Gold von A nach C bezahlt, was zu einer Deflation in A und einer Periode anhaltender wirtschaftlicher Lähmung führt. So wirkt der Goldstandard unweigerlich darauf hin, die ganze Welt so arm zu halten wie die ärmste Nation, die um Märkte konkurriert.

Wirkung der Befreiung der ausländischen Börsen. Untersuchen wir nun den gleichen Fall mit völlig freier Anpassung der Börsen. Wenn A Geld an B leiht, muss B es als Ware und Dienstleistung von A annehmen. Wenn B ein Darlehen an A zurückzahlt, muss A es als Ware und Dienstleistung von B annehmen, denn jeder Kaufversuch in einem Drittland C wird den Tausch sofort gegen das Land, das versucht, zu kaufen, richten und es für den Käufer profitabler machen, den Geldwechsel zu vermeiden, und dies kann er nur tun, indem er in dem Land kauft, von dem das Geld erhalten wird. Unter diesen Umständen spiegelt, so wie es sein sollte, der Austausch fast den relativen Wert der Gelder im jeweils eigenen Land wider. Das Wechselpari bezeichnet dann die relativen Mengen der verschiedenen Währungen, mit denen im Durchschnitt dieselbe Menge an

Gütern und Dienstleistungen jeweils im eigenen Land gekauft wird. Um genau zu sagen, gibt es im Durchschnitt überhaupt keinen wirtschaftlichen Vorteil, Geld zu wechseln. Soweit die Menschen dazu gezwungen sind und ihre Bedürfnisse sich nicht gegenseitig ausgleichen, wird sich der Tausch gegen das Land auswirken, das per Saldo sein eigenes Geld zur Begleichung der Auslandsverschuldung wechselt, sodass es leichter ist, die Schulden direkt durch den Transfer von Gütern und Dienstleistungen zu begleichen, als durch den Austausch von Geld mit Verlust.

Gewöhnlich wird argumentiert, dass es unmöglich ist, sowohl ein konstantes internes Preisniveau als auch ein konstantes Austauschverhältnis im Ausland aufrechtzuerhalten, und dass die Wahl zwischen beiden getroffen werden muss. Aber die Erörterung soll hier zeigen, dass es ganz wesentlich ist, den Börsen die Freiheit zu lassen, ihre eigene Parität zu finden, wenn sich das interne Preisniveau stabilisiert hat. Nehmen wir zwei Länder an, in denen die Parität des Austausches die gleiche Kaufkraft der beiden Gelder widerspiegelt, jedes in seinem eigenen Land. Im Rahmen dieser Erörterung können wir der Einfachheit halber die Qualitätsunterschiede zwischen den Importen und Exporten des einen oder zwischen den Exporten und Importen des anderen Landes ignorieren und sogar annehmen, dass jedes Land genau die gleichen Dinge importiert wie es exportiert, wie es in der Tat in gewissem Maße unter unserem verrückten System geschieht, sehr zur Verwirrung der Seefahrer. Dann soll das eine Land, A, inflationiert werden, während das andere Land, B, ein konstantes Preisniveau beibehält, wobei die Börsen ganz frei sind, sich anzupassen. Die Waren in Land A werden immer teurer. Dieses Land beschränkt seine Exporte und stimuliert seine Importe. Aber da in beiden Ländern der Importeur den Exporteur seines eigenen Landes in seiner eigenen Währung bezahlt, werden die Importeure in A den Exporteuren für mehr Waren bezahlen, als sie exportiert haben, während die Importeure in B den Exporteuren in B für weniger bezahlen, als sie exportiert haben, was, wie Euklid[21] sagen würde, absurd ist. Das Mittel, sich vorzustellen, dass die importierten Waren die gleichen sind wie die exportierten, macht das, was tendenziell passiert, nur klarer, ohne die Wahrheit wesentlich zu verzerren. Die Schulden, die A in B auf dem Saldo für die über die Exporte hinausgehenden Importe gemacht hat, können durch die größere Menge des Geldes von A in B im Tausch gegen die geringere Menge des Geldes von B in A ausgeglichen werden, da jedes Geld für die Exporteure, die die Waren liefern, nutzlos ist, bis es gegen das andere ausgetauscht wird. Aber genau das ist wirklich passiert, denn es bedarf einer größeren Geldsumme von B, um in B die gleichen Waren zu kaufen wie zuvor. So weit von dem Versuch entfernt, den Tausch auszugleichen, ist jeder Versuch, dies zu tun, ein Berauben von Petrus, um Paulus zu bezahlen, und je schneller sich der Tausch gegen ein Land wendet, das sein Geld entwertet, desto besser für alle Beteiligten. Aber die private Devisenspekulation muss vollständig unterbunden werden, und auch der Tausch von nationalem Geld gegen das anderer Länder muss unter direkte nationale Aufsicht gestellt werden.

Korrekte Verwendung von Gold. All dies ist auch nicht im Geringsten abträglich für die Verwendung von Gold als bequeme Form der Ware, um rein vorübergehende oder sprunghafte Störungen des Börsenverkehrs zu korrigieren. Dafür ist sie in der Tat sehr gut geeignet. Aber sie muss als Ware betrachtet werden und von ihrer „Goldstandard“-Funktion völlig losgelöst sein, die darin besteht, durch ihren Abfluss und Zufluss eine dreißigfache Verringerung und Erhöhung der Gesamtgeldmenge zu bewirken. Eine

[21] A.d.Ü.: Der griechische Mathematiker Euklid sprach in seiner Abhandlung ELEMENTE davon, dass die Quadratwurzel von 2 irrational ist. Dieser zahlentheoretische Beweis wird durch eine *Reductio ad absurdum* geführt und gilt als einer der ersten Widerspruchsbeweise in der Geschichte der Mathematik.

Währung, die bei konstanter Indexzahl oder konstantem Preisniveau stabilisiert wird, indem die Gesamtmenge des Geldes erhöht wird, sowie die Erhöhung der Produktion erhöhte Mengen von Gütern für den Konsum auf die Märkte bringt, würde immer noch einen gewissen durchschnittlichen Goldbestand als Vorteil bei der Stabilisierung der Börsen empfinden. Wenn ein anderes Land mit Geld, das in Gold konvertierbar ist, begänne zu inflationieren, würden seine erhöhten Importe durch den Abfluss von Gold bezahlt werden, solange es welches hätte, aber das Gold, das sich im Exportland ansammelte, wäre nach diesem System im Verhältnis zum Durchschnitt anderer Güter tendenziell weniger wert als zuvor. Dies selbst wäre ein Effekt der gleichen Art, wie der Devisenhandel gegen ein Land, das sein Geld verschlechtert. Aber was das Land mit stabilem Geld betrifft, so ist Gold nur eine der Waren, mit denen es im Ausland einkaufen kann, und abgesehen von der Bequemlichkeit, es zur Glättung kurzfristiger Wechselkursschwankungen zu verwenden, steht es ihm frei, so viel oder so wenig davon zu importieren oder zu exportieren, wie es seinem wirtschaftlichen Vorteil dient.

Kapitel VI
Physische Anforderungen an ein Geldsystem

Geld in der Neuen Ökonomik. Es war notwendig, die Entwicklungsgeschichte des bestehenden Geldsystems eingehend zu beleuchten und in diesem Zuge aufzuzeigen, wie dieses System daran arbeitet, den gegenwärtigen hochgefährlichen und explosiven Zustand unserer Welt aufrechtzuerhalten. Im Laufe dieser Ausführungen wurden einige Vorschläge für dessen Reform gemacht. Zumindest teilweise hängen diese von der neuen und originellen Interpretation der physischen Realitäten der Ökonomie ab, die in der Einführung in gewissem Umfang behandelt wurde. Sie werden wahrscheinlich von denjenigen, die produktive Nebenbeschäftigungen ausüben, viel leichter verstanden werden, als von denjenigen, die in überholten Denkgewohnheiten geschult sind, aus denen – leider für die Welt – bisher die meisten Führungskräfte und Verwaltungsangestellten ausgewählt wurden.

Es ist nicht möglich, diese alten und neuen Philosophien zu vermischen, ebenso wenig wie es möglich ist, Wissenschaft mit Hexerei und Magie zu vermischen, oder dass ein moderner Mensch innerhalb desselben Ideenhorizonts denkt und handelt wie ein Naturvolk. Die Neue Ökonomik des Überflusses oder das für seine Verteilung erforderliche Geldsystem kann vor allem nicht mit der alten Ökonomik der Knappheit erläutert werden. In dieser neuen Philosophie erscheint das Geld selbst zum ersten Mal in seinem wahren Licht, da es anstelle von Vermögen lediglich eine Quittung für freiwillig dafür aufgegebenes Vermögen ist; kurz gesagt, es wird als Kreditmarke verwendet. Heute lassen wir es zu, dass die ganze Welt in den Händen von

Menschen liegt, die entdeckt haben, wie man Vermögenswerte erhalten kann, ohne dass dafür Quittungen gedruckt werden müssen. In einer wissenschaftlich kontrollierten Zivilisation würde der Emittent des Geldes für den Rest des Wirtschaftsorganismus die gleiche Funktion haben, wie der Schalterbeamte an einem Bahnhof für die übrige Gesamtheit des Eisenbahndienstes. *So wie dieser über das Geld Buch führen muss, das er als Gegenleistung für die von ihm angebotenen Leistungen der Bahn erhält, so muss sein Gegenpart über die Güter und Dienstleistungen Rechenschaft ablegen, die er als Gegenleistung für das von ihm ausgegebene Geld erhält.* Eine so einfache Idee wie diese ist der Ausgangspunkt für die Rolle des Geldes in der neuen Ära. Es stimmt, dass Geldtickets dauerhaft sind und, einmal ausgestellt, für immer im Umlauf bleiben, ohne zerstört oder annulliert zu werden. Aber abgesehen davon sind genau die gleichen Erwägungen des gesunden Menschenverstandes im Spiel, die auch für die Eisenbahn gelten würden.

An Wohlstand mangelt es jetzt nicht mehr. In der neuen Wirtschaft gibt es jetzt keine Schwierigkeiten mehr, Wohlstand zu schaffen. Arbeitslose Arbeitskräfte und Kapital warten nur darauf, dass man ihnen Weisungen erteilt, um dies zu tun. Würde man ein für alle Mal begreifen, dass das Geld von der Nation ausgegeben werden sollte, um die Ware zum gleichen Preisniveau zu vertreiben, wie zum Zeitpunkt des Anfalls der Kosten im Zusammenhang mit ihrer Herstellung, wäre nichts Anderes notwendig, um sicherzustellen, dass alle arbeitslosen Arbeitskräfte und das Kapital dauerhaft in den vollen Produktivbetrieb versetzt werden. Von diesem Moment an würde sich die Nation ganz selbstverständlich für die Schaffung von Vermögenswerten zum Zweck des Konsums und der Nutzung einsetzen, so wie sie sich während des Krieges für die Schaffung von Gütern zur Zerstörung eingesetzt hat. Nach Ansicht des Autors ist die Annahme übertrieben, dass die

Zeit bereits gekommen sei, in der es unmöglich ist, einen Teil der verfügbaren Arbeitskräfte und des Kapitals sinnvoll einzusetzen. Zweifellos mag eine erhebliche Neuausrichtung des Produktionssystems erforderlich sein, um den veränderten Bedingungen gerecht zu werden, aber wir werden noch lange Zeit für alle und alles, was beim Wiederaufbau der Welt helfen kann, vollen Nutzen haben.

Aber wer genauer wissen will, welche Prinzipien zu beachten sind, um dieses Ergebnis zu erreichen, muss in diesem Stadium bereit sein, die Brücken ganz abzubrechen und sich von der alten metaphysischen Schule der Ökonomen zu trennen, die die zugrundeliegenden physischen Implikationen des Themas nicht besser als der technisch ungeschulte Mann erkannten. Für einen Wissenschaftler ist es nahezu unglaublich, dass eine Gruppe von Männern, die sich in diesem Bereich als Experten ausgeben, fast ein Jahrhundert lang nicht klar zwischen den Folgen einer echten Kreditvergabe und der Vortäuschung einer Kreditvergabe durch die Schaffung neuen Geldes als „Bankkredit" unterscheiden konnte.

Beweggründe. Der Unterschied zwischen dem Ökonom und Soziologen auf der einen Seite und dem wissenschaftlich geschulten Geist auf der anderen Seite könnte nicht besser veranschaulicht werden, als in der Betrachtung des menschlichen Beweggrunds, bei der man hätte erwarten können, dass der erstere mehr erhellendes als der letztere dazu beigetragen hätte. Der Ökonom sah darin nicht mehr als einen Wunsch nach „Profit" seitens einer konkurrierenden Horde nach Gewinn strebender Individuen. Der Soziologe füllt Bände mit der Diskussion über „-ismen", personifiziert in altehrwürdiger Gestalt von Göttern und Dämonen, und gibt imaginären Protagonisten Großbuchstaben, die ins Leben gerufen wurden, um nichts Menschlicheres zu erklären, als Zählfehler und wirtschaftlichen Betrug, die schwerer wiegen (weil universeller), als die Verfälschung von Gewichten und Maßen. Der Wissenschaftler geht davon aus, dass die Menschen in einer individualistischen Gesellschaft, wenn sie nicht irgendwie ihren Lebensunterhalt verdienen können, durch den gewöhnlichen Prozess des Verhungerns aufhören müssten zu existieren und besser nicht geboren worden wären. Er erkennt jedoch an, dass es keine irdische Macht und erst recht keine Macht in der Hölle gibt, die den Menschen dauerhaft daran hindern könnte, sich all dessen zu bedienen, was sein Wissen und Können der Natur für seinen Lebensunterhalt abzuringen vermögen, und gelangt so zu einer umfassenden und zufriedenstellenden Theorie von Krieg, Revolution, Sabotage und sozialen Konflikten, die wie angegossen auf dieses Zeitalter passt.

Der vorhandene Vermögensstand. Es könnte nützlich sein, diese kurze Übersicht über die offensichtlichen physikalischen Prinzipien, die beachtet werden müssen, wenn Geld seine richtige Rolle in einer individualistischen Gemeinschaft spielen soll, mit einer banalen, aber physisch wichtigen Aussage zu beginnen. Wenn wir alles von wirtschaftlichem Wert betrachten, was die gegenwärtige Zivilisation von jeder Früheren unterscheidet, können wir sicher sein, dass es produziert worden sein muss und noch nicht konsumiert wurde. In unserer fortschrittlichen Zivilisation ist es selten, dass die Menschen die Dinge, die sie wollen, entweder finden oder tatsächlich herstellen. In der Praxis beschränken sich die Menschen in der Regel auf eine spezialisierte Form der Arbeit und verlassen sich im Übrigen auf die Aktivitäten anderer. Dies ist als Arbeitsteilung bekannt, und obwohl dies im soziologischen Sinne mehr und mehr zu einer sozialen Skala mit einer überarbeiteten Mitte und freiwilliger oder unfreiwilliger Freizeit an beiden Enden geworden ist, ist es die rein ökonomische Bedeutung des Begriffs, die beabsichtigt ist. Die Dinge, die direkt von ihren Eigentümern für den Gebrauch und Verbrauch produziert werden, gelten als Ausnahme und können als von Menschen hergestellt betrachtet werden, die bei sich selbst als Angestellte tätig sind, die jedoch dabei nicht weniger auf Unterstützung angewiesen sind als diejenigen, die für andere produzieren. Es ist daher naheliegend, zwei *Hauptzwecke* der Vermögenswerte zu unterscheiden, je nachdem, ob diese lediglich zum Lebensunterhalt dienen, im „absoluten Konsum“, wie Ruskin es nannte, oder in der Erzeugung von neuen Vermögenswerten für den zukünftigen Gebrauch und Konsum eingesetzt werden.

Verbrauch für die Produktion und für die Erholung. Diese Unterscheidung kommt vereinfacht ausgedrückt in der gewöhnlichen monetären Konnotation der Begriffe Ausgaben und Einnahmen zum Ausdruck. Vom physischen Standpunkt aus betrachtet, bringen jedoch beide Handlungen gleichermaßen den Verbrauch von konsumierbaren Gütern und die Verwendung von nicht-konsumierbaren, dauerhaften Gütern mit sich, wie sehr sich die Dinge, die entweder nur zum Leben oder zur künftigen Produktion konsumiert oder verwendet werden, im Detail auch unterscheiden mögen. Aber nicht nur das ist der Grund für eine gewisse Verwirrung bei diesem Thema. In einem Zeitalter des Mangels verlangten die meisten Menschen nicht mehr als das, was sie in einem vernünftigen Zustand und Komfort zum Zwecke der Produktion halten würde und waren froh, wenn sie gerade so viel bekamen. Die Löhne bzw. die Gehälter, zumindest in den dem Wettbewerb ausgesetzten unteren Dienstgraden, waren nie etwas anderes als die durchschnittliche Vergütung, die erforderlich ist, damit der Arbeitnehmer seine Berufstätigkeit effizient, in gewohnter Weise und mit dem Lebensstandard und dem sozialen Status, die für diese Art von Tätigkeit üblich sind, ausüben kann, und um eine Familie zu gründen oder eine neue Generation auszubilden, die die gleichen Berufe wahrnehmen wird. Zugegebenermaßen gab es schon immer eine beträchtliche Elastizität bei der Festlegung der Vergütung sowie des Grades des Komforts und der Zufriedenheit, den verschiedene Menschen je nach einer immensen Bandbreite individueller Umstände und Begabungen mit ein und derselben Vergütung erzielen.

Aber in einem Zeitalter des potentiellen Überflusses, in dem die Möglichkeiten der Freizeitgestaltung durch die zunehmende Effizienz des Produktionsprozesses immer mehr an Bedeutung gewinnen, scheint es wünschenswert zu sein, diese Nutzung als den „angemessenen Lebensunterhalt“, der eigentlichen Freizeitnutzung, von der anderen Nutzung schärfer zu trennen. Freizeit wird nicht länger als Luxus oder Alterslohn angesehen, sondern als eine universelle wirtschaftliche Notwendigkeit, außerhalb des Produktionsprozesses und ganz abgesehen von dem, was man gewöhnlich unter dem Begriff der ausreichenden Erholung versteht, um den Arbeiter in guter geistiger und körperlicher Verfassung zu halten. Allein der Tod dürfte die Welt von denen befreien, die, oft selbst kaum ausreichend beschäftigt, einen Lohn über dem Existenzminimum als ungesundes Symptom ansehen und eine finanzielle Korrektur durch die Deflation als erforderlich ansehen. Es kann kein Zweifel daran bestehen, dass dies psychologisch gesehen der Grund für die verheerende Finanzpolitik war, die das Land seit dem Krieg verfolgt hat.

Konsumgüter und Kapitalvermögen. Aber auch auf der physikalischen Seite gibt es eine sehr reale Einteilung des Vermögens in zwei Kategorien, ganz abgesehen von der gerade betonten, die zwar ebenfalls einen zielgerichteten oder funktionalen Charakter haben, aber von völlig unterschiedlichen physischen Eigenschaften abhängen. Es ist die Unterscheidung zwischen konsumierbarem Vermögen und dem, was nicht konsumierbar ist. Das ist es, was die Neue Ökonomik betont hat. Die fundamentale Bedeutung dieses Themas lag völlig außerhalb des Verständnisses der alten Ökonomik. Die bestehenden Verwirrungen, insbesondere hinsichtlich der Art dessen, was mit dem chamäleonartigen Kapitalbegriff gemeint ist, einschließlich all seiner Ableitungen und Verzweigungen in den soziologischen Kontroversen um den „Kapitalismus“, scheinen ihren Ursprung vor allem in der Vernachlässigung dieses wesentlichen Unterschieds zu haben. So stellt sich nach Marx (1859) *„Der Wohlstand jener Gesellschaften, in denen eine kapitalistische Produktionsweise vorherrscht, als eine immense Anhäufung von Gütern dar.“* Für einen neuen, von der Energie-Hypothese des Vermögens geleiteten Ökonomen hingegen würde, wie bereits angedeutet, eine immense Anhäufung von Gütern einfach verrotten. Es ist völlig unmöglich und zudem sehr unrentabel, zu versuchen, genug Vermögen anzuhäufen, um den Einzelnen auch im Alter noch zu versorgen. Er benötigt täglich frische Vermögenswerte, und die Anhäufung von Schulden ist kein Vermögen. Außerdem haben diese Kapitalschulden die identische Besonderheit des Geldes selbst als eine Verschuldung. Sie können niemals zurückgezahlt werden!

Für den Einzelnen ist es kaum von Bedeutung, ob der Anspruch, den er auf den gemeinschaftlichen Vermögensertrag hat, eine reine Schuld ist, wie die Staatsschuld, die ihm ein Einkommen verschafft, welches ihm durch die Besteuerung der Einkommen von ihm selbst und von anderen zur Verfügung gestellt wird, oder ob er aus dem Ertrag eines rentablen Unternehmens stammt, dem er Geld geliehen oder anvertraut und damit zum Entstehen beigetragen hat. Sogar ist aber, wenn es sich um letzteres handelt, das Produktivkapital des Unternehmens selbst in der Regel fast völlig wertlos, außer als Schrottwert, wenn es nicht für den besonderen Zweck, für den es bereitgestellt wurde, verwendet wird oder wenn bessere Mittel zur Deckung des Bedarfs erfunden werden.

Nicht rückzahlbare Kapitalschulden. Produktives Kapital in diesem Sinne ist für den Einzelnen nur deshalb Vermögen, weil es (1) mit einer anderen Person gegen einen Vermögensgegenstand eingetauscht werden kann oder (2), weil er für die Nutzung der Anlage, zu deren Bereitstellung er beigetragen hat, Miete oder Pacht verlangen kann.

Sofern sie sich nicht in staatlichem Besitz befindet, ist sie aus der Sicht der Gemeinschaft, wie die Staatsschulden, lediglich eine Einnahmequelle für den Eigentümer der Schulden auf Kosten der übrigen Gemeinschaft. Beide sind gleichermaßen physisch nicht zurückzahlbar.

Die wesentliche Überlegung, die den vorstehenden Ausführungen zugrunde liegt, ist die, dass die beiden Vermögenskategorien zwar unter den Individuen ausgetauscht werden können, dass aber die eine nicht beliebig in die andere umgewandelt werden kann. Der Wandel kann nur in eine Richtung gehen, vom konsumierbaren Vermögen zu dauerhaftem Vermögen, indem man die Vermögensproduzenten ernährt und erhält. Es ist eine Frage der Wahl, ob die Produzenten Schweine züchten und Mais anbauen oder Fabriken bauen sollen – der Wartungsbedarf des einen Produzententyps unterscheidet sich nicht wesentlich von dem des anderen. Aber die einmal getroffene Wahl ist unwiderruflich. Aus der Sicht der Nation ist der Tausch der einen Vermögensart gegen die andere, ob A oder B nun die eine oder die andere besitzt, nicht von Bedeutung. Der eine besitzt den Vermögenswert und der andere die Schulden, genau wie beim Austausch zwischen Vermögen und Geld.

Überlegungen zum Thema Energie. Diese physikalische Unterscheidung zwischen konsumierbarem und nicht konsumierbarem Vermögen ist im Grunde eine energetische Unterscheidung. In der Klasse der eigentlichen Verbrauchsgüter, wie Nahrungsmittel, Treibstoff, Sprengstoffe und ähnliche Güter, befassen wir uns mit Dingen, die nützlich sind, weil sie verbrauchbar oder zerstörbar sind. In der Kategorie des dauerhaften Vermögens befassen wir uns mit Dingen, die nützlich sind, weil sie dauerhaft sind und der Zerstörung widerstehen. In dieser Klasse ist es üblich, den permanenten Vermögenswert, den die Menschen in ihrem persönlichen und häuslichen Alltagsleben nutzen und benötigen, von demjenigen zu unterscheiden, der zu ihrer Berufstätigkeit als Produzenten gehört und auf den der Begriff „produktives Kapital" unzweideutig angewendet werden kann. Für erstere genügt der Begriff „persönlicher Besitz". Bevor wir diesen Punkt verlassen, sollten wir noch etwas eingehender untersuchen, warum diese Unterscheidung so grundlegend ist. Die physischen Qualitäten, die einander gegenübergestellt werden, sind oberflächlich betrachtet die Fähigkeit zur Veränderung und die Fähigkeit zur Beständigkeit bzw. die Veränderlichkeit und die Dauerhaftigkeit, aber dies verbirgt nur eine tiefere Bedeutung. Die erste Klasse sorgt durch ihre Veränderung für den Energiefluss, der belebte Wesen und unbelebte Mechanismen gleichermaßen antreibt, bei der zweiten hingegen ist es genau umgekehrt, nur weil von dieser Klasse verlangt wird, dass sie Bestand hat. Sie werden keineswegs als interne Reservoirs oder Energiequellen genutzt, sondern müssen bei äußerer Kraft oder Belastung Wechsel oder Veränderungen aushalten können. Denn eine spontane Veränderung in der materiellen Sphäre erfolgt nur in Verbindung mit einer Energieänderung analog zu der des bergab fließenden Wassers. Wir unterscheiden im Grunde genommen zwischen den Dingen, die sich ändern können und einen Energiefluss solchermaßen hervorbringen, der das Leben in Gang setzt, und denen, die sich der Veränderung widersetzen können, wenn sie einer Energie ausgesetzt sind, die versucht, auf diese Weise zu fließen (Krafteinwirkung oder Belastung).

In der Praxis unterscheiden wir in Grenzfällen nach der Funktion, d. h. danach, welche der beiden gegensätzlichen Eigenschaften die nützliche ist. Kleider und Ähnliches, die so lange wie möglich halten sollen, werden als permanent angesehen, obwohl die Mode sie mehr als nötig in die Klasse der Konsumgüter verlagert, wobei die Motive des Produzenten und des Konsumenten (in unserer verrückten Welt) gegenläufig sind. Während ein Rindersteak, so zäh es auch sein mag, nur insofern nützlich ist, wie es verzehrbar ist, während es, falls es der Verdauung widersteht, unerwünscht sein muss.

Produktives Kapital kann nicht verteilt werden. In diesem Sinne des Kapitals – als unverbrauchbares Produkt des Konsums von konsumierbarem Vermögen – besteht kein Unterschied zum Beispiel zwischen einem Haus als Privatwohnung und einer als Fabrik genutzten Fabrik. Beide sind Produkte des Arbeits- oder Energieaufwandes und sie sind unerwünscht, sofern sie selbst Energiequellen sein können (durch Herunterfallen oder Entflammen). Aber von der hier getätigten Auslegung der Rolle des Geldes gibt es diese wichtige Unterscheidung, dass ein Privathaus als eines der für den Konsum notwendigen Güter für den Verbraucher in den Markt kommt, während die Fabrik nicht dazu gehört. Ihr Zweck ist ein Zwischenziel, wie Ruskin über das Kapital bemerkte, und daher verlässt sie das Produktionssystem niemals. Sie kann innerhalb des Produktionssystems den Besitzer wechseln, aber das ist von keiner besonderen nationalen Bedeutung, soweit es um die Buchhaltung geht, die ihre Existenz widerspiegelt. Dennoch sind beide im Wesentlichen identisch, solange wir nur ihre Produktionsweise betrachten. Dies war zweifellos der Gedanke von J. S. Mill in seiner folgenden Erklärung: *„Die Unterscheidung zwischen Kapital und Nicht-Kapital liegt nicht in der Art der Waren, sondern im Geist des Kapitalisten, in seinem Willen, sie für den einen Zweck zu verwenden, statt für den anderen"*. Allerdings kommt, wenn er sich entschieden und nach seiner Entscheidung gehandelt hat, eine sehr wichtige Unterscheidung hinzu. Seit den Tagen von Adam Smith ist es üblich, einen Bestand an Wirtschaftsgütern und Anlagen, die gedanklich für den Einsatz in der Produktion vorgesehen sind, als Kapital zu bezeichnen und davon ausgehend den Gebrauch des Wortes auf das dafür bestimmte Geld auszudehnen.

In der Ökonomik ist es unmöglich, wasserdichte logische Definitionen oder Unterscheidungen in allen Fällen universell anwendbar zu machen. Auch in der Mechanik werden die Gesetze abweichen, wenn wir es mit Geschwindigkeiten zu tun haben, die mit denen des Lichts vergleichbar sind, obwohl diese Komplikationen zumindest im Bereich der Ingenieurspraxis noch völlig ohne Bedeutung sind. Aber es muss eine definitiv konsistente Verwendung der Begriffe innerhalb der oft recht engen Spannbreite geben, auf die sich die Behauptung bezieht. Es ist weitaus wichtiger, dass sie eine enge bekannte und eindeutige Bedeutung haben, als dass ihre Bedeutung derartig weit und vage gemacht wird, dass sie jede denkbare Kontingenz abdeckt. Denn dann können sie, wie in politischen und soziologischen Kontroversen, ein halbes Dutzend verschiedener Dinge zu verschiedenen Zeiten im Verlauf einer einzigen Auseinandersetzung bedeuten. Beim Kapital wäre es jetzt wahrscheinlich viel besser, das Wort überhaupt nicht mehr zu verwenden.

Das Kapital im Kommunismus und Individualismus. Aus der Sicht des vorliegenden Buches beschränkt sich die Verwendung des Begriffes auf ein nicht konsumierbares Produkt eines in der Vermögensproduktion verwendeten konsumierbaren Vermögens und er gilt als die Unterkategorie des dauerhaften Vermögens, das sich durch seine Produktionsfunktion vom Privatbesitz unterscheidet. Es geht uns nicht um Absichten, sondern um die physischen Folgen von Handlungen. Nur in diesem Sinne haben die Kontroversen um die Verstaatlichung der Produktions-, Verteilungs- und Tauschmittel und die Unterschiede zwischen Kommunismus und Individualismus eine wirkliche Bedeutung. Regierungsformen haben weit weniger Bedeutung, als die Menschen zu vermuten geneigt sind. Daher wird die Notwendigkeit des Kapitals im obigen Sinne, vor allem in dem Maße, wie die Zivilisation voranschreitet, heute von niemandem mehr in Frage gestellt. Jeder neue Fortschritt in der Produktion ist auf etwas Ähnliches zurückzuführen wie die Entwicklung vom Pflug zum Traktor, was erfordert, dass immer mehr Menschen beiseitegestellt und unterhalten werden, während sie die für die Produktion erforderlichen Anlagen herstellen und instandhalten, aber nicht wirklich etwas produzieren, was der Endverbraucher benötigt.

In einem kommunistischen Staat ist dies nicht weniger wahr als in anderen. Dort nimmt die Regierung, da sie Eigentümerin von allem ist, so viel, wie sie nicht nur für ihre eigenen Dienstleistungen, sondern auch für die Bereitstellung von neuem Kapital benötigt, und die eigentlichen Produzenten erhalten dann etwas aus dem konsumierbaren und privat nutzbaren Vermögen, das möglicherweise übrigbleibt. In einer individualistischen Gesellschaft, für die wir die Rolle erforschen, die das Geld zu spielen hat, wird das Kapital durch „Investitionen“ zur Verfügung gestellt. Hierbei ermächtigen die Menschen gemäß ihrer privaten oder persönlichen Leistungsfähigkeit, anstelle des Konsums ihres gesamten Einkommens, andere dazu, es in gewinnbringenden Unternehmen einzusetzen, an deren Produktion sie ein Pfandrecht oder eine Forderung erwerben. Aber danach können sie ihr Kapital nur dann in irgendeiner für sie nützlichen Form zurückbekommen, wenn sie ihren Anspruch mit jemand anderem gegen neues Vermögen eintauschen.

Dies hat zur Folge, dass in jedem modernen individualistischen Staat immer sehr viel produziert wird, was nicht direkt zu den Erzeugnissen beiträgt, die die Menschen in ihrer Eigenschaft als Verbraucher kaufen, und was durch „Investitionen“ oder irgendeine Form des „Sparens“ ausgeglichen werden muss, bei dem die Eigentümer ihre Konsumrechte aufgeben und auf andere übertragen. Außerdem ist dieser Teil der Ausgaben auf nationaler Ebene ziemlich unwiederbringlich und nicht rückzahlbar.

Alle Produktionskosten werden auf die Verbraucher verteilt. Es beeinträchtigt nicht im Geringsten die Buchhaltung, dass dieser Konsum des „Kapitals" die Arbeit erleichtern und die Kosten der zukünftigen Produktion verbilligen soll, und wenn dieser erfolgreich ist, tut er dies auch tatsächlich. In der Physik gibt es weder Zinsen noch Abschläge, weder Leihen noch Borgen. All dies bezieht sich nur auf gegenseitige Vereinbarungen über Eigentumsrechte, welche die Menschen untereinander treffen können. Ebenso wenig werden die verschiedenen Elemente, aus denen sich die Kosten oder der Preis zusammensetzen, in die physische Buchhaltung aufgenommen. Auch wird nicht zwischen dem relativen Anteil von Rohmaterial, Arbeit, Nebenkosten, Gewinn, Zinsen und Miete oder zwischen Großhandelspreis, Einzelhandelspreis, Selbstkostenpreis, Verkaufspreis und ähnlichem unterschieden. Es geht uns nicht darum, wie die Kosten oder der Preis auf die verschiedenen beteiligten Personen aufgeteilt werden, sondern nur um die Summe; wobei wir sehr sicher sind, dass derjenige, der sie erhält, und in welcher Eigenschaft auch immer, in den vollen individuellen Genuss kommt, sei es verdient oder unverdient, gerecht oder ungerecht, für positive oder für lediglich schlechte und zulässige Leistungen. Obwohl viele solcher Dinge natürlich einen großen Unterschied für das soziale Wohlergehen einer Gemeinschaft machen können, und insbesondere für den relativen Anteil, den eine individualistische Gesellschaft wählen kann, um ihr Vermögen für den persönlichen Konsum und Gebrauch oder für produktive Ausgaben zu verwenden, sind diese Dinge alle im Anschluss an die Frage der Rolle des Geldes als Buchhaltungsmechanismus zu sehen.

Produktion für die Verbraucher. Trennen wir die beiden wesentlichen Funktionen, die immer zusammen ablaufen, um jede für sich zu betrachten, und nehmen wir an, wir hätten es mit einem System zu tun, das seine Produktion weder erhöht noch verringert, und mit Geld zu einem konstanten Kaufkraftindex. Was die Produktion und den Konsum von Vermögen für den privaten und persönlichen Gebrauch betrifft, so können wir den eigentlichen Geldkreislauf in zwei Hälften teilen, die Produktions- und Konsumhälfte des Kreislaufs. Die beiden Hälften des Kreises vereinigen sich (1), wo das Geld aus der Produktionshälfte als Löhne und Dienstleistungen ausgezahlt wird, dafür, dass die Vermögenswerte auf der Produktivseite zur Verfügung gestellt werden, und so findet es seinen Weg in die Taschen der Verbraucher (2), wo das Geld von den Verbrauchern in das Produktionssystem zurückgezahlt wird, um das Produkt zu kaufen, das sie in einer früheren, gleichwertigen Produktionsperiode produziert haben.

Die Zirkulation des Geldes ist endlos, wobei nur die konsumierbaren und privat nutzbaren Vermögenswerte, die produziert werden, zu (2) für den Konsum abfließen. Die gesamte Summe, die für die Produktion einer bestimmten Menge produzierter Dinge ausgezahlt wird, ist der Preis, und nur weil dieses Geld ausgezahlt wird, kann das Produkt gekauft und das gleiche Geld wieder für die Produktion einer neuen Menge verwendet werden. Das gleiche Geld fließt immer wieder umher und verteilt eine endlose Reihe von Waren und Dienstleistungen an den Verbraucher.

Wie bereits angedeutet, ist es ein Anfängerfehler, anzunehmen, dass all jene Kosten, die der Industrie entstehen, nicht auch für den Kauf des Produkts ausgegeben würden. Es ist völlig falsch, anzunehmen, dass es hier einen Unterschied gäbe. Gemeinkosten, Zinsen, Mieten und Gewinne, ebenso wie Löhne, Gehälter und Materialkosten, sind alles Zahlungen an Personen, die diese nicht in ihren Strümpfen horten, sondern sie in ihrer privaten Eigenschaft als Verbraucher ausgeben oder investieren, genau wie andere Menschen auch. In Bezug auf diesen einen Zweck, die Produktion für und die Verteilung an die Endverbraucher, gleichen sich die anfallenden Kosten mit den weitergereichten Kosten aus.[22]

Produktion für Produzenten. Wenn wir aber die zweite Absicht betrachten, die Produktion von Kapital, wird das Produkt nie an die Verbraucher verteilt, sondern bleibt über seine gesamte Nutzungsdauer im Produktionssystem. Wenn eine Fabrik gebaut wird, wird diese von Menschen bezahlt. Aber anstatt auf dem Markt zu erscheinen, um Gegenstand für den persönlichen Gebrauch und Verbrauch zu sein und wieder direkt in das Produktionssystem zurückzufließen – was die Produzenten ermächtigt, wieder Löhne usw. auszugeben –, kann und wird die Fabrik niemals an die Konsumenten verteilt werden. Man kann dies so ausdrücken, dass Investitionen oder Ersparnisse am Markt der Verbraucher vorbeigehen. Das zirkulierende Geld, anstatt bei jeder weiteren Umdrehung die gleiche Menge an Vermögen zu entnehmen, die es in jede Umdrehung einbringt, zirkuliert nun zweimal durch das Produktionssystem und schafft neue Güter, nimmt diese aber nur einmal heraus, was zu einer Erhöhung des Vermögenswertes im Produktionssystem führt. Aber dieser Zuwachs stellt „produktives Kapital" dar, das für die Bedürfnisse der Verbraucher nutzlos ist und in der Tat niemals verteilt wird.

Die Anhäufung von Schulden. Das Produktivkapital wird durch die Schaffung einer dauerhaften und unkündbaren Schuld aufgebaut, die dem Investor gehört und ihm auf Dauer geschuldet wird. Dasselbe, so werden wir bald feststellen, gilt für jede Erhöhung der Konsumgütermenge im Produktionsverlauf sowie für das Anlagekapital. Das ist der bislang wichtigste Fehler der Buchhaltung, den die Geldökonomen gemacht haben. Denn solange dies nicht verstanden wird, ist es völlig unmöglich, einen festen Wert für das Geld oder ein konstantes Preisniveau aufrecht-

[22] A.d.Ü.: Soddy schreibt: „*As regards this one purpose, production for and distribution to the ultimate consumers, the costs incurred balance the costs distributed.*"

zuerhalten. Wenn die Expansion nicht nur vorübergehend sein soll, verteilt das Produktionssystem *weitaus mehr Geld,* als es für die von ihm vertriebenen Produkte erhält, sowohl aufgrund von Erhöhungen des Anlagekapitals und der Ersetzung und Erneuerung veralteter oder verschlissener Anlagen als auch aufgrund der Zunahme von Gütern *im Laufe der Produktion* in einer expandierenden Ära. Und diese Differenz ist die sich anhäufende Kapitalverschuldung, unter der jetzt alle Nationen gleichermaßen ächzen.

Lösung des Arbeitslosenproblems. Das unmittelbare Problem, das gelöst werden muss, besteht darin, die Gesamtheit der verfügbaren unbeanspruchten Arbeitskräfte und des Kapitals sofort wieder in eine sinnvolle Produktion zu bringen. Die höchst konservative Schätzung besteht in der Annahme, dass in diesem Land sofort ein Anstieg von fünfundzwanzig Prozent zu verzeichnen wäre. Das bedeutet, dass es in wenigen Monaten allen Menschen im Durchschnitt fünfundzwanzig Prozent besser gehen würde als zuvor. Aber der tatsächliche Anstieg, der sich ergeben könnte, wenn die Produktion nicht mehr durch Geldmanipulation gedrosselt würde, lässt sich aus den vorliegenden Zahlen unmöglich abschätzen, da ein so großer Teil des Produktionsausstoßes jetzt durch die Anhäufung redundanter und überflüssiger Vertriebskosten verteilt wird, und dies wäre nicht mehr notwendig. Es ist völlig richtig, neues Geld zu emittieren, nachdem die Erhöhung der Produktionsrate lange genug vorangeschritten ist, um die gesteigerte Warenmenge auf den Markt zu bringen. Die Einzelhändler verfügen dann über neue Waren, die den gleichen Wert haben wie das neue Geld, das zu ihrer Verteilung ausgegeben wurde. Aber es ist gänzlich falsch, dieses als eine Schuld gegenüber der Industrie zu emittieren, um *den Beginn* der neuen Produktion zu ermöglichen. Das entspricht in der Analogie buchstäblich dem Aufbau einer Verkaufsstelle vor dem Bau der eigentlichen Eisenbahntrasse und der Finanzierung des Baus der Bahnstrecke durch den Vorverkauf von Fahrkarten.

Die Kosten für die Produktionssteigerung sind nicht rückzahlbar. Ein einfaches illustratives Beispiel kann dazu dienen, diesen wichtigen Punkt zu verdeutlichen. Angenommen, es wird eine zusätzliche wöchentliche Verteilung von Waren im Wert von einer Million Pfund gewünscht und es dauert dreißig Wochen vom Beginn bis zum Ende der Produktion, bis der erste neue Warenwert von einer Million Pfund zum Verkauf erschient. Danach würde jede Woche ein ähnlicher Gegenwert angeboten werden können. Wenn die Produktionskosten über den Produktionszeitraum einheitlich sind, dann entspricht das Erscheinen der ersten neuen Eine-Millionen-Pfund-Vermögenswerte nicht einer Ausgabe von einer Million Pfund, sondern im Allgemeinen von fünfzehn Millionen Pfund – ganz allgemein von der Hälfte des Produkts der Zeit in Wochen und der produzierten Menge pro Woche. Denn neben dem fertigen Produkt wird es dreißig Wochen lang unfertige Produkte geben, deren Wert von Null am Anfang bis zum vollen Wert am Ende reicht und im Durchschnitt die Hälfte des Wertes des fertigen Produkts ausmacht. All dies wird dem Wert des vorhandenen Geldes entnommen, indem dem Produzenten ein Kredit gewährt wird, ohne dass jemand auf irgendetwas verzichtet. Das Geld verliert im Verhältnis zum Zuwachs an Wert, weil die Neuemission das Äquivalent von Fertigwaren aus dem Markt nimmt, ohne diese wieder auf den Markt zu bringen. Was den Wert der Zwischenprodukte von 15 Millionen Pfund betrifft, so *muss diese Menge nach wie vor bestehen bleiben*, und zwar in der Menge, in der sie eingebracht wird, es sei denn, die neue erhöhte Produktionsmenge soll wieder auf das reduziert werden, was sie anfangs war.

Der Fall ist genau analog zum Beginn der Erdölversorgung durch eine neue Pipeline, wobei die zum Füllen der Rohre erforderliche Menge nicht berücksichtigt wird. Es muss dabei stets genau diese Menge mehr Öl eingespeist werden, als herauskommt, sodass dieser Teil des flüssigen, verkaufsfähigen Vermögens im Geldsystem sowie das Anlagekapital verbucht und durch permanente Investitionen bezahlt werden muss, wobei der Verbrauchermarkt umgangen wird und das aus dem Produktionssystem ausgezahlte Geld direkt in dieses zurückfließt, ohne etwas daraus zu entnehmen.

Der Wechsel des Eigentümers im Gegensatz zu einer Vermögensbildung. Bevor wir die Komplexität im Zusammenhang mit dem Austausch von Vermögen und Geld verlassen, die durch den vagen Begriff „Umlauf" eher verschleiert als erläutert wird, und die Ökonomen zu allen möglichen Vorstellungen über seine „Geschwindigkeit" und die Veränderungen infolge der Zu- und Abnahme der Vermögensproduktionsrate veranlasst hat, können wir der Vollständigkeit halber einige der weniger wesentlichen Vorgänge betrachten. Die Teilung des Zyklus in zwei Teile, eine Produzentenseite und eine Konsumentenseite, ist ein Mittel, um den unwesentlichen Austausch zu eliminieren, und dieser bleibt zu berücksichtigen. Sie liegen in der Natur der Veränderungen der Identität der einzelnen Eigentümer. Auf der Verbraucherseite finden alle Arten von Tauschgeschäften statt, vor allem in Bezug auf den dauerhaften Besitz, den Verkauf von Häusern, Grundstücken und Möbeln, und auf der Produktionsseite in Bezug auf Anlagen, Fabriken und Investitionen, die das Eigentum oder Forderungen an das Produktionssystem darstellen. Auch scheint es nicht wichtig zu sein, dass Einzelpersonen, die Privateigentum besitzen, dieses gegen Kapitalanlagen eintauschen können und umgekehrt, denn in solchen Fällen tauschen die Eigentümer die Seiten und lassen das Vermögen dort, wo es war. Der eigentliche Geldkreislauf unterscheidet sich von allen derartigen bloßen Eigentumstransaktionen dadurch, dass es sich im Wesentlichen um einen Austausch von Dienstleistungen zur Schaffung neuen fertigen Vermögens handelt, und nur in *diesem* Austausch entsteht *neues* Vermögen.

Die Geldmenge kann nicht berechnet werden. Aber die Komplexität zeigt, dass es nicht möglich ist, im Voraus genau zu berechnen, wie viel Geld ausgegeben werden muss, um eine bestimmte Erhöhung der Produktionsrate zu verteilen. Man kann nicht einfach sagen, dass es immer so viel Geld geben muss, wie es Waren zum Verkauf gibt. Ein ähnlicher Punkt, auf den kürzlich Autoren aufmerksam gemacht haben, ist die größere Menge an Geld, die im Produktionssystem „absorbiert" wird, durch die wachsende Komplexität der Produktionsmethoden und die Anzahl der verschiedenen Organisationen, die nacheinander mit dem Vermögenswert im Produktionsablauf umgehen, was eine der Folgen der Arbeitsteilung ist. Wir müssen ein endloses Kalkulieren solcher Art vermeiden.

Die Gewohnheiten und Bräuche, die sowohl bei den Produzenten als auch bei den Konsumenten vorherrschen, können nicht von der Frage ausgenommen werden, welche Geldmenge vorhanden sein sollte, um eine bestimmte Produktion zu einem konstanten Preisniveau zu verteilen, oder wie diese bei steigender Produktion erhöht werden muss. So würde im vorliegenden Beispiel nur eine Million Pfund neues Geld benötigt, wenn – nach Eingewöhnung des Systems auf die erhöhte Leistung – das Geld im Durchschnitt eine Woche benötigte, um nach Auftritt im Verbrauchermarkt dort wieder anzukommen. Es ist kaum möglich, dies auch nur zu erahnen, wenn man sich auf Daten stützt, die über ein Geldsystem vorliegen, in dem die Menge aus einer immer wieder variierenden Minuszahl berechnet wird, und in dem der Betrag, der vorhanden ist, wegen der nachlässigen Unterscheidung zwischen kurzfristigen und langfristigen Einlagen unbekannt ist. Aus ähnlichen Gründen ist die Höhe der tatsächlich notwendigen Investitionen als Vorstufe zu einer höheren Leistung des Systems völlig unkalkulierbar. Sie hängt vollkommen von unzähligen Durchschnittsfaktoren ab, von denen keiner ausreichend genau bekannt ist, und dies im Verhältnis zur Art der erhöhten Produktion, nach der die Öffentlichkeit verlangt, die wiederum im Voraus nicht bekannt ist.

Der Preisindex bestimmt die Geldmenge. Es ist zum Glück völlig unnötig, auf diese unbekannten Faktoren einzugehen, denn der Preisindex selbst regelt nach dem beschriebenen System die Rate, zu der das neue Geld ausgegeben würde. Wenn man davon ausgeht, dass Geld nur auf Geheiß von Statistikern, die die Preisbewegungen beobachten, geschaffen oder gegebenenfalls vernichtet wird, und dann als Steuererleichterung an die Verbraucher ausgegeben wird, würde der Preisindex nach den gleichen Prinzipien kontrolliert werden, wie die Geschwindigkeit eines Triebwerks durch den Fahrzeugführer gesteuert wird. Letzterer könnte unmöglich im Voraus die Gesamtheit der Faktoren erkennen, die die Geschwindigkeit seines Zuges beeinflussen, wie z. B. das Gefälle, den Wirkungsgrad der Lokomotive, die Temperatur und den Druck des Dampfkessels usw. Er öffnet einfach das Ventil, wenn er beschleunigen möchte, und schaltet es ab, wenn er langsamer fahren möchte, und überlässt den Rest seinem Heizer. Die Produktion neuer Wirtschaftsgüter unter Anwendung der effizientesten und schnellsten Verfahren kann man getrost dem Technologen überlassen. Alles, was man braucht, ist ein System zur Schaffung von neuem Geld, wenn das Preisniveau tendenziell sinkt und unverkäufliche Waren sich stapeln, und zur Vernichtung, wenn sie knapper werden und die Preise tendenziell steigen. Dies ist unter dem bestehenden Bankensystem völlig unmöglich, aber unter einem rationalen, wissenschaftlichen und nationalen System, das in Übereinstimmung mit den physischen Realitäten entworfen wurde, denen die Produktion und der Konsum von Vermögen entsprechen müssen, durchaus möglich. Sich etwas anderes vorzustellen, ist der Versuch, ein System zu erhalten, in dem Geld nicht zur Verteilung von Gütern, sondern als Einnahmequelle ausgegeben wird. Wenn die Geschichte des Geldes eine Lektion geltend macht, dann jene, dass seine Ausgabe als Mittel zur Bereicherung des Emittenten, sei es der Staat, die Bank oder der Fälscher, die zersetzendste und gefährlichste Macht ist, die je von Menschenhand erfunden wurde. Wenn es in einer Gemeinschaft einen gemeinsamen Willen oder ein gemeinsames Gefühl der Gefahr gibt, muss diese Lektion unbedingt gelernt werden, bevor es zu spät ist.

Die verschwenderischen Kosten der Verteilung. Aber bevor wir dieses Thema verlassen, sei noch einmal betont, wie groß ein Teil der gegenwärtigen Anstrengungen der Menschheit darauf gerichtet ist, alle möglichen unnötigen Vertriebskosten anzuhäufen, um das Produkt zu vertreiben und es allen zu ermöglichen, an der begrenzten Produktion teilzuhaben, die unser grundlegend falsches Geldsystem mit sich bringt. Wenn diese beseitigt würden, wie sie natürlich nach und nach beseitigt würden, indem man immer genügend Geld hätte, um alles, was erwirtschaftet werden kann, zu verteilen, könnten wir nicht nach einer fünfundzwanzigprozentigen Steigerung des Wohlstands suchen, sondern nach einer vier- oder fünffachen Steigerung. Wie Sydney Reeve in seinen Schriften betont, werden über achtzig Prozent der Kosten unter „Kommerz" durch völlig unnötigen Wettbewerb um den *Verkauf* von Waren angehäuft, während die Kosten für ihre Herstellung auf einen Bruchteil von einem Prozent gesenkt werden. Dies ist zweifellos die schwerwiegendste Folge davon, dass die orthodoxen Ökonomen den Austausch von Gütern mit ihrer Schöpfung verwechseln und sich um letztere überhaupt nicht kümmern.

Der Sinn des Geldes zusammengefasst. Fasst man diese Darstellung vom Sinn des Geldes als Mechanismus der Rechnungslegung zusammen, so stellt man unter Berücksichtigung der erläuterten weit gefassten Definition von Kosten fest (S. 146), dass alles, was an Konsumgütern existiert, durch den wahren Geldkreislauf, durch die Produktions- und Konsumsysteme, abgerechnet oder bezahlt wird, wobei das Geld aus dem ersteren für Dienstleistungen bei der Vermögensproduktion ausbezahlt wird und wieder in dieses zurückfließt, um die produzierten Vermögenswerte herauszunehmen. Das vorhandene Vermögen ist die Differenz zwischen dem, was produziert und dem, was konsumiert wurde, und dies wechselt ständig die Besitzer durch das hin und her der Geldbewegungen unter den einzelnen Konsumenten, abgesehen von und ohne Auswirkung auf den wahren Kreislauf. Im Hinblick auf das, was an Nutzvermögen der Produzenten besteht, welches durch ähnliche Geldbewegungen unter den Produzenten ohne Auswirkung auf den wahren Kreislauf dem gleichen fortwährenden Tausch von Eigentümern unterliegt und durch diesen Kreislauf auch in gleicher Weise wie das Vermögen der Konsumenten entsteht, wird es streng genommen nicht verbucht oder bezahlt, sondern die Kosten der Produktion kumulieren sich als permanente Verschuldung des Produktionssystems. Genauso verhält es sich mit dem gesamten in der Produktion befindlichen Konsumentenvermögen, und die Tatsache, dass dieses letztlich an die Konsumenten verteilt wird, macht für die Rechnungslegung keinerlei Unterschied, da die Wirtschaftssysteme kontinuierlich und auf ewig funktionieren müssen, ohne aufgelöst zu werden. Auf der anderen Seite ist bei der Erstellung der Kostenbilanz das Geld selbst ein Vermögenswert, da seine Besitzer es als vollständige Zahlung akzeptieren und betrachten, obwohl es in Wirklichkeit ein künftiges Zahlungsversprechen ist. In diesem Umfang, in welchem für Geld auf Güter und Dienstleistungen verzichtet wird, steht das Virtuelle Vermögen zur Verfügung, um einen Teil der im Produktionssystem anfallenden Kosten zu bezahlen, aber es kann im Allgemeinen nur ein kleiner Teil auch nur der zuletzt betrachteten besonderen Kosten sein, nämlich der im Laufe der eigentlichen Vermögensproduktion verbrauchten. Kein Schema einer Währungsreform kann richtig oder ein Geldsystem solide sein, in dem nicht das gesamte vorhandene Vermögen in irgendeiner Weise wie oben beschrieben berücksichtigt werden kann.

Kapitel VII
Schulden und Schuldentilgung

Ein Zeitalter der Energie statt eines der Maschinen. Für die älteren, konventionellen Vorstellungen über den menschlichen Fortschritt galt, dass er sich aus den Vorteilen der Gemeinschaftsbildung und der Arbeitsteilung ergab, welche jedes Mitglied der Gemeinschaft dazu befähigte, seinen Beitrag in spezialisierter Form ausüben, und somit viel mehr für den gemeinsamen Wohlstand zu tun, als es möglich wäre, wenn jeder für sich allein wirtschaften müsste. Das ist zwar zutreffend, aber es berührt kaum die Ursprünge des grundlegenden Fortschritts, der in dem, was man das wissenschaftliche Zeitalter nennen sollte, erreicht wurde. Werkzeuge im weitesten Sinne werden seit jeher als die wahren Zivilisatoren betrachtet, die die Effizienz ihrer menschlichen Nutzer bei den verschiedenen Aufgaben des Lebens erhöhen. Aber diesem Stadium sind wir insgesamt entwachsen. Leute, die über das Maschinenzeitalter sprechen, ziehen den Karren vor das Pferd. Moderne Maschinen sind in der Regel stärkere, unermüdlichere und genauere Imitationen spezialisierter produktiver Funktionen des Menschen; und sie müssen genau wie der Mensch gefüttert werden. Wenn sie nicht unter Strom gesetzt werden, sind sie so tot wie jede Leiche. Obwohl die Menschen noch nicht gelernt haben, sich direkt von Treibstoff zu ernähren, sollen während des Krieges einige tropische Flussdampfer mit Erdnüssen betrieben worden sein, und danach soll den amerikanischen Bauern des Mittleren Westens geraten worden sein, ihren Weizen als Treibstoff zu verwenden, um den Preis aufrechtzuerhalten. Wissenschaftlich gesehen gibt es weniger Unterschiede zwischen manueller Herstellung und maschineller Fertigung, als allgemein angenommen wird. In beiden

Fällen steht die Energie im Vordergrund. Ob sie von einem Menschen oder einem Tier stammt, die mit Nahrung versorgt werden, oder von einer Maschine, die mit Brennstoff gespeist wird, ist von geringer Bedeutung für den Zweck, der in der Produktion von Vermögen besteht.

Der Mensch im wirtschaftlichen Sinne existiert allein dadurch, dass er sich die Energie der Natur zunutze machen kann. Die primitiven Zivilisationen waren beinahe vollständig von ihrem Kraftfluss abhängig. Sie nutzten den Sonnenschein, um Nahrung anzubauen und die Arbeitstiere aufzuziehen, und nutzten den Wind, um ihre Schiffe zu bewegen, und in geringem Maße auch die Flüsse, um ihre Wasserräder anzutreiben. Aber diese werden nun durch einen Energiespeicher ergänzt, der in Form von Treibstoff aus den Tagen vor der Entstehung des menschlichen Fußabdrucks auf dieser Welt angelegt wurde. Die Thermodynamik hat uns gelehrt, wie die bei der Verbrennung entstehende Wärme in mechanische Leistung umgewandelt werden kann. Der primitive Arbeiter war der intelligente Transformator des Energieflusses im Sonnenschein. Der moderne Ingenieur hat die Arbeitsfähigkeit erweitert, wodurch der Arbeiter in erheblichem Maße aus der Produktion verdrängt wurde. Aber kein Mensch erschafft die Energie, so sehr es auch den Anschein haben mag, dass er Vermögenswerte erschafft. Vermögen, im wirtschaftlichen Sinne der physischen Voraussetzungen, die das Leben ermöglichen und befähigen, ist immer noch wie ehedem das Produkt des Aufwands von Energie oder Arbeit. Aber jetzt wird es größtenteils von kraftstoffbetriebenen Maschinen produziert, welche die wesentlichen Bewegungen, die für jeden Produktionsschritt erforderlich sind, in einem automatisch wiederkehrenden Zyklus verkörpern, und nicht mehr von Einzelpersonen, die aus eigenem Willen und eigener Kraft arbeiten. Die Natur ist versklavt worden, und der Mensch kann, ja muss sogar, frei sein.

Geld als nicht rückzahlbare Staatsschuld. In diesem Buch befassen wir uns in erster Linie mit der Rolle des Geldes als Buchhaltungs- und Verteilungsmechanismus, der eine reibungslose allgemeine und soziale Produktion ermöglicht, indem er die Vorteile der menschlichen Zusammenarbeit und Arbeitsteilung mit der Verteilung des Produktes für den individuellen und persönlichen Gebrauch und Konsum verbindet. Es besteht nicht der geringste Zweifel daran, dass die Erfindung des Geldes, welche die frühen patriarchalischen und feudalen Formen des Kommunismus verdrängte, ursprünglich die Freiheit des Einzelnen enorm vergrößerte. Die moderne Tendenz zum Kommunismus ist ganz darauf zurückzuführen, dass die primäre Funktion des Geldes – die Verteilung des gesellschaftlich produzierten Vermögens –, durch eine völlig untergeordnete und fremdartige Weise der Geldemission ersetzt wurde, um daraus eine Einnahmequelle für den Emittenten zu machen und eine ewige Verzinsung zu erzielen. Dies wäre vielleicht leichter verständlich, wenn diejenigen, die für das Geld ihr Vermögen aufgegeben haben, die entsprechenden Zinsen erhalten würden, aber stattdessen bezahlen sie sie! Es entsteht durch das gleichzeitige Erscheinen zweier gleichgroßer Posten auf beiden Seiten eines Kreditbuchs, wobei dem Kreditnehmer auf der einen Seite die geliehene Summe gutgeschrieben und auf der anderen Seite abgebucht wird. Eine ähnliche, aber entgegengesetzte Besonderheit der Buchhaltung in der volkswirtschaftlichen Gesamtrechnung haben die Steuerzahler bisher nicht bemerkt. Sie erhalten jedes Jahr Bedarfsmeldungen, in denen die für Dienstleistungen ausgegebenen Beträge angegeben werden, wobei die größten Posten die Kommunalverwaltung und das Bildungswesen mit jeweils 48 Millionen darstellen. Aber der größte Posten, Bankdienstleistungen für 100 Millionen, oder so ähnlich, fällt weg. Ebenso fehlt in den Einnahmekonten der entsprechende

Posten „Zinsen auf Waren und Dienstleistungen, die als Bankkredit erhoben werden"!

Nicht rückzahlbare Kapitalschulden. Das konventionelle „Sparen". Abgesehen von dieser Unregelmäßigkeit haben wir gesehen, dass der Geldkreislauf durch die Produktions- und Konsumptionshälften des Zyklus zwar korrekt die Erzeugung und Verteilung von Verbrauchsgütern berücksichtigt, aber die Produktion von Kapital im Produktionssystem selbst als eine Schuld gegenüber den einzelnen Anlegern betrachtet, und diese Schulden häufen sich ständig an und können danach nie mehr zurückgezahlt werden, weil sie Ausgaben für Dinge darstellen, die nie verteilt werden – und wenn sie es wären, wären sie für die Investoren ziemlich nutzlos.

Es ist interessant, dass genau derselbe Fehler, Geld zu einer Schuld gegenüber Privatunternehmen zu machen, wenn es von Natur aus untilgbar ist, in Bezug auf das Kapital auch die Wurzel aller altbackenen politischen und soziologischen Kontroversen zwischen Kapitalismus und Sozialismus ist. Als Erbe der unwissenschaftlichen und verworrenen Ökonomik der viktorianischen Ära herrscht in politischen Kreisen in dieser Frage im Zusammenhang mit Verstaatlichungen und ähnlichen Machenschaften nach wie vor die außergewöhnlichste Verwirrung, der wir uns widmen müssen. Aber solange der Einzelne es nicht vorzieht, einem wohltätigen Staat zu vertrauen, der ihn im Alter versorgt, muss er „sparen", und dieses ganze Spargeschäft ist eine konventionelle Kreditvergabe, die einen Überschuss der Einnahmen über die Ausgaben hinaus darstellt, um sie später zurückzubekommen, und in der Zwischenzeit einen Ertrag daraus als Zinsen zu erzielen. Aber es gibt keinerlei Vermögen zur Verfügung, das außerhalb des Flusses oder der Einnahmen aus dem Produktionssystem liegt. Dies ist real. Alles andere ist nur eine Buchführung zwischen den Schuldnern und Gläubigern. Angesammelt werden Forderungen auf die Vermögenserträge sowohl hinsichtlich der Verwendung des Produktivkapitals, das von den Eigentümern an die Nutzer vermietet wird, als auch auf die Einnahmen des Staates, die durch die Besteuerung erhoben werden, um die Bedienung der von ihm aufgenommenen Kredite zu gewährleisten. Diese Darlehen sind fast ausschließlich für nicht einkommenswirksame Ausgaben bestimmt, d. h. zum größten Teil für zerstörerische Kriege und zum kleineren Teil für notwendige nationale Verbesserungen und Entwicklungen.

Die Notwendigkeit eines konstanten Preisindexes. Nun ist dies ohne irgendeinen anderweitigen Einwand ausreichend, um festzulegen, dass kein Währungssystem ehrlich oder des Vertrauens würdig sein kann – weder einer Gemeinschaft noch von Nationen, die mit ihm wirtschaftlich zu tun haben –, welches keinen unveränderlichen Preisindex aufrechterhält. Dies wird durch die bittere Erfahrung der Kriegs- und Nachkriegsepoche jeden Tag deutlicher. Bevor die Menschen die heimtückischen Methoden des Betrugs durch die ständige Veränderung des Preisniveaus verstanden, gab es viele, die bereit waren, zu argumentieren, dass, wenn die Produktionskosten in der Herstellung durch wissenschaftliche Verbesserungen sinken, auch die Warenpreise in gleichem Maße sinken sollten. Auf diese Weise wird jede Schuldenlast auf subtile Weise erhöht und der Gläubiger in den Besitz eines nicht vereinbarten Vorteils gebracht, ganz außerhalb und zusätzlich zu dem, was in der Anleihe hinsichtlich Zinszahlung und Kapitalrückzahlung enthalten ist. Wenn man das zulässt, dann wird das Wirtschaftssystem einfach zu einem Schauplatz des Kräftemessens gewitzter Geister, in dem die Agenten und Vertreter der Gläubigerklasse, wie die Banken, versuchen, etwas ohne Gegenleistung zu erwirken. Dies kann nur dadurch erreicht werden, dass diejenigen, die Vermögenswerte produzieren, mehr als bisher für die Bedienung des gleichen nominalen Schuldenbetrags zurücklegen, und kann daher nur durch eine entsprechende Verringerung des Anteils derer, die sie produzieren, erreicht werden.

Es wird daher als selbstverständlich vorausgesetzt, dass das Geld der Zukunft eine konstante Kaufkraft haben muss, gemessen am Durchschnitt der Güter, für die es von einem Jahrhundert zum anderen verwendet wird, bevor ein wirklicher Fortschritt aus den gegenwärtigen schändlichen Konflikten zwischen „Kapital“ und „Arbeit“ möglich wird. Diese Konflikte bestehen in Wirklichkeit aber zwischen Gläubiger und Schuldner, welche unter dem Einfluss des bestehenden unehrlichen wirtschaftlichen und monetären Systems arbeiten.

Wie die Arbeiter davon profitieren würden. Es wird natürlich sofort gefragt werden, zumindest von denjenigen, die eine Veränderung wollen, wie die Arbeiter in einem solchen System von der Verbilligung der Produktionskosten durch zukünftige Verbesserungen profitieren werden. Es ist leicht einzusehen, dass er in diesem Umfang den Nutzen verliert, wenn er mit der Masse der bereits existierenden Gläubiger den Nutzen teilen muss, der sich aus niedrigeren Preisen ergeben würde.

Wenn andererseits verhindert wird, dass die Kosten sinken, indem sich die Bedingungen in der Industrie verbessern, wird den Produzenten ein Markt für ihre maximale Produktion garantiert, solange es das ist, wonach die Öffentlichkeit tatsächlich verlangt. Es gibt keine Grenze für die Ausgabe von neuem Geld, wenn sie ordnungsgemäß durchgeführt wird, solange arbeitslose Arbeitskräfte und Kapital verfügbar sind. Diese unbegrenzte Nachfrage nach Arbeit und Kapital würde der Arbeiterklasse die Verhandlungsmacht zurückgeben, ohne dass es dazu irgendeine Notwendigkeit für kollektive Maßnahmen gäbe, und zwar weitaus wirksamer als deren einzige wirksame Waffe, der Streik, welcher den Lebensstandard der Arbeiter ganz direkt beeinträchtigt, indem er die Produktion sabotiert, aus der sie, wie auch die Gläubiger, bezahlt werden. Normalerweise leiden die Arbeiter, die weniger Rücklagen haben als diejenigen, die Ersparnisse angesammelt haben, am meisten unter dieser Art von Kriegsführung. Während die gesenkten Produktionskosten zu einem stark ansteigenden Umsatz führen und der Wettbewerb zwischen den Arbeitgebern um die Gesamtheit der zur Verfügung stehenden Arbeitskräfte zunimmt (wie während des Krieges), müssen die Löhne so lange steigen, bis letztere einen gerechten Anteil an den an den Produktionssteigerung beteiligten Wirtschaftszweigen erhalten. Gleichzeitig sollte die dem neuen Geldsystem zugrunde liegende Methode hinsichtlich neuer Kapitalschulden durchgesetzt werden. Es sollte nicht möglich sein, dass Unternehmen mit einem Federstrich ihre nominale Verschuldung gegenüber seinen Aktionären erhöht und neue Aktien ausgibt, ohne dass diese den vollen Wert in Form von frischem Kapital einbringen. Aber es ist nur recht und billig, dass diejenigen, die bei der Bereitstellung von Kapital für die Industrie das Risiko eines Verlustes eingehen, mit den Arbeitnehmern an einem gesteigerten Wohlstand teilhaben. Diese Punkte werden jedoch tatsächlich dadurch abgedeckt, dass alle Schulden nach einer bestimmten Zeit kündbar gemacht werden, ein Konzept, das außerhalb der eigentlichen Rolle des Geldes liegt, auf das aber am Ende dieses Kapitels als wesentliches Merkmal der neuen Sichtweise auf diese Fragen, die das physikalische Verständnis dieser Fragen vermittelt, zurückgegriffen werden soll.

Regulierung des Geldes durch den Preisindex. Damit sind wir an dem Punkt angelangt, dass die erste Betrachtung des nationalen oder allgemeinen Wohlbefindens ein Geld ist, das immer die gleiche durchschnittliche Menge der Dinge kauft, für deren Erwerb es eingesetzt wird. Ehrliche Menschen haben durch ihre Aufrichtigkeit alles zu gewinnen und nichts zu verlieren. Obwohl es nicht ganz richtig wäre, so zu tun, als sei die ideale Methode zur Festlegung des Preisniveaus bereits ausgearbeitet worden, ist dies ein Problem, das man getrost einem unparteiischen statistischen Büro überlassen könnte, das in seiner Funktion den Normungsämtern oder, hierzulande, dem Nationalen Physikalischen Laboratorium entspricht, die die absolute Bestimmung der Standards von Gewicht, Länge und Volumen vornehmen und die tatsächlichen Gewichte und Maße überprüfen, mit denen wirtschaftliche Transaktionen durchgeführt werden. In der Bestimmung von Preisniveaus und Indexzahlen gibt es in der Tat bereits hinreichend Erfahrung durch das Handelsministerium und verschiedene andere Institutionen, um sicher zu sein, dass in der Praxis keine ernsthaften Schwierigkeiten auftreten würden.

Es muss daran erinnert werden, dass durch ein absolutes Verbot der ständigen willkürlichen Variation der Geldmenge zu jedem Zeitpunkt des Bestehens, von der das „Bankwesen“ jetzt abhängt, und durch die Bekanntmachung und Festlegung seiner Menge, die wahre Ursache für die katastrophalen Schwankungen des Preisniveaus von vornherein beseitigt würde. Es ist völlig absurd, aus dem, was in der Vergangenheit geschehen ist, auf das zu schließen, was in der Zukunft geschehen wird. Es liegt auf der Hand, dass es unmöglich ist, ein konstantes Preisniveau in einem Bankensystem aufrechtzuerhalten, in dem Geld willkürlich geschaffen und vernichtet wird, indem es in Form von Darlehen oder Krediten an die Industrie ausgegeben und zurückgezogen wird, in dem Kredite nur in Vorbereitung auf die zukünftige Produktion aufgenommen werden können und aus dem sowohl Zinsen als auch Gewinne erwirtschaftet werden müssen. Wenn jedoch Geld durch die Nation nur an die Verbraucher als Steuererlass ausgegeben würde, sobald fertige Vermögenswerte auf den Verkauf warten, die über das hinausgehen, was durch das vorhandene Geld ohne Preisverfall verkauft werden kann, dann könnten und würden keine nennenswerten Veränderungen in letzterem eintreten.

Ein einfacher Preisindex. Es bleibt zwar die technische Frage, welches Preisniveau festgelegt und wie es berechnet werden soll, aber in der stabilisierten Wirtschaftswelt, die sich daraus ergeben würde, scheint die Frage von untergeordneter Bedeutung zu sein, im Vergleich zu dem Vorteil, den Preis für jeden vernünftigen repräsentativen Durchschnitt der Dinge festzulegen, für die das Geld zum Kauf verwendet wird. Wenn man die Geldschöpfung als Mittel zur Erzielung von Zinsen ausschaltet und dieses für die Verbraucher schafft, wird das Wirtschaftssystem in ein klares Gleichgewichtsverhältnis zwischen all den verschiedenen Faktoren treten, die die relativen Preise der verschiedenen Kategorien der immensen Vielfalt der gekauften und verkauften Dinge bestimmen. Es würde zu einem höchst beständigen und zuverlässigen System werden, nicht wiederzuerkennen von dem, was es jetzt ist, wo das Geld ständig aus einem Teil herausfließt, um in einen anderen Teil eingespeist zu werden, und wo die ganze Zeit die vorhandene Geldmenge wie eine Ziehharmonika aufgeblasen und entleert wird.

Als Anfang scheint ein einfacher Index geeignet, der beispielsweise in erster Linie auf den durchschnittlichen Lebenshaltungskosten eines gelernten Handwerkers beruht. Es wäre die Pflicht unparteiischer Statistiker, die Tendenzen zu untersuchen und von Zeit zu Zeit zu beraten, ob der Index im Allgemeinen verbessert und repräsentativer gestaltet werden könnte. Es scheint in jeder Hinsicht wünschenswert zu sein, die Indexzahl der Preise auf dem bestehenden Niveau zu stabilisieren, um eine erste beunruhigende Glücksspielorgie zu vermeiden. Ungeachtet dessen würde ein durchschnittliches Wochen- oder Jahresbudget erstellt werden, das zu diesem Zeitpunkt die wichtigsten Posten der Lebenshaltungskosten der als typisch gewählten Familienform separat darstellte. Zu jedem künftigen Zeitpunkt sollten die gleichen Artikel in den gleichen Mengen, wie sie dann berechnet wurden, bei erneuter

Berechnung zu den neuen vorherrschenden Preisen die gleiche Gesamtsumme ergeben, wie sehr sie sich auch einzeln voneinander unterscheiden könnten, wenn sich das Preisniveau nicht ändert.

Das Statistische Amt. Dies veranschaulicht das Prinzip, obwohl natürlich in der Praxis die tatsächliche Arbeit des geplanten Statistischen Amtes das gesamte Spektrum der wirtschaftlichen Aktivitäten des Landes abdecken sollte. Zu ihren Aufgaben sollte nicht nur die Sammlung, sondern auch die Interpretation von Daten und die Beantwortung spezifischer Anfragen gehören, und zwar nicht nur für die Regierung, sondern auch für alle repräsentativen Gremien, die die wirtschaftliche Arbeit der Gemeinschaft durchführen. Es sollte auf keinen Fall eine Regierungsabteilung sein, genauso wenig wie es die Gesetzgebung oder die Universitäten sind, oder einer von ihnen unterstehen, schon gar nicht dem Finanzministerium. Das wäre ein fataler Fehler, da das Finanzministerium die einzige Abteilung wäre, die direkt an den Gewinnen aus der Emission von neuem Geld interessiert ist. Die Versuchung, zu viel zu emittieren und Gläubiger zu betrügen, wäre dann immer vorhanden. Das neue Geld darf nicht mit dem Ziel ausgegeben werden, eine Einnahmequelle zur Entlastung des Steuerzahlers zu schaffen, obwohl dies die notwendige Konsequenz ist.

Das statistische Amt sollte nominell direkt der Krone oder dem obersten Staatsoberhaupt unterstellt sein, wer auch immer das sein mag, und sich in der gleichen Position als uneigennütziges Beratungsgremium mit bestimmten metrologischen Funktionen, wie das Nationale Physikalische Laboratorium, befinden. Seine Empfehlungen sollten formell an das Parlament gehen und normalerweise automatisch befolgt werden.

Eine wiedererrichtete Münzanstalt. Zur eigentlichen Emission des nationalen Geldes sollte die Münzprägeanstalt rekonstituiert werden, um nicht nur Münzen, sondern auch Papiergeld zu prägen. Die Emissionen würden dem Finanzministerium übergeben und zu den durch die Besteuerung erhobenen Beträgen hinzugefügt. Wie wir gesehen haben, handelt es sich bei der Ausgabe von Kreditgeld in Wirklichkeit um eine Zwangsabgabe oder -steuer der Gemeinschaft, und das Geld selbst ist die Quittung, dass der Eigentümer den gleichen Warenwert dafür erbracht hat und auf Verlangen Anspruch auf denselben Wert zurückerhält. Das Geld sollte die Aufschrift „Wert erhalten" anstelle von „Versprechen auf Zahlung" tragen und auch eine Erklärung, dass es im Ausstellungsland gesetzliches Zahlungsmittel ist. Es sollte von der Öffentlichkeit dahingehend betrachtet werden, dass es herausgegeben wird, um Zahlungen aufzuschieben, die sie sonst durch Steuern zu zahlen hätten, und sie sollte verstehen, dass, wenn zu irgendeinem Zeitpunkt zu viel emittiert wird, es teilweise zurückgezogen wird, indem die aufgeschobene Besteuerung auferlegt und der erforderliche Geldbetrag vernichtet wird, um zu verhindern, dass der Wert des Rests unter den Nennwert fällt. Geld würde dann zum ersten Mal öffentlich in seinem wahren Licht erscheinen, als eine permanente, schwebende, zinslose Schuld oder Verbindlichkeit der gesamten Gemeinschaft gegenüber den Geldhaltern, welche auf Verlangen durch gegenseitigen Austausch innerhalb der Gemeinschaft in Waren und Dienstleistungen zurückgezahlt werden kann.

Kritik an Vorschlägen zur Verstaatlichung des „Bankwesens". Abgesehen von den Anfangs- und Übergangsphasen, in denen es notwendig sein kann und wahrscheinlich auch sein wird, bestehende Kredite an Produzenten so lange fortzuführen, bis sie sich von Schulden befreien können, wie sie es in einem ehrlichen Geldsystem schnell tun würden, ist das, was die Nation benötigt, nicht mehr Kredite an Produzenten, sondern mehr Geld für Konsumenten. Die richtige Art und Weise, dies auszugeben, ist eine Erleichterung für die Steuerzahler im Allgemeinen. Die Vorschläge der Sozialdemokraten zur Verstaatlichung des Bankwesens zeigen nicht einmal Kenntnis darüber, wie man das System betreiben kann, um ein stabiles internes Preisniveau zu sichern, das die *unabdingbare* Voraussetzung für jeden wirklichen Fortschritt zu gerechtem wirtschaftlichem Wohlstand ist. Sie scheinen darüber nachzudenken, genau das zu tun, was die Banken jetzt tun, zu ruinösen Endkosten für die nationalen Industrien, wobei der einzige Unterschied darin besteht, dass die Gewinne für ihre Verbesserungs- und Wohltätigkeitsbemühungen verwendet würden. Es wird natürlich argumentiert werden, dass die neuen Emissionsgewinne zur Unterstützung von Unternehmen gegeben würden, die der Öffentlichkeit *wirklich* zugutekommen. Aber dies ist angesichts der Notwendigkeit, dass sie entweder wettbewerbsfähig sein müssen oder Formen der staatlichen Schirmherrschaft darstellen, ein Widerspruch in sich. Sie werden denjenigen gegeben, die die Regierung wirklich für geeignet hält, und das ist, um sicher zu sein, zuallererst und die ganze Zeit über Hilfe zur Selbsthilfe, so wie sie jetzt an und durch die Bank von England gegeben wird!

Die Sozialisten scheinen sich nie bewusst zu sein, dass die Menschen selbst besser beurteilen können, was sie benötigen, als jede Regierung, die sie in der Vergangenheit je hatten oder in der Zukunft wahrscheinlich bekommen werden. Die gesamte Struktur der Hilfs- und Wohltätigkeitsorganisationen, in denen die Bedürftigen aus dem versorgt werden, was der allgemeine Steuerzahler möglicherweise gezwungen ist zu leisten, würde wie ein Kartenspiel zu Boden fallen, wenn jeder die Möglichkeit hätte, aus seinem eigenen Einkommen ausreichend und sparsam für seine Bedürfnisse zu sorgen.

Vorbeugen ist besser als heilen. Vorbeugen ist besser als heilen – die Welt wird von denen krank gehalten, die sie gern noch schlechter hätten, um die Möglichkeit zu haben, sie zu heilen. Das ist das erstaunlichste Merkmal der heutigen Welt. Die Dinge gehen schief und danach kommen eigennützige Interessen an der Heilung ins Spiel. Die gesamte moderne Bürokratie ist mit den Folgen ganz elementarer und leicht nachvollziehbarer Fehler beschäftigt, und es ist die unpopulärste Sache der Welt, zu unterstellen, dass die Menschen wirklich viel besser in der Lage wären, für sich selbst zu sorgen, als dass sie denjenigen überlassen werden, die ihre Leiden pflegen. Das Ausmaß der Arbeitslosigkeit, das sich aus der Verhinderung der bekannten Fehler ergeben würde, die die wissenschaftliche Zivilisation aus den Fugen geraten lassen haben, ist erschreckend zu bedenken. Es würde bedeuten, dass die meisten der Menschen, die uns jetzt Dinge verkaufen wollen, ihre Dienste für deren Herstellung zur Verfügung stellen müssten, und die meisten derjenigen, die ihren Lebensunterhalt damit verdienen, sich mit den Angelegenheiten des Staates zu beschäftigen, müssten sich in aller Ruhe um ihre eigenen kümmern. Der Gegensatz zwischen hippokratischer Heilkunde und einer Kultivierung der Gesundheit wie bei Äskulap ist so alt wie die Berge und nun universell geworden; kurz gesagt, Quacksalberei *versus* Wissen. Man setze die Energieflut, die der Technologe nun unter Kontrolle hat, in Brunnen des Lebens und der Muße frei, und die Welt würde sich schnell von dem Unkraut heilen, das in ihrem ausgehungerten Boden gedeiht.

Zinsen auf Schulden. Obwohl die sich anhäufende Schuldenlast individualistischer Gesellschaften außerhalb der Rolle des Geldes im engeren Sinne liegt, ist das Thema so sehr mit ihr verbunden und für die Zukunft dieser Gesellschaften so wichtig, dass es nicht ignoriert werden kann. Die physikalische Erklärung dafür ist die sehr viel größere Arbeitsleistung, die für die zum Betrieb der Energieerzeugung erforderlichen Werkzeuge oder Anlagen aufgewendet werden muss als bei primitiven Methoden. Die enormen Kapazitäten moderner Antriebsaggregate ermöglichen eine Produktion in entsprechendem Umfang, machen aber gleichzeitig die Bereitstellung der notwendigen Anlagen völlig außerhalb der Möglichkeiten des Einzelnen. So entstanden die Aktiengesellschaften, durch welche die Ersparnisse einer großen Zahl von Menschen in einem einzigen Unternehmen genutzt werden konnten.

In keinem Bereich gibt es eine derlei vollständige Umkehrung der Ideen beim Übergang von einer Ökonomie des Mangels zu einer Ökonomie des Überflusses wie bei den Schuldzinsen.

Zunächst einmal wäre es völlig falsch anzunehmen, dass es irgendeine physikalische Grundlage für die so genannten Zinsgesetze gäbe, weder für den einfachen Zins noch den Zinseszins. Für ersteres gilt, dass die Zinsen periodisch ausgezahlt werden, für letzteres, dass sie nicht ausgezahlt werden, sondern sich anhäufen und selbst wieder verzinst werden. Diese Gesetze sind ursprünglich rein mathematischer Natur. Es werden bestimmte Annahmen zugrunde gelegt und die Konsequenzen quantitativ herausgearbeitet. Das ist alles. Worauf genau diese Annahmen hinauslaufen, abgesehen von der Zustimmung eines Einzelnen, einem anderen für die Verwendung eines solchen Kapitalbetrags jährliche Zinsen zu zahlen, würde wohl jeden verunsichern, der dies genauer zu erklären versuchte. Es handelt sich um rein willkürliche und althergebrachte Vereinbarungen ohne jede notwendige naturgesetzliche Begründung. Eine derartige Rechtfertigung, wie sie für Zinsen angeboten wird, ist normalerweise eher vager biologischer als physikalischer Natur, in Anlehnung an den Mehrertrag, der in der Landwirtschaft anfällt, wobei jeder Samen dreißig-, sechzig- oder sogar hundertmal mehr hervorbringt. Aber es steht nun jedem völlig frei, die theoretische Grundlage des Zinses in Frage zu stellen. In der Praxis gibt es jedenfalls keinen Grund, warum jemand selbst auf den Konsum verzichten sollte, um einem anderen etwas zu leihen, es sei denn, er zieht daraus einen Vorteil. Wie wir jedoch gesehen haben, sehen sich Einzelpersonen in der Blütezeit ihrer

Kräfte zum Sparen veranlasst, wenn sie sich grauhaarig nicht auf das Wohlwollen der Regierung verlassen wollen. Gewöhnlich gibt es viele ähnliche Gründe, z. B. um für eine bessere Ausbildung ihrer Kinder zu sorgen, wenn sie das Erwachsenenalter erreichen und um sich gegen Unfälle abzusichern, die auch ohne die Anreize einer Zuwachsrate ausreichend überzeugend sind. Die sich abzeichnende Erkenntnis darüber ist für viele Reformvorschläge verantwortlich.

Wenn das Inkrement nach vorne schaut, dann blickt das Dekrement zurück. Ein Briefkorrespondent, Basil Paterson aus Edinburgh, unterbreitete dem Autor während der Abfassung dieses Buches einen interessanten Vorschlag, der zumindest darauf hinweist, wie rein willkürlich die konventionelle mathematische Behandlung von Zinsen wirklich ist. Sein Darlegung beruhte auf einer solchen Überlegung wie der folgenden: Obwohl man sich darauf einigt, in einem Jahr, sagen wir £5 für die Verwendung der jetzt geliehenen £100 zu zahlen, ist dies nicht dasselbe wie die Vereinbarung, am Ende des zweiten Jahres weitere £5 zu zahlen. Vielmehr muss der Wert der £100 am Ende des ersten Jahres auf den Gegenwartswert £95 abgezinst werden, sodass die Zinsen für das zweite Jahr fünf Prozent von £95 betragen sollten, und so weiter. Und wer soll dies bestreiten? Es scheint dem Geldverleiher ein wenig von seiner eigenen Medizin zu geben. Ferner rechnet er aus, dass die Folge wäre, das Zinseszinsgesetz auf das gegenwärtige Gesetz über einfache Zinsen zu reduzieren. Im letzteren Fall würden, wenn man die obige Abbildung nimmt und die Zinsen als Bruchteil und nicht als Prozentsatz ausdrückt, die aufeinander folgenden jährlichen Zinszahlungen ein Zwanzigstel, ein einundzwanzigstes, ein zweiundzwanzigstes, ein dreiundzwanzigstes, ein vierundzwanzigstes usw. betragen und nach achtzig Jahren zu einem Hundertstel oder einem Prozent werden. Eine der geltend gemachten Anwendungen betrifft das Pfandleihgeschäft, bei dem der am wenigsten rentable Zinssatz bei einer Verlängerung über einen beliebig langen Zeitraum zu einem Wucherzins wird, und was durch die obige Schätzmethode tendenziell korrigiert würde.

Patersons Zinsgesetz zur Diskontierung der Hauptforderung. Es ist von Interesse, auf die angeführte Idee die höhere Mathematik anzuwenden und eine unendliche Anzahl von infinitesimalen Perioden statt des schrittweisen Anstiegs in jährlichen Intervallen zu betrachten. Somit kann der Prozess kontinuierlich gemacht werden, anstatt ihn in jährlichen Abständen ablaufen zu lassen. Dies hat keinen Einfluss auf das Ergebnis, dass das Zinseszinsgesetz damit auf das gebräuchliche Gesetz der einfachen Zinsen reduziert wird, aber wir kommen so zu einem sehr einfachen Ergebnis für das Gesetz der einfachen Zinsen selbst. Unter diesen Umständen, da die Zeit unbefristet verlängert wird, nähert sich die Summe der anfallenden Zinsen immer mehr dem Kapitalbetrag an und kann diesen niemals überschreiten, egal wie lange das Darlehen dauert. Die mathematische Formel für diesen Fall lautet

$$iT = -230 \times 26\ [\log_{10}(I - f)]$$

wobei i der Zinssatz in Prozent pro Jahr, T die Zeit in Jahren und f der Anteil des Kapitals ist, der als Zinsen anfällt. Daraus und aus einer Logarithmentafel lässt sich die neue Zinstabelle leicht aufbauen.

In der umseitig als Beispiel gewählten Form, werden in der mittleren Spalte die pro £100 des Kapitalbetrags anfallenden Zinsen genannt, in der ersten Spalte die Zeit in Jahren multipliziert mit dem Zinssatz in Prozent pro Jahr und in der letzten Spalte die Ersparnis für den Schuldner durch die neue Berechnungsmethode angegeben.

TABLE OF SIMPLE INTEREST (NEW LAW) FOR £100 PRINCIPAL

Years multiplied by rate % p.a.	*Total Interest (New Law).* £	s.	d.	*Saving to Debtor (as compared with Old Law)* £	s.	d.
1		19	11			1
2	1	19	7			5
3	2	19	1			11
4	3	18	5		1	7
5	4	17	6		2	6
6	5	16	6		3	6
8	7	13	9		6	3
10	9	10	4		9	8
15	13	18	7	1	1	5
20	18	2	6	1	17	6
25	22	2	5	2	17	7
50	39	6	11	10	13	1
100	63	4	5	36	15	7
184·14	86	2	10	100	0	0
200	86	9	4	113	10	8
1000	99	19	11	900	0	1

Das oben Gesagte macht deutlich, dass es zwar bei niedrigen Zinssätzen und kurzen Zeiträumen nur einen geringen Unterschied gibt, bei hohen Zinssätzen und langen Zeiträumen ist der Unterschied jedoch enorm. Der Urheber des Konzepts wies darauf hin, dass der offensichtliche Einwand darin besteht, dass es den Investor dazu ermutigt, sein Geld jedes Jahr abzuheben und neu zu investieren, aber das ist bei dauerhaften, langfristigen und nicht rückzahlbaren Darlehen wie den Staatsschulden völlig unmöglich. Würde sie auf diese angewandt, würde sie wahrscheinlich anstelle des später erwähnten einfachen Rücknahmeschemas (S. 181) ausreichen. Ein alternativer Weg wäre die Fortsetzung der Zinszahlungen zum normalen Zinssatz, wobei die Differenz (oben in der letzten Spalte dargestellt) als sinkende Fondsrückzahlung betrachtet würde. Bei dieser Art der Abrechnung würden die Zahlungen wie bisher für eine begrenzte Zeit zu einem einheitlichen Satz erfolgen und dann eingestellt werden. Diese Zeit wird nach diesem Verfahren als Einhundertvierundachtzig und ein Siebentel Jahre geteilt durch den

Zinssatz in Prozent pro Jahr berechnet, wie in der obigen Tabelle angegeben.

Gesells Ideen zu sich abwertendem Geld. Ein ungleich weitreichenderer Vorschlag ist der des Geldreformers Silvio Gesell, der das gesamte Geld mit der Zeit abwerten lassen würde, sagen wir fünf Prozent pro Jahr oder einen Penny im Pfund pro Monat. Es würde nur dann als gesetzliches Zahlungsmittel gelten, wenn es periodisch wie eine Versicherungskarte abgestempelt würde. Würde die Öffentlichkeit dies hinnehmen, und sie scheint diese Art von Regierungserlass durchaus zu schätzen, hätte dies mit Sicherheit einige bemerkenswerte Konsequenzen. Es wird behauptet, dass es sozusagen die gesamte Zinsspanne um fünf Prozent herabsetzen würde, und zwar in dem Sinne, dass wir dort, wo wir jetzt vier Prozent für einen Kredit zahlen müssten, ein Prozent dafür bekommen würden, dass wir dem Eigentümer das Geld aus den Händen nehmen und ihm die fünfprozentige Verschlechterung ersparen. In diesem Fall würde die gesamte Kreditaufnahme für staatliche und kommunale öffentliche Bauvorhaben mit einem Gewinn von einem Prozent statt mit einem Zinssatz von vier Prozent erfolgen. Das Programm wird tatsächlich von einer britischen Handelskammer befürwortet und dürfte sich in kommunalen, wenn nicht gar staatlichen Kreisen als überaus beliebt erweisen. Gesells ursprüngliche Idee war es, jeden daran zu hindern, Geld zu horten, dessen „Umlaufgeschwindigkeit“ zu erhöhen und diejenigen, die es hatten, zu zwingen, es schnell auszugeben. Aber zumindest die Möglichkeit dieses Effekts, die Basis oder die Bezugslinie, ab der mit einem Aufschlag gerechnet wird, von null auf eine Senkung um fünf Prozent zu ändern, ist eine unabhängige Betrachtung wert, da alle anderen Ergebnisse ebenso gut gewährleistet wären, wenn das Geld wie beschrieben staatlich emittiert würde, ohne dass es verrottet oder sich abwertet.

Einwände. In diesem Buch wird die Ansicht vertreten, dass Geld ein verbindlicher Vertrag ist zwischen dem Eigentümer, der umsonst, nicht einmal für die Zahlung von Zinsen, auf die Nutzung von Gütern und Dienstleistungen gegenüber der Gemeinschaft verzichtet hat, und dass er im Rahmen der allgemeinen Gerechtigkeit genauso viel zurückerhalten sollte, wie er aufgegeben hat. Anstelle eines Bankzinssatzes von, sagen wir, fünf Prozent auf der Emission, würde das Stempeln des Geldes mit einer fünfprozentigen jährlichen Steuer ein Einkommen für die Gemeinschaft einbringen, das jenem vergleichbar ist, welches sie erhielte, wenn die Nation das Geld im Austausch gegen nationale Schuldverschreibungen emittierte (die zerstört würden) oder stattdessen fünf Prozent den bestehenden Kreditnehmern statt den Banken in Rechnung stellen würde. Damit soll nicht verschwiegen werden, dass die Nation beides tun könnte, d. h. selbst die Gewinne der nun von den Banken angeeigneten Emission vereinnahmen und dann eine fünfprozentige jährliche Erhaltungssteuer oder Stempelsteuer erheben könnte, um das Geld liquide zu halten. Aber es scheint tatsächlich überhaupt keine Rechtfertigung dafür zu geben, das Tauschmittel zu besteuern, und auch wenn es auf den ersten Blick schwierig sein mag, Mittel und Wege zu finden, um der Zahlung auszuweichen, so würde dies den Erfindergeist sicherlich stark anregen, dies zu erreichen. In dieser Hinsicht wird absehbar, dass es genau das Gegenteil von dem bewirkt, was beabsichtigt ist. Die Menschen würden versuchen, sich der Annahme zu verweigern, und zwar mit ebenso großer Macht, wie sie gezwungen wären, es auszugeben. Obwohl es ihnen zugegebenermaßen einige Schwierigkeiten bereiten könnte, wäre der Anreiz, Geld so wenig wie möglich zu verwenden und zu diesem Zweck gegenseitige Absprachen zu treffen, genauso groß wie der Anreiz, es auszugeben, sobald sie es erhalten haben. Während bei dem hier befürworteten Plan das Horten einfach keine Rolle spielen würde, denn es hat, wie gezeigt wurde, den Effekt, dass die Zahlung der Steuern auf unbestimmte Zeit verschoben wird, da mehr Geld emittiert werden müsste, um die Zunahme des Hortens auszugleichen, falls es dazu käme. Außerdem würde der hier favorisierte Plan, anstatt Geld noch mehr zu einer hektischen Quelle von Angst und Eile zu machen, Kreditgeld zu einem unschätzbaren sozialen Mittel machen, um die Menschen von künstlichen finanziellen und den damit verbundenen Sorgen und den durch das gegenwärtige System geförderten verdrehten Illusionen über Geld zu befreien.

Die Möglichkeit einer willkürlichen Senkung der Zinssätze. Die Möglichkeit – um nicht von Erwünschtheit zu sprechen –, die Bezugslinie, von der aus mit einem Zuwachs gerechnet wird, auf eines unter null zu verschieben, um mit einem anfänglichen Abschlag zu beginnen, scheint nicht gegen, sondern eher im Einklang mit dem im Grunde rein willkürlichen Charakter des Zinssatzes in einem Zeitalter des potenziellen Überflusses zu stehen. Im Großen und Ganzen, wie zu Zeiten der Knappheit, als die Steigerung der Produktion an erster Stelle stand, verlagerte das Bankensystem den Bezugspunkt von Null auf etwa fünf Prozent über Null, indem es Geld als Schuld gegenüber sich selbst ausgab; jetzt, da der Schwerpunkt auf der Konsumsteigerung liegt, scheint es nicht mehr unmöglich zu sein, Mittel und Wege zu finden, um den Bezugspunkt unter null zu senken, indem man eine Steuer oder Abgabe erhebt, wenn man es in seinem Besitz hält. Im einen Fall mussten die Menschen, die es schuldig waren, fünf Prozent pro Jahr zahlen, um es ins Leben zu rufen, und im anderen Fall müssen die Menschen, die es besitzen, fünf Prozent pro Jahr zahlen, um zu verhindern, dass es nicht mehr existiert!

Der wahrscheinliche Effekt bei der Erhöhung der Kapitalverschuldung. Aber zu diesem Aspekt des Gesell-Schemas kann noch eine weitere Bemerkung gemacht werden. Auch wenn es keinen Grund gibt, daran zu zweifeln, dass es zumindest in gewissem Umfang zu einer Senkung des allgemeinen Zinssatzes führen würde, so ist doch nicht so klar, welche relativen Auswirkungen dies auf die nichtproduktive Verschuldung (entweder alte oder neue Schulden) und das Produktivkapital hätte. Auf den ersten Blick scheint es, dass sie zu einer raschen Rückzahlung bestehender Schulden führen sollte, soweit es die Anleihebedingung erlaubte, durch Abzahlung mit bestehendem Geld, um der Steuer zu entgehen, und deren Ersatz durch unverzinsliche oder sogar leicht besteuerte Schulden. Aber im Falle des Produktivkapitals ist Geld nur ein Vermittler, und das Produktivkapital bringt einen Ertrag an realem Vermögen ein, der durch Steuern nicht so leicht umverteilt werden kann, wie die Auswirkungen der sogenannten sozialistischen Gesetzgebung des letzten halben Jahrhunderts überdeutlich machen. Da die für Investitionen zur Verfügung stehenden Mittel begrenzt sind, dürften kluge Köpfe sich daher eher für produktive Unternehmen als für nichtproduktive Ausgaben engagieren, d. h. für „Industrieunternehmen“ anstatt für Staats- und Kommunalanleihen. Dies sollte zwar zu einer Senkung des Zinssatzes für neu in die Industrie investierte Gelder führen, würde aber auf Kosten einer entsprechenden Aufwertung der Kapitalwerte hinsichtlich der bestehenden Verschuldung gehen. Was die nichtproduktive Darlehensklasse anbelangt, so sollten sie, wenn sie nicht rückzahlbar sind, wahrscheinlich auch an Wert gewinnen, und, in geringerem Maße, wenn sie rückzahlbar sind. *„Oh! Welch verworren' Netz wir weben, sobald wir erst zu täuschen pflegen.“*[23] Ist dies wirklich die Art von Geldpolitik, die einem großen wissenschaftlichen Zeitalter angemessen ist oder notwendig wäre?

---

[23] A.d.Ü.: Zitat aus MARMION von Sir Walter Scott (Canto VI, XVII): "*Oh, what a tangled web we weave, when first we practise to deceive!*"

Geradlinige Schuldentilgung durch Steuern. Der Plan des Autors zur Verringerung der Schuldenlast ist recht einfach und geradlinig. Er sieht vor, dass die Steuer auf das, was als „unverdientes Einkommen“ bezeichnet wurde, erhoben wird oder auf den aus Ersparnissen stammenden Teil, der für den Erwerb der Investition bestimmt ist, sowie auch die Einnahmen aus dem so erworbenen Teil für denselben Zweck. Dies bewirkt, dass alle Schulden durch Tilgung beendet werden können. Es ist zweckmäßig, die für eine vollständige Tilgung erforderliche Zeit in Zeiteinheiten auszudrücken, in denen das Kapital die Zinsen erwirtschaftet.[24] Diese Zeiteinheit ist somit 100 durch *i* geteilt, wobei *i* der Zinssatz in Prozent pro Jahr ist – zwanzig Jahre für eine fünfprozentige, fünfundzwanzig Jahre für eine vierprozentige Investition und so weiter. In diesen Einheiten sind die Zeiten für verschiedene Einkommenssteuersätze wie folgt:[25]

Rate of Tax:	6/-	5/-	4/-	3/-	2/-	1/- in the pound.
Units of Time:	1·73	1·84	2·01	2·23	2·56	3·29

Nehmen wir als Beispiel die Steuerrate für 4 Schillinge aus dem Pfund, so würde die Zeit 40,2 Jahre für eine Investition mit einer Rendite von fünf Prozent und 50,25 Jahre für eine Investition mit einer Rendite von vier Prozent pro Jahr betragen. Bei diesem Steuersatz werden etwa drei Viertel der Tilgung durch Zinszahlungen auf den bereits getilgten Teil und nur ein Viertel durch die Besteuerung vorgenommen.

Auf diese Weise würde das produktive Kapitalvermögen der Nation im definierten Sinne automatisch in das Eigentum der Nation übergehen, nachdem es dem Eigentümer Zinsen zurückgegeben hat, die zwischen dem 1,73-fachen

[24] A.d.Ü.: Im Original: *„It is convenient to express the time required for complete amortization in units of time in which the principal returns the interest.“*

[25] A.d.Ü.: Hier wird nochmals die Originalgrafik eingesetzt, weil sie eine Eigenheit des britischen Steuersystems veranschaulicht, die Zinsen in „Schilling aus dem Pfund“ zu berechnen.

des Kapitals bei einem Steuersatz von 6 Schilling und dem 3,29-fachen bei einem Steuersatz von 1 Schilling schwanken.[26] Es kann als Zinseszinstilgung bezeichnet werden, da die Zinsen auf den bereits erworbenen Teil nicht für nationale Ausgaben verwendet werden, sondern „eingespart" werden, um das Kapital zu kaufen. Für nichtproduktive Kapitalschulden in der Art der Staatsverschuldung, für die eine einfache statt einer Zinseszinstilgung natürlicher wäre, ist die Zeit natürlich viel länger, da sie bei halber Tilgung bei einem Steuersatz von 4 Schilling und einer fünfprozentigen Investition etwa siebzig Jahre beträgt. Da die Menge der nicht getilgten Schulden verringert wird, ist die Tilgungsrate proportional langsamer, sodass sie sich theoretisch immer dem Nichts annähert, jedoch nie erreicht. In der obigen Schilderung wären nach 460 Jahren noch nicht 1 % eingelöst. In vielerlei Hinsicht ist der bereits diskutierte Vorschlag von Paterson für die Abschreibung dieser Klasse unproduktiver Dauerschulden überlegen.

Die Verstaatlichung des Kapitals ist nationale „Sparpolitik". Die Hauptvorteile, die für die Regelung geltend gemacht werden, bestehen darin, dass sie im Einklang mit der physischen Abnahme des angesammelten Kapitalvermögens steht und es ermöglicht, veraltete und überholte Anlagen durch privates Unternehmertum auf dem neuesten Stand zu halten. Aber in der Zukunft, wenn die bestehenden Schulden getilgt werden, würde der Nation aus dem Besitz des Kapitals eine Einnahme zufließen, die dann zur Bereitstellung nationaler Dividenden an die Nation verwendet werden könnte. Er braucht hier nicht weiter erörtert zu werden, es sei denn, um auf seine Neuartigkeit im Vergleich zu anderen so genannten politischen Verstaatlichungsschemata aufmerksam zu machen, die in der Tat das Eigentum des Kapitals nicht auf die Nation

[26] A.d.Ü.: Soddy schreibt: „(...) *become the property of the nation after having returned to the owner interest – varying from 1.73 times the principal for a 6s. rate of taxation to 3.29 times for a 1s. rate.*"

übertragen, sondern es bloß unter den einzelnen Eigentümern umverteilen, wobei sich lediglich die Aufgabenträger vervielfachen. Das liegt daran, dass die Nation auch „spart", anstatt nur ihre Steuereinnahmen auszugeben.

Man wird fragen, wie der Schatzkanzler für die Staatsausgaben aufkommen soll, wenn ein so großer Teil der Steuern für die Kapitalrückzahlung verwendet wird, und die Antwort lautet, aus jenen Quellen, die jetzt benutzt werden, um die Gesellschaft durch eine lindernde Gesetzgebung zu demoralisieren. Nahezu von dem Moment an, in dem das neue Währungssystem in Kraft treten würde, würde die Arbeitslosigkeit wegfallen, es sei denn, es handelte sich um wirklich Unvermittelbare, und die Einnahmen aus dem produzierten Realvermögen würden sich progressiv stark erhöhen, mit einem entsprechenden Anstieg der Gesamteinnahmen aus der Besteuerung, wenn der Satz unverändert bliebe. Darüber hinaus würden, anstatt dass das gesamte Kapital mit dem Alter an Wert verliert und neue Erfindungen und Verbesserungen durch die Anhäufung dieser kolossalen, nicht rückzahlbaren Schulden an der Anwendung gehindert werden, die Erlöse aus der Tilgung in das Produktionssystem zurückfließen und dafür zur Verfügung stehen, die gesamte Wirtschaftsorganisation auf dem neuesten Stand zu halten, veraltete und überalterte Gebäude und Anlagen zu ersetzen und die neuesten und zeitsparendsten Produktionsmethoden einzusetzen. Dabei würde die Nation als Eigentümerin eines immer größer werdenden Teils des Kapitals durch das Tilgungsprogramm nicht weniger profitieren als die Individuen, die es in erster Linie durch Konsumverzicht zur Verfügung stellten.

Kapitel VIII
Die Praktische Lage

Steht die neue oder die alte Wirtschaftsordnung auf dem Kopf? In diesem Buch wurde versucht, die Hauptfehler der Vergangenheit kritisch zu beleuchten. Eine wahrhaft unbegrenzt verheißungsvolle Zivilisation wurde von der breiten Bahn des Fortschritts abgekoppelt und in einen Morast bodenloser Betrügereien und Ausflüchte gestürzt, in dem sie nun ziellos strauchelt und sich abkämpft. Es ist zweifelhaft, ob sie sich jemals wieder davon befreien wird. Wenn die kühle, unpersönliche Sprache der Wissenschaft derart durch die Anprangerung betrügerischer Praktiken verstärkt werden musste, dann deshalb, weil eine weitere Verzögerung gefährlich ist und diese Praktiken mittlerweile allen Menschen guten Willens bekannt sein sollten, die darauf bedacht sind, einen weiteren Holocaust zu verhindern.

Wir haben unsere Nachforschungen damit begonnen, dass wir den einfachen Mann baten, seinen natürlichen Umgang mit dem eigenen Geld umzustellen und darüber nachzudenken, auf welche Weise er es erhalten hat (da es doch Nichts für Etwas war), im Unterschied zu seiner späteren Verwendung, bei der er lediglich das zurückerhält, was er für das Geld aufgegeben hat. Wenn die Menschen einmal in dieser Weise denken werden, dann beginnt das Geld selbst als das Gegenteil von dem zu erscheinen, was es sein soll, nämlich der Verzicht auf eine riesige Ansammlung nützlicher und wertvoller Güter durch die Gemeinschaft, die das volle Recht hat, sie zu besitzen, und deren Besitz jedem Einzelnen freisteht, wenn er dies wünscht, wenn auch tatsächlich nur, indem ein anderer seinen Platz im Verzicht darauf einnimmt.

Auf den ersten Blick erscheinen all diese Ideen zweifellos auf den Kopf gestellt, eine lediglich pedantische und eigenwillige Umkehrung der natürlichen Sichtweise auf das Problem. Aber man kann mit Sicherheit sagen, dass jeder, der jemals wirklich diesen Weg eingeschlagen und sich bemüht hat, ihm zu folgen, nie wieder davon abkommen kann. Nichts auf der ganzen Welt kann jemals wieder ganz so aussehen wie früher. Ist es die neue Sichtweise, die auf dem Kopf steht, oder die alte? Sind diese Schlangen von hoffnungslosen und erbärmlich genährten Arbeitslosen, die, in einer Reihe, Schulter an Schulter, aufgereiht, die Autobahn von Lands End nach John o' Groats säumten und dicht gedrängt stünden, um sie alle aufzunehmen, ein Zeichen von Verarmung oder von Wohlstand? Diese Spalten über Spalten von Börsenpapieren, die sich täglich auf den Seiten der Morgenzeitungen ausbreiten, sind sie wirklich ein Beweis für nationalen Wohlstand? Allein die Staatsverschuldung, etwa £8.000 Millionen oder £160 pro Mann, Frau oder Kind, die jemandem jeden Tag etwa eine Million Zinsen einbringen, sind es Schulden oder Vermögenswerte? Alles hängt vom Standpunkt ab. Um die nationalen Wirtschaftsprobleme zu verstehen, müssen wir unsere konventionellen Vorstellungen ganz fallen lassen und uns umdrehen, so wie wir es auch mit dem Geld selbst tun mussten, um es in seinem wahren Licht zu sehen.

Zunächst Überfluss, dann Zuteilung. Andererseits erscheint die aus dem vergangenen Zeitalter der Knappheit abgeleitete gewöhnliche Geisteshaltung, dass es nur eine begrenzte Menge von Wohlstand in der Welt gibt und dass das, was der eine erhält, auf Kosten des anderen geht, als völlig verdreht. Man denke nur an all das eifersüchtige Gezänk der widerstreitenden Interessensgruppen um den Anteil an der Produktion, statt einer gemeinsamen und loyalen Zusammenarbeit, um die Produktion zu steigern und mit weniger Arbeit mehr zu erzeugen und zu verteilen. Es ist natürlich wahr, dass zu jedem beliebigen Zeitpunkt nur eine gewisse Menge zur Verteilung vorhanden ist und nicht mehr, aber in dem damit gemeinten Sinne ist dies in etwa so wahr und somit so völlig abwegig, als ob mit jeder Granate, die im Krieg abgefeuert wurde, eine weniger zum Abfeuern übriggeblieben wäre. Der Vermögensbestand ist wie ein Strom, nicht wie ein Vorratslager, und so wie während des Krieges der Munitionsausstoß stetig zunahm, je länger der Krieg dauerte, so könnte im Frieden der Warenausstoß der zum Leben benötigten Dinge ohne den monetären Würgegriff in jedem vernünftig gewünschten Ausmaß kontinuierlich gesteigert werden. Im Durchschnitt tut wahrscheinlich nicht jeder fünfte Mensch irgendetwas, um das, was konsumiert wird, zu produzieren oder anderen dabei zu helfen, es zu produzieren. Die gesamte produktive Arbeit wird von einer kleinen Minderheit geleistet. Der Rest der erwerbstätigen Bevölkerung betreibt entweder Preisverhandlungen und versucht, das Produkt Menschen zu verkaufen, die nicht über genügend Geld verfügen, um es zu kaufen, oder der Lebensunterhalt wird durch Behinderung und Beeinträchtigung der Produktion gesichert. So ist es in der internationalen Sphäre; es werden steuerliche Verstrickungen jeder Art errichtet, um den reibungslosen Austausch des Überflusses einer Nation mit dem einer anderen zu verhindern.

Die Einstellung der Öffentlichkeit zu den Kosten. Wenn es einen Bereich gibt, in dem ein Sinneswandel erforderlich ist, dann ist es die Einstellung der Öffentlichkeit zu den Kosten und ihre fehlgeleitete Leidenschaft für das Billige. Diese Haltung wird natürlich durch die künstliche Verknappung des Geldes hervorgerufen, aber wozu führt sie? Heutzutage wird weit mehr für den Verkauf als für die Herstellung von Dingen ausgegeben. Obwohl jeder für seine Arbeit gut bezahlt werden will und der Preis nichts anderes ist, als die Summe der Zahlungen, die vom Beginn der Produktion bis zum Verkauf geleistet werden, wollen die Menschen, sobald sie vom Geldverdienen zum Geldausgeben übergehen, einmütig den Preis drücken und, wie die Bankiers, etwas für gratis bekommen. Am Ende zahlen sie im Durchschnitt wahrscheinlich doppelt so viel wie nötig und verringern ihren eigenen Verdienst auf die Hälfte, wobei drei Viertel der Kosten unnötige Kosten für kommerzielles Schachern und Feilschen, eine wettbewerbsorientierte Verkaufsorganisation und Werbung darstellen, die nicht ein Jota zu dem erhaltenen Wert beitragen. Die Kosten für den Vertrieb des Produkts sollten ebenso wie die Kosten für seine Herstellung genau bekannt sein und durch eine effiziente Organisation auf ein Minimum reduziert und nicht durch verschwenderischen und unnötigen Wettbewerb auf ein Maximum erhöht werden. Indem ein zunehmender Anteil der heute im Vertrieb und Verkauf tätigen Personen in die Produktion verlagert wird, könnte noch mehr getan werden, um den allgemeinen Lebensstandard zu heben und allen ein größeres Einkommen und mehr Freizeit zu ermöglichen, als durch den vollen und effizienten Einsatz aller vorhandenen Arbeitskräfte und des vorhandenen Kapitals. Arbeitszeiten sowie Lohn- und Gehaltssätze stehen in einem rein traditionellen Verhältnis. Der Acht-Stunden-Tag, der den viktorianischen Arbeitgebern als eine so ungeheuerliche Forderung erschien, wird bereits als ein Maximum und nicht als ein Minimum angesehen. Durch die Befreiung der Arbeiter von der Konkurrenz rückständiger und weniger zivilisierter Arbeitskräfte und die Bereitstellung von Geld, das automatisch ausreicht, um alle Güter und Dienstleistungen, die das Produktionssystem tatsächlich erschafft, zum tatsächlichen Wettbewerbspreis zu verteilen, könnte die ganze Nation in viel größerem Umfang und mit viel weniger Arbeit als heute auskommen. Es ist müßig, Schätzungen abzugeben, die nur Mutmaßungen sind, obwohl eine Verfünffachung des Einkommens bei viel kürzeren Arbeitszeiten, wie sie von einigen Technokraten in Amerika zitiert wird, in Europa selbst für die heute lebenden Menschen nicht unangemessen und in Sichtweite zu sein scheint. Aber es ist bei weitem besser, den Menschen genügend Geldmittel zur Verfügung zu stellen, damit sie ihr persönliches Leben und ihren persönlichen Geschmack nach eigenem Gutdünken kultivieren können, als Erholung, Bildung und Kultur zu professionalisieren und sie zu einer Quelle des kommerziellen Profits zu machen.

Eine staatliche Einmischung in die Wirtschaft ist nicht hilfreich. Viele mögen der Ansicht des Autors widersprechen, dass, wenn das Geld von seinem Würgegriff auf die schöpferischen Funktionen der Gesellschaft gelöst und an seinen richtigen Platz als Verteilungsmechanismus zurückgeführt würde, und wenn durch Amortisation oder auf andere Weise die unbegrenzte Anhäufung von Gemeinschaftsschulden verhindert und die bereits angehäuften Schulden reduziert würden, mit dem produktiven Wirtschaftssystem als solchem nicht viel falsch wäre. Zweifellos werden alle möglichen Befürchtungen über die Folgen zum Ausdruck gebracht werden, aber nach Ansicht des Autors wird keines der Probleme, die möglicherweise auftreten werden, *dann* schwer zu bewältigen sein, sowie und sofern sie eintreten. Ein Wirtschaftssystem ist notwendigerweise ein Gleichgewichtszustand, der die Handlungen der Individuen, aus denen es sich zusammensetzt, integriert, und das Ergebnis kann nicht anders sein als ein Durchschnitt aller Anstrengungen, die von den Individuen unternommen werden, um am effizientesten und möglichst verschwendungsarm für ihren eigenen persönlichen Lebensunterhalt zu sorgen. Mit einem besseren technischen Verständnis der nationalen Aspekte und der Konventionen, die der individuellen Ökonomie zugrunde liegen, scheinen immer weniger Einmischung seitens der Regierung und immer intelligentere Lenkung durch diejenigen innerhalb des Systems selbst, die sich aktiv an der Arbeit der Versorgung und Befriedigung der wirtschaftlichen Bedürfnisse der Gemeinschaft beteiligen, erforderlich zu sein. Wenn zu viele Menschen versuchen, „zu sparen“, sinkt der Zinssatz und macht es weniger vorteilhaft, dies zu tun. Wenn das Sparen nicht ausreicht, um das Produktivkapital zu erhalten und zu vermehren, steigt der Zinssatz, um der Tendenz entgegenzuwirken. Im Zeitalter des Überflusses kann man diese Angelegenheiten getrost sich selbst überlassen, sobald das Geld- und Schuldsystem mit der physischen Realität in Einklang gebracht worden ist. Es ist die Schaffung von Geld für spekulative Glücksspiele, die diese Wahrheit verzerrt.

Eine schrittweise Weiterentwicklung der Industrie. Damit soll die Notwendigkeit oder die große Bedeutung einer progressiven Weiterentwicklung der Industrie aus ihrer gegenwärtigen Knechtschaft an das Besitztum und von den letzten Überbleibseln wirtschaftlicher Unterwerfung oder Sklaverei nicht geleugnet werden. Zu diesem Zweck sind die Pläne der sozialistischen Zünfte ausgerichtet. Die erbitterten Kämpfe des vergangenen Jahrhunderts werden nicht umsonst gewesen sein, wenn dadurch in der breiten Masse der Arbeiterschaft eine Loyalität und ein Verantwortungsgefühl für sich selbst entwickelt wurde, auf die sie stolz sein sollten und welche sie der Arbeit für die ganze Gesellschaft widmen können. Aber diese weiteren Fortschritte hängen alle von einem allmählichen und geordneten Wachstum ab, das in erster Linie nur durch einen steigenden Lebensstandard erreicht werden kann. All dies wird durch den ständigen Streit und die Sabotage, die die Kämpfe der Vergangenheit geprägt haben und die in erster Linie auf unser zutiefst betrügerisches Geldsystem zurückzuführen sind, verzögert und entmutigt. Das Gleiche könnte man von all der lindernden Sozialgesetzgebung des vergangenen Jahrhunderts sagen, die lediglich versuchte, das durch das Geldsystem verursachte Leid zu regeln und zu mildern, ohne in einem einzigen Fall die Ursache auf intelligente Weise zu bekämpfen. Aber all diese sozialen und politischen Probleme liegen außerhalb des eigentlichen

Anwendungsbereichs dieses Buches, dessen Hauptanliegen es war, die legitime Rolle des Geldes zu erläutern, das bestehende System, so wie es sich entwickelt hat, gewissenhaft zu betrachten und zu zeigen, wie es alle Bemühungen zunichtemacht, einen vernünftigeren und erfreulicheren Gesamtzustand herbeizuführen. Unabhängig davon, welche weiteren gesellschaftlichen Veränderungen entstehen, kann ein unvoreingenommener Forscher, der sich heute mit dem Thema Geld beschäftigt, nicht lange der Schlussfolgerung entgehen, dass es keine Hoffnung auf Frieden, Ehrlichkeit oder Stabilität auf dieser Welt geben kann, solange das System nicht drastisch umgewandelt und seine Fehler beseitigt sind.

Die Währungsreform hat Vorrang. Wie wünschenswert und notwendig es auch sein mag, den politischen, sozialen und wirtschaftlichen Apparat des modernen Staates zu reformieren, um den durch den modernen wissenschaftlichen Fortschritt eingeführten neuen Lebensmöglichkeiten Raum und Freiheit zur Entfaltung zu geben, so sind doch die besonderen Schwierigkeiten, die mit diesem Fortschritt einhergingen, in keiner Weise direkt auf seine Behinderung durch alte Denkgewohnheiten zurückzuführen, sondern auf die neuen und völlig falschen Vorstellungen über Geld. In dieser Hinsicht ist es notwendig, zur fundamentalen Grundlage des Geldes zurückzukehren, als etwas, das keine Privatperson für sich selbst schaffen darf. Alle sollten gleichermaßen den Gegenwert an Waren und Dienstleistungen für das Geld preisgeben müssen, bevor sie es erhalten können. Was wir jetzt haben, ist eigentlich gar kein richtiges Geldsystem, und Geld als etwas, das immer durch Kreditaufnahme und Rückzahlung geschaffen und zerstört wird, ist ein neues Phänomen in der Geschichte. So sind auch alle bekannten Übel unserer Zeit neu in der Geschichte. Sie alle sind Folgen eines falschen Geldsystems. Das stetige Wachstum der Arbeitslosigkeit ist ein Beispiel dafür. Die Macht der Beschäftigung ist letztlich nicht durch den Besitz von Geld gegeben, sondern durch den Besitz der physischen Notwendigkeiten, die der Arbeitnehmer im Laufe seiner Beschäftigung benutzt und konsumiert. Anstatt dass diese nur durch Menschen erworben werden können, die selbst auf gleichwertige Waren oder Dienstleistungen verzichtet haben, wird der Bestand an Erwerbsmitteln der Nation ständig durch Veruntreuungen dezimiert, die sich nur von den kleinlichen Spekulationen der Plagiatoren und Falschmünzerin ihrer Universalität und ihrem kolossalen Ausmaß unterscheiden. Die moderne Arbeitslosigkeit ist, wie das moderne Geld, ein neues Phänomen. Niemand, der die physische Bedeutung dessen wirklich versteht, was heute in der Wirtschaftswelt durch die willkürliche private Schöpfung und Vernichtung von Geld geschieht, kann irgendeine Überraschung darüber empfinden, dass die Welt so beinahe in eine Katastrophe gestürzt wurde.

Selbst ein Schuljunge versteht den Unterschied zwischen dem Ausleihen an einen anderen, also unter eigenem Verzicht, und dem Ausleihen dessen, was einem anderen gehört, damit man selbst nicht verzichten muss. Die Ökonomen stellen es immer noch so dar, als ob die Nation um der Banken willen existierte, wobei die Öffentlichkeit durch die Banken angemessen entschädigt wird, indem diese ihren gewöhnlichen Kunden und Klienten die Kontenführung nicht in Rechnung stellen. Doch sicherlich sind die Banken kaum diejenigen, denen man vertrauen kann, wenn es um die wirtschaftlichen Angelegenheiten einer großen Handels- und Industrienation geht. Der Normalbürger wird zumindest die Bedeutung der Ehrlichkeit im Geldsystem zu schätzen wissen, auch wenn er die Schwierigkeiten, wie die Nation sie erreichen kann, wahrscheinlich stark überschätzen wird.

Das bestehende System ist in einer Zwickmühle. Von denjenigen, die grundsätzlich gegen jede Reform sind, die das interne Preisniveau stabilisieren und die unaufhörlichen

Schwankungen des Geldwertes unterbinden würde, aus denen sie ihren Lebensunterhalt durch Spekulation beziehen, wurde das Thema bisher als Alternative zwischen einer Festsetzung des internen Preisniveaus oder einer Festsetzung der Wechselkurse betrachtet. Die eigentliche Wahrheit ist vielmehr, dass diese Interessensträger wollen, dass die Banken weiterhin in der Lage sind, Geld für ihre eigenen und verwandte Zwecke zu schaffen, ohne sich um die Suche nach echten Kreditgebern bemühen zu müssen. Sie wollen einen gewissen vorhersehbaren anfänglichen Preisanstieg, wobei die Wechselkurse festgesetzt oder gekoppelt werden, um den Gegenwert *nach* einer Preiserhöhung wieder auf das gleichwertige Niveau zu bringen. Sie streben an, dass die Banken, die ihnen das Geld ohne Gegenleistung zur Verfügung gestellt haben, es wieder vernichten, nachdem sie durch seine Verwendung profitiert haben. Aber wenn Ersteres verhindert würde, würde die Frage des Umtausches sehr viel weniger Bedeutung erlangen.

Falls es den Banken weiterhin freisteht, das interne Preisniveau durch fiktive Kredite zu erhöhen und dies durch ausgeklügelte Methoden zur Regulierung der Wechselkurse wieder zu senken, werden uns in Wahrheit alle unsere Importe proportional mehr kosten, ebenso wie der Wert des heimischen Geldes vermindert wird. Unsere Investitionen im Ausland werden dadurch sowohl hinsichtlich des Kapitals als auch der Zinsen proportional an Wert verlieren. Für die Gegenwart gilt natürlich das Gegenteil. Die Geldpolitik, die zu Gunsten der einheimischen Rentiers verfolgt wird, wirkt sowohl gegen ausländische als auch gegen einheimische Schuldner und erweist sich als ein mächtiger, zersetzender Einfluss innerhalb des Reiches. Diese Nation hat nur sich selbst die Schuld zu geben, wenn ihre ausländischen Schuldner bankrottgehen oder andere Wege finden, sich ihren künstlich aufgeblähten Lasten ganz zu entziehen.

Das übliche Argument für die Bindung der Wechselkurse ist, dass die Nahrungsmittel der Nation, die sie mit der Zinszahlung früherer Investitionen größtenteils im Ausland kauft, andernfalls gefährdet sind. Aber als ein Argument gegen eine eigene nationale Geldemission ist es aberwitzig. Es ist das bestehende System, das sich ständig in einem Dilemma befindet und am Ende seiner Weisheit ist, auf welche Weise es das interne Preisniveau manipulieren könnte, ohne ausländische Investitionen zu gefährden. Verhindern Sie Ersteres, und das Zweitgenannte wird nicht eintreten.

Die wirtschaftliche Notwendigkeit von Grenzen. Nichtsdestotrotz wird es weiterhin sehr starke Interessen geben, die sich für eine Festlegung des Wechselkurses und nicht des internen Preisniveaus einsetzen. Sie werden es sich in dieser Weise überlegt haben: Wenn die Wechselkurse frei sind, richten sie sich natürlich gegen das Land, in dem die Güter teurer hergestellt werden, und begünstigen jene, in denen sie billiger sind. So wird verhindert, dass die Märkte der ersteren dem Wettbewerb der letzteren unterworfen werden. Das Geld passt sich dann beim Überschreiten der Grenze automatisch an die Lebenshaltungskosten im neuen Land an. Wenn diese dort niedriger sind, verliert das Geld an Kaufkraft, sollten sie höher sein, gewinnt es an Kaufkraft, sodass es immer in der Lage ist, denselben Vermögenswert zu kaufen, egal auf welcher Seite der Grenze er sich befindet. Aber nach den gewöhnlichen wirtschaftlichen und geldpolitischen Grundsätzen der Rentiers und Bankiers scheint dies falsch zu sein, und es sollte, so meinen sie, durch die Festlegung der Wechselkurse korrigiert werden. Es erscheint absurd, dass eine Person, die im Besitz eines festen Geldeinkommens ist und eine Grenze überschreitet, hinter der die Waren teuer und der Lebensstandard sowie die Löhne hoch sind, nicht besser dastehen sollte, als vor seiner Auswanderung in ein

Land, in dem die Waren billig und der Lebensstandard sowie die Löhne niedrig sind.

Darauf läuft das Argument eigentlich hinaus. Dass eine Person, die in einem Land gespart hat und über ein bestimmtes Einkommen verfügt, in der Lage sein sollte, sich in ein anderes Land zu transferieren und sein Einkommen dort auszugeben, wo er am meisten dafür bekommen kann, dass er in der Lage sein sollte, es im höchstmöglichen Rahmen zu verdienen und auf dem tiefst möglichen Marktwert auszugeben. Grenzen, die ein Schutz für diejenigen sind, die ihren Lebensunterhalt verdienen müssen, sind ein Hindernis für diejenigen, die dies nicht müssen. Die ganze Propaganda für die weltweite Vereinigung zu einer Bruderschaft, während sich alle noch in unterschiedlichen Entwicklungsstadien und Lebensstandards befinden, wird, obwohl sie zweifellos aus falsch idealisierten religiösen Gefühlen entspringt, von denen betrieben, die ihren Lebensunterhalt nicht verdienen müssen oder, falls sie es doch tun, das, was sie verdienen, in einem anderen Land ausgeben wollen. Der Unterschied zwischen dem Freilassen und der Stabilisierung des Austauschs besteht darin, dass denjenigen, die sich in einem fremden Land niederlassen wollen, zwar kein Hindernis, aber auch kein wirtschaftlicher Vorteil geboten wird. Wenn hingegen der Wechsel fixiert ist, dann ist es natürlich völlig unnötig, auszuwandern, um den Vorteil eines niedrigeren Lebensstandards an einem anderen Ort zu nutzen. Es spielt keine Rolle, ob sie „automatisch“ durch einen Goldstandard festgesetzt werden oder, wie es auch beim Kurseinbruch 1929 in den USA durch eine willkürliche Deflation offensichtlich der Fall war. Der Lohn- und Lebensstandard in den fortschrittlicheren Ländern wird dadurch auf das Niveau des in den weniger entwickelten Ländern herrschenden Standards gedrückt.

Freier Austausch bedeutet Freihandel. Mit freiem Devisenhandel wären keine Zollschranken oder komplizierten

Steuerabkommen notwendig, die Nationen wären frei, zu ihrem gegenseitigen Nutzen Handel zu treiben, und es gäbe keine Gefährdung des allgemeinen Lebensstandards in den höher entwickelten Ländern durch externen Wettbewerb mit dem Rest der Welt. Echtes Ausleihen und Borgen zwischen Nationen wäre keine Gefahr mehr und würde unbedenklich, wenn die internen Preisniveaus festgelegt und der Handel freigegeben werden würde. Kurz gesagt, der ganze komplizierte fiskalische Schnickschnack, der heute den Grenzübertritt von Waren behindert, könnte verschwinden, wenn die Währungen der verschiedenen Länder nur in ihrem eigenen Land zu ihren jeweiligen Kaufkraftparitäten ausgetauscht werden könnten und wenn die willkürlichen Paritätsverhältnisse, die festgelegt wurden, als sie alle in Gold konvertierbar waren, ein für alle Mal aufgegeben würden. Wenn das Preisniveau in einem beliebigen Land wie beschrieben festgelegt würde, so wären die Schwankungen im Devisenhandel dann beinahe gänzlich auf Schwankungen des Preisniveaus im Ausland zurückzuführen, und das ist sicherlich so, wie es sein sollte.

Ein Kompromiss ist kaum machbar. Viele einflussreiche Menschen, und sei es auch nur, weil sie plötzliche Veränderungen ablehnen, werden Kompromisse eingehen wollen, indem sie das Bankensystem mit solchen Modifikationen und Schutzvorkehrungen weiterführen, wie die moderne Philosophie des Geldes sie suggeriert. Aber es liegt nicht in der Natur der Wissenschaft, falsche Buchführung als Kompromiss zu betrachten. Einige Menschen ziehen Nutzen aus der Schädigung anderer, und das ganze Plädoyer für einen Kompromiss zielt eigentlich darauf ab, genau zu ermitteln, wie die Schädigungen am besten vor dem Wissen der ahnungslosen Opfer verborgen werden können.

Der entscheidende Punkt, in dem keine Kompromisse möglich sind, ist zweifellos die Gesamtmenge des Geldes, die immer öffentlich bekannt sein sollte, wie dies für das antike Münzgeld galt, das viele Jahrhunderte vor Christus in Athen und Sparta im Umlauf war. Die Vollmacht, diese Gesamtmenge des Geldes zu erhöhen oder zu verringern, muss dem Bankensystem abgerungen und der zentralen Kontrolle der Nation übertragen werden. Zudem sind diejenigen, die im Jargon des Geldmarktes geboren und aufgewachsen sind, die letzten, denen bei der Entscheidung, ob die Emission erhöht oder verringert werden sollte, Vertrauen entgegengebracht werden kann. Alle ihre scheinheiligen Ausdrücke wie „spekulativer Boom“, „fiktiver Wohlstand“, „übermäßiges Vertrauen“ und dergleichen, die in der Vergangenheit von vermeintlich unparteiischen Schülern des Geldsystems so leichtfertig geschluckt wurden, sollten jetzt allgemein als höfliche Art und Weise anerkannt werden, die Eingeweihten darüber zu informieren, dass der Lebensstandard der Arbeiterklasse gefährlich über das Existenzminimum steigt und der entsprechende Umgang mit der Geldmenge konstruiert wird, um ihn zu senken.

Kapitel IX
Ehrlichkeit als beste Geldpolitik

Die Zeichen einer neuen Wahrheit. Wir würden unserer Aufgabe nicht gerecht, wenn dieses Buch es versäumte, zumindest dem Verstand des Lesers einige Anhaltspunkte zu vermitteln, durch die ein wissenschaftlicher Forscher oder Wegbereiter in neue Gedankenregionen bemerkt, wann er sich auf sicherem Boden befindet, selbst wenn alle anderen ihn für verrückt halten mögen. Diese philosophische Frage ist von großem Interesse, denn wenn wir die Geschichte des Fortschritts untersuchen, scheint die Richtung, die er genommen hat, oftmals eine Frage der Intuition und der Überzeugung zu sein, anstatt sich auf etwas zu stützen, das seinerzeit als überzeugender oder logischer Beweis akzeptiert worden wäre. Dabei handelt es sich vielleicht um ein Fremd- oder Mehrheitsurteil derjenigen, die, bewusst oder unbewusst, eher spätere praktische Erfahrungen als grundlegende theoretische Prinzipien zum Beweis akzeptieren.

Eines dieser Anzeichen ist sicherlich, dass etwas, das sich zunächst wie ein Puzzle aus unzusammenhängenden Ereignissen und Rätseln darstellt, sich plötzlich zu einem Bild zusammenzufügen scheint, das sich wieder im Dunst der Ungewissheit verliert, aber immer wiederkehrt, jedes Mal ein wenig geordneter und deutlicher. So muss es vielen Menschen ergangen sein, die, nachdem sie sich einmal auf den Weg gemacht hatten, die konventionellen Illusionen aufzugeben, die durch die Verdrängung der Vermögenswerte durch bloßes Geld hervorgerufen wurden, nicht mehr umkehren können, bevor sie nicht überall die konkrete Realität und die physischen Vorstellungen wieder auf ihren rechtmäßigen Platz zurückgebracht haben, und die nie wieder an den konventionellen und impressionistischen Überzeugungen festhalten können, die heute noch vorherrschend sind, was die Ursache und Heilung der Weltunruhen betrifft. Es scheint eine befriedigende Übereinstimmung zwischen der ganzen Natur des ungelösten Problems und der sich anbahnenden Ausdeutung desselben zu geben, so z. B., dass keine der Krankheiten, die die menschlichen Verhältnisse heute belasten, auf wirkliche körperliche Unzulänglichkeiten zurückzuführen sind, wie sie die früheren Epochen der Geschichte kennzeichneten. Sie sind auf das genaue Gegenteil zurückzuführen: „Überproduktion", „Überfluss", Wettbewerb um Märkte und Ähnliches, was das Fortbestehen von Armut und Elend physisch ad absurdum führt. Wo ein Herr Baldwin[27] fragt: *„Was nützt es, Güter herstellen zu können, wenn man sie nicht verkaufen kann"*, antwortet der Neue Ökonom sofort: *„Warum können wir sie nicht verkaufen? Wofür dient denn Geld?"*, und durchtrennt damit auf einmal den gordischen Knoten des ganzen Gewirrs.

Ein weiteres Zeichen ist die Rückwärtsprojektion des neuen Blicks auf die Vergangenheit, und wie er auch dort Licht auf das wirft, was vorher geheimnisvoll und unerklärlich war. In diesem Zusammenhang ist es ein erfreuliches Zeichen, dass viele moderne Geschichtsstudenten beginnen, die wichtige Rolle der monetären Ursachen in den Veränderungen des Schicksals und der Richtung, die die Nationen erfasst haben, zu erkennen. Sie begreifen nun, dass diese monetären Ursachen eine weitaus wahrhaftigere Erklärung für den tatsächlichen Hintergrund liefern als die Persönlichkeiten und Motive derjenigen, die offensichtlich die Hauptdarsteller des Dramas waren. In der Geschichte des vergangenen Jahrhunderts hatten wir Gelegenheit, zu beobachten, wie der Goldstandard funktionierte und wie er völlig unfähig war, die Auswirkungen

[27] A.d.Ü.: Stanley Baldwin (1867–1947) war ein Politiker der britischen Konservativen Partei, der die Regierung während der Zwischenkriegszeit maßgeblich prägte und dreimal als Premierminister amtierte: von Mai 1923 bis Januar 1924, von November 1924 bis Juni 1929 und von Juni 1935 bis Mai 1937.

eines falschen Währungssystems auf jedes einzelne Land zu begrenzen, wie es beabsichtigt war, doch nach und nach das Störfeld ausweitete und vergrößerte, bis es nun die ganze Welt in Mitleidenschaft zieht.

Ein weiteres Zeichen für die Kraft einer neuen und wahren Idee ist ihre Ausweitung von ihrer unmittelbaren Anwendung auf verwandte Probleme, um ein neues Licht auf diese Aufgabenstellung zu werfen. So haben wir gesehen, dass derselbe Fehler, der das Scheitern des Geldsystems erklärt, auch die alten Verwirrungen im politischen und wirtschaftlichen Bereich verursachte. Es geht um das Kapital und den chronischen Kampf zwischen dem, was als Kapitalismus oder Individualismus bezeichnet wird, und dem Sozialismus, der heute mehr denn je im Zweifel ist. Dies sind also einige der Pfade, auf denen eine neue Idee ihren Weg in das allgemeine Bewusstsein findet, obwohl sie im Gegensatz zu überlieferten und stereotypen Denkgewohnheiten steht, und es ist der besondere Glanz unserer Zeit, dass sich diese Inkubationszeit durch die allgemeine Beschleunigung der Lebensweise, durch eine breitere und liberalere Bildung, nicht nur formaler Art, sondern gerade in der Atmosphäre, die ein moderner Bürger heute atmet, unglaublich verkürzt. Während es vor einem Jahrhundert drei oder vier Generationen gedauert hat, bis etwas Neues im Denken den allgemeinen Geist durchdrang, erleben wir heute, wie sich der gesamte Prozess von Jahr zu Jahr vor unseren Augen abspielt. Wenn man einmal die grundlegende Tatsache begriffen hat, dass wir in einem Zeitalter leben, das sich nur durch seine Wissenschaft und durch sein Verständnis und seine Kontrolle der physischen Realitäten der äußeren Welt auszeichnet, dann müssen wir sicherlich die logische Konsequenz akzeptieren, dass alles, was sich gegen die physische Realität richtet, nicht weiter bestehen darf. Jeder Versuch, die Welt auf einem physisch unpassierbaren Weg zu ordnen, widerspricht der Triebkraft des Fortschritts und kann, wenn er darauf beharrt, nur Unheil bringen. Kurz gesagt, wir leben in einem wissenschaftlichen Zeitalter, dessen Zweck durch den Fortbestand des Glaubens an das Geld als praktischem Verteilungsmechanismus vereitelt wird, der das genaue Gegenteil dessen ist, was dieses Zeitalter ermöglicht hat. Zwar sind die Erscheinungen und Auswirkungen von endloser Unklarheit und Komplexität, aber das Heilmittel ist weder unklar noch komplex. Es ist so verheerend einfach und wirksam wie die Korrektur eines Rechenfehlers.

Die Währungsreform beginnt zu Hause. Der US-amerikanische Plan. Viele Menschen möchten die Geldreform zu einer internationalen Frage machen und haben die vage Vorstellung, dass Geld international sein sollte. Einige der Interessen, die dafürsprechen, nämlich diejenigen, die auf dem höchstmöglichen Markt verdienen und auf dem niedrigsten Markt ausgeben wollen, wurden soeben genannt. Andere glauben, solange der internationale Bankier nicht unter Kontrolle gebracht sei, bleibe es müßig, zu versuchen, sich mit dem internen Währungssystem zu befassen. Nach Ansicht vieler ist die Politik von Präsident Roosevelt in Wirklichkeit auf ein Kräftemessen mit den internationalen Währungsinteressen ausgerichtet, bevor sie sich mit den engeren Nachbarn auseinandersetzt. Was auch immer man davon halten mag, sie scheint noch kein einziges klares Grundsatzgebot zu enthalten, das nach Ansicht des Verfassers für jede echte dauerhafte Reform unerlässlich ist. Die nationalen Ausgaben für den wirtschaftlichen Wiederaufbau Amerikas bewegen sich in einer Größenordnung, die den Vereinigten Staaten eine permanente Neuverschuldung aufbürden und sie in eine Steuererhöhung in Höhe von etwa £100 Millionen pro Jahr verwickeln wird.

Nun ist es ein ziemlicher Irrtum, sich vorzustellen, dass bei einer Politik, die darauf abzielt, die Staatsverschuldung zu erhöhen, den monetären Interessen überhaupt etwas entgegengesetzt sein könnte, denn das ist letztlich heute das Hauptobjekt und der Hauptzweck des Krieges selbst. Dies liegt genau in der Stoßrichtung des geringsten Widerstandes des alten Systems, auch wenn es oberflächlich als extravagant kritisiert werden mag. Das Ziel dieses Systems ist die Erhöhung aller Formen der Staatsverschuldung. Die Nagelprobe der Reform ist ihre Tilgung oder Amortisierung aus den Einnahmen. Es wäre alles völlig unnötig gewesen, wenn die amerikanische Nation von Anfang an den einzig sicheren Schritt zum endgültigen Erfolg getan hätte, anstatt ihn zu vertagen und vielleicht nie zu erreichen. Der erste Schritt besteht darin, sich mit der Frage des Geldes selbst zu befassen. Denn die Macht sowohl des internationalen als auch des internen Bankwesens hängt von der Fähigkeit ab, das interne Preisniveau immer in Bewegung zu halten. Stellt man dies unter die nationale statistische Kontrolle, indem man das gesamte Geld nationalisiert und den aggregierten Ausgabebetrag reguliert und die Devisen frei gibt, so hat eine Nation mit einem ehrlichen Geldsystem von der Manipulation des Preisniveaus in anderen Ländern nichts zu befürchten. Wird jedoch das Geld zu Hause nicht ehrlich verwaltet und sein Preisniveau variiert, indem es nach Bedarf der Spekulanten geschaffen und vernichtet wird, so wird es früher oder später zum sicheren Opfer eines Angriffs von außen, der darauf abzielt, den Lebensstandard auf das niedrigste Niveau zu senken, das anderswo herrscht.

In dieser Hinsicht sind die Vereinigten Staaten sicherlich stärker und besser in der Lage, sich selbst zu schützen als die älteren und stärker verschuldeten Nationen Europas. Es mag sein, wie alle vernünftigen Menschen hoffen müssen, dass die mutigen positiven Schritte, die der Präsident der Vereinigten Staaten unternommen hat, um die künstliche Lähmung ihres Wirtschaftssystems durch das Bankensystem zu überwinden, ihn politisch stark und geachtet genug machen, um etwas zu tun, das wahrscheinlich dauerhaft wirksamer ist als alles, was er bisher versucht hat, dass er tatsächlich in der Lage sein wird, der Welt ein auf der physischen Realität basierendes Geldsystem zu geben. Doch dies scheint immer noch sehr zweifelhaft zu sein. Wenn argumentiert wird, dass Schnelligkeit der Kern des Problems war, und dass wegen der weit verbreiteten akuten Notlage schnelle Rückflüsse unerlässlich waren, dann ist die korrekte Ausgabe neuen Geldes ebenso schnell möglich, wie die inkorrekte, sofern die damit verbundenen Grundsätze verstanden werden. In jedem Fall hätte die Nation die provisorische Kontrolle über das gesamte Bankensystem übernehmen müssen, und unter diesen Umständen hätte in Erwartung der vollständigen Abschaffung der privaten Geldemission der vorhandene Betrag stabilisiert und durch nationale Emissionen erhöht werden können. Hätte man dies durch die Aufnahme echter Kredite getan und diese durch Ausgabe neuen Geldes mit entsprechendem Steuererlass wieder in Umlauf gebracht, wäre das Preisniveau nicht gestört worden. Würde hingegen bewusst eine Preiserhöhung angestrebt, kann niemand so tun, als ob es dabei Schwierigkeiten gäbe – die echten Kredite wären in diesem Umfang nicht notwendig gewesen. Die Situation wäre dann vom ersten Moment an absolut unter nationaler Kontrolle gewesen.

Zusammenfassung der Reformprinzipien. Wie auch immer es getan wird, es kann keine Frage geben, was getan werden muss. Geld ist eine Schuld, die nicht zurückgezahlt werden kann, weil es nichts gibt, mit dem diese zurückgezahlt werden könnte. Kapital ist eine Schuld, die nicht rückzahlbar ist, weil es ihr gegenüber nur Dinge von gesellschaftlichem Nutzen gibt, welche nie wieder in das umgewandelt werden können, was der Einzelne benötigt und konsumiert. Was das Erste betrifft, so möge es von und für die ganze Nation ausgestellt werden, sobald Güter zur Verwendung und zum Verbrauch ohne Geld auf dem Markt erscheinen, welche nicht verkauft werden können, ohne die Preise zu drücken. Was die zweite Möglichkeit betrifft, so sollten alle Schulden getilgt werden, indem ein Teil der Einnahmen, die sie abwerfen, für die Tilgung zweckgebunden wird, und bei nichtproduktiven Dauerschulden sollte die Rendite so berechnet werden, dass sowohl der künftige Wert des Kapitals auf seinen Wert in der Gegenwart abgezinst als auch der Anstieg dieses Wertes in der Zukunft berücksichtigt wird. Im ersten Fall sollten wir physische Zähler anstelle von magischen Nullen unter Null gebrauchen, und im zweiten Fall, wenn die Inkremente vorwärtsgerichtet sind, auch rückwärtsgerichtet dekrementieren.

Was die Übergangsphasen anbelangt, so wäre ein Preisindex auf der Basis der wichtigsten Aufwendungen eines durchschnittlichen Mittelschichthaushalts festzulegen, sowie die Banken aufzufordern, stets Pfund für Pfund nationales Geld auf ihren per Scheck abrufbaren Girokonten zu belassen, ferner ein nationales statistisches Beratungszentrum auf unabhängiger wissenschaftlicher Grundlage einzurichten und die Münzanstalt für die Ausgabe des gesamten Geldes zu rekonstituieren. Man vermeide wie die Pest Regelungen zur Verstaatlichung der Banken. Das Ziel besteht darin, die private Münzprägung zu stoppen und das Geld selbst zu verstaatlichen, und nicht darin, die rechtmäßige Kontoführung oder andere Finanzinstitutionen zu kontrollieren. Künftig sollen einerseits der Erlös aus der Geldemission zur Entlastung des Steuerzahlers und andererseits der Erlös aus der Besteuerung „unverdienter Einkünfte" zum Kapitalerwerb für die Nation vorgesehen werden und zwar für den Kauf des Kapitals, aus dem sie stammen. Dies deckt zumindest all das ab, was im Hinblick auf die interne Reform des Systems grundlegend und wesentlich erscheint, und zwar auf möglichst einfache und offene Weise und mit einem Minimum an Eingriffen in die wirtschaftliche Organisation der Nation.

Die Börsen befreien. In Bezug auf seine außenwirtschaftlichen Transaktionen, sowohl mit anderen Nationen als auch mit Mitgliedern der eigenen Familie, müssen die

Börsen freigegeben und ebenfalls unter nationale Aufsicht gestellt werden. Sie sollen ihr eigenes Niveau finden und die Nationen nicht auf das niedrigste Niveau herunterziehen. Vergessen wir, wie viele Dollar in Amerika, Francs in Frankreich oder Mark in Deutschland unter dem Goldstandard auf das Pfund gingen. Stellen wir sicher, dass genauso viele auf das Pfund gehen, wie im betreffenden Land dasselbe kaufen werden, wie das Pfund hierzulande. Reduzieren wir Gold auf den Stellenwert einer Ware, um lediglich eine bequeme internationale Abwicklung zu ermöglichen, und lassen wir es wie jede andere Ware kaufen und verkaufen. Dann gibt es keinen Vor- oder Nachteil beim Tausch des Geldes eines Landes gegen ein anderes, der sich nicht sofort korrigiert, indem er die Abwicklung durch Waren statt durch den Austausch von Geld erleichtert. Dann können Länder nur noch ihre eigenen Waren und Dienstleistungen verleihen und mit denen ihrer Schuldner ausbezahlt werden. Statt Rivalen und Feinde auf den Märkten der jeweils anderen Länder zu sein und Zollschranken zum Schutz ihrer eigenen Märkte zu errichten, werden die Nationen durch ihre Tauschgeschäfte geschützt und endlich Frieden finden, anstatt alle gleichermaßen die Dummen in den verwickelten Finanzoperationen darzustellen, bei denen A verleiht, was B sich borgt und C liefert.

Hohe Ansprüche? Jawohl! Aber von der anderen Hälfte wurde noch gar nicht gesprochen. Lasst nur eine einzige Nation ganz im Gewand der Ehrlichkeit aufstehen, und sie kann der Welt ohne Furcht vor den Schikanen und Verschwörungen entgegentreten, die noch immer in anderen Ländern als Geldwesen herhalten müssen. Roosevelt, so scheint es, glaubt es politisch nicht, aber dennoch scheint es wissenschaftlich wahr zu sein. Unsere Reform beginnt zu Hause – soll doch der Völkerbund sich mit dem Versuch befassen, die ganze Welt zu reformieren. Ohne sich zuerst mit dem Bösen in unserer Mitte auseinanderzusetzen, mag es ein Kreuzzug sein, aber es ist keine praktische Politik.

Sich jedoch mit dem Schwert und dem Schild der Wahrheit zu rüsten, hieße, die ganze Welt zu unserem Verbündeten zu machen, auch wenn alle draußen noch in der Gewalt der Geldmacht sind. Wie Major Douglas in diesem Zusammenhang weise gesagt hat, löst man ein Problem nicht, indem man es größer macht.

Die wahre universelle Diktatur. Zweifellos werden sich viele über die Vorstellung lustig machen, dass eine solche Kindergartenvorstellung wie das ehrliche Zählen heutzutage der Schlüssel zu Problemen sei, die seit Generationen die kollektive Weisheit der Staatsmänner und Berater der Welt entsetzt haben. Aber was ist die moderne Welt ihnen schuldig? Es ist eine Welt, die durch genau diese Art von Ehrlichkeit und durch die Abschaffung aller vorgetäuschten Wunder im Bereich der physischen Realitäten bis in die Vorhölle des Aberglaubens und der Magie geschaffen wurde.

Es ist ein ungewöhnlicher Gedanke, dass die früheste Beschreibung der Dampfmaschine in der Antike ihre Verwendung für das magische Öffnen der Tempeltüren erwähnt, wobei die Priester die Feuer auf den Altären entzündeten, um die Bevölkerung zu täuschen, indem sie einer Gottheit zuschrieben, was das Werk des Ingenieurs war. Ähnlich wie heute wird die schier grenzenlose Fruchtbarkeit der kreativen wissenschaftlichen Entdeckungen und Erfindungen unserer Zeit zum Zweck der geheimnisvollen Öffnung der Türen zum Allerheiligsten der Mammontempel durch eine Hierarchie von Betrügern und Schwindlern vereinnahmt, die es als erste Pflicht einer gesunden Zivilisation zu entlarven und zu beseitigen gilt.

Hören wir auf, so zu tun, als ob sich die Wirtschaft nicht mit Moral befassen sollte, denn die Art von Moral, um die es hier geht, ist eine Selbstverständlichkeit, welche von der Wirtschaft als selbstverständlich vorausgesetzt wird, sonst könnte es ein Wirtschaftssystem überhaupt nicht geben. Nach den Erfahrungen der Kriegs- und Nachkriegsepoche der heimtückischen Betrügereien, die das System der Geldschöpfung und Geldvernichtung mit sich gebracht hat, ist sich die Öffentlichkeit – wenn nicht sogar die Ökonomen – voll bewusst und sollte darauf bestehen, dass ehrliches Geld unendlich wichtiger ist, als ehrliche Maße und Gewichte. Das „Kreditsystem", das im letzten Jahrhundert als großer Fortschritt bei der Erleichterung von Handel und Spekulation verehrt wurde, erscheint jetzt als ein ziemlich kindisches Instrument, um Geld von einer immer wechselnden Datumslinie unterhalb der Nulllinie aus zu berechnen, was zweifellos einmal nützlich war, sich nun aber rächt.

Wertvolle Besitztümer im Wert von Tausenden von Pfund, deren Herstellung Monate gedauert hat, gehen in den Besitz von Menschen über, die nicht das Geringste zu deren Herstellung beigetragen haben, sei es auch nur durch einen Kratzer in einem Bankbuch hinter den heiligen Toren eines Bankdirektors. Millionen von Arbeitsstunden gehen in eine Warenlieferung, die möglicherweise auf die andere Seite der Welt geht, und – Simsalabim! – der Exporteur wird dafür bezahlt und erhält die Erlaubnis, sich mit den Waren seiner eigenen Nation zu versorgen, bevor die von ihm verkauften Waren überhaupt den Hafen verlassen. Schlimmer noch, wenn die ausländischen Waren ankommen, verschwindet das geschaffene Geld, um diese zu bezahlen. Sodass unter dem kabbalistischen Abrakadabra von „diskontierten Wechseln", „Akzepten", „Geld auf Zeit und kurzfristigen Abruf" die Koexistenz der Nationen zu einer Unmöglichkeit wird, und auch sie müssen weichen, damit nichts die Verwirklichung des physisch Unmöglichen, das Zählen unterhalb der Ebene, wo es etwas zu zählen gibt, behindert.

Es soll kein Irrtum darüber bestehen, was daran falsch ist. Es ist weder der Wechsel an sich noch irgendeine der legitimen Vorrichtungen, die die Geschäftswelt erfunden hat, um den internationalen Handel zu erleichtern, sondern alle Bankentricks, die nicht ausgeführt werden könnten, wenn das Geld aus physischen Wertmarken oder Zählern bestünde, die zahlenmäßig nicht negativ gemacht werden können. Wenn dies so wäre, so könnte niemand, egal welcher Art, an Geld kommen, ohne dass jemand anders darauf verzichtet, mit Ausnahme des Staates, der das Geld in erster Linie bereitstellt. Die Nagelprobe ist ebenso wie das Heilmittel wirklich erschütternd einfach. Aber das hindert sie nicht daran, bis zum letzten Graben von den Bankiers bekämpft zu werden. Zwar stellen sie alle möglichen lächerlichen Behauptungen auf, sie würden mit ihren Methoden nicht ständig Geld erschaffen und vernichten, lehnen es jedoch ab, dass solche Behauptungen auf diese einfache physische Probe gestellt werden.

Ist es so absurd zu behaupten, dass der ganze Komplex des Weltwahnsinns geheilt werden könnte und würde, indem man den Bankier durch eine ehrliche Rechenmaschine ersetzt? Diese Art von Diktatur existiert in der Tat bereits universell, unabhängig von der Vorgabe, und die Nation, die als erste die Wahrheit erkennt, wird weder einen anderen Diktator innerhalb ihres Reiches errichten noch Aggression oder Einmischung von außen fürchten müssen.

Zurücktreten, um besser zu springen.[28] So haben wir den Ursprung der heutigen sozialen und internationalen Unruhen und die Enttäuschung über die nutzbringenden wissenschaftlichen Fortschritte und Erfindungen, die die primären Kräfte der Natur in den Dienst des Menschen gestellt haben, auf eine einzige Ursache zurückgeführt, auf Schulden, die von ihrer Natur her niemals zurückgezahlt werden können! Es wurden zwei Klassen unterschieden. Die erste ist die Verschuldung in Bezug auf Güter und Dienstleistungen, die bei der Entstehung von Geld aufgegeben werden, um den direkten Austausch in Form von

[28] A.d.Ü.: Im Original als ein französisches Idiom: „*Reculer pour mieux sauter*"

Tauschgeschäften zu ersetzen und welche den zeitlichen Abstand zwischen Produktion und endgültiger Verwendung oder Konsum überbrückt. Die zweite ist die von Einzelpersonen aufgebrachte Geldverschuldung, um die Gemeinschaft mit den Gütern und Dienstleistungen zu versorgen, die für den Aufbau der allgemeinen Produktionsorganisation erforderlich sind und die bei der Herstellung der vor Produktionsbeginn erforderlichen Anlagen und Zubehörteile *verbraucht* werden. Diese Produkte sind für den Verbraucher nutzlos und können aufgrund ihrer Beschaffenheit niemals zur Rückzahlung an die Gläubiger weitergegeben werden.

Um die Leiden der Welt zu lindern, wurde jede Form von Gaunerei, Ausflüchten und Aufschub vergeblich versucht, und viele andere werden vorgeschlagen, aber eine Abhilfe wird immer noch übersehen, die sich von all den Linderungen, Verbesserungen und Kompromissen, der blinden Verstrickung und den internationalen Gegensätzen und Konflikten und der müden Runde sozialer und wirtschaftlicher Auseinandersetzungen durch Unmittelbarkeit, Einfachheit und Wirksamkeit auszeichnet. Die Wahrheit selbst ist es. Ehrlichkeit ist die beste Politik, und in keinem Zusammenhang könnte das alte Sprichwort offensichtlicher sein als in Bezug auf Geld selbst. Lassen Sie uns in dieser Hinsicht, wie die Franzosen sagen, *reculer pour mieux sauter*. Lassen Sie uns keinen einzigen Schritt nach vorn tun, bevor wir nicht zuerst einen zurückgetan haben.

Was darf man rechtmäßig erschaffen – Vermögen oder Geld? Unser politischer, sozialer und juristischer Apparat ist möglicherweise überaltert und bedarf einer Änderung des Denkens und der Praxis, um den neuen Bedingungen und Formen, mit denen die Menschen ihren Lebensunterhalt verdienen, Raum zu geben. Unsere Formen des menschlichen Zusammenlebens mögen dem Untergang geweiht sein, unser Glaube an sie erschüttert und der Geist der Menschen verfinstert sein. Aber das sind keine Ursachen, sondern Folgen. Denn wer würde es wagen, so zu tun, als stünde es außerhalb des Gesetzes und der Verfassung, dieses oder eines anderen Landes, erfolgreich die Erwerbsarbeit zu erleichtern und es den Menschen zu ermöglichen, nicht mehr so leben zu müssen, wie die Tiere? Oder wagt jemand zu behaupten, es sei gesetzmäßig, Geld zu veräußern und zu vernichten?

Das Geldsystem ist nicht überaltert oder senil. Es ist neuartig, aufstrebend und gebieterisch, es vereitelt den technischen Fortschritt, indem es ihn in Kanäle der Zerstörung umleitet und die Autonomie nicht nur einer Nation, sondern aller Nationen gleichermaßen in Frage stellt, sodass nun die ursprünglichen Autoritäten, die für die Erhaltung dieser Autonomiebedürfnisse gebildet wurden, sich bei ihm einschmeicheln müssen, um überhaupt zu herrschen. Durch Landesgrenzen gehemmt, kann nichts es zufriedenstellen, solange nicht die ganze Welt für das Bankwesen sicher gemacht wird, sodass seine grundsätzliche Zahlungsunfähigkeit dem Risiko einer Aufdeckung trotzen kann. Unter dem fadenscheinigen Deckmantel einer Vereinheitlichung der Menschheit strebt sie eine absolute Diktatur an, unter der niemand außer zu ihren Gunsten und zur Förderung ihrer überweltlichen Launen leben darf.

Der britische Weg. Lasst uns nicht, wie es andere Länder im Griff dieser unsozialen Innovationen getan haben, das besondere einheimische Gewächs der Freiheit des Individuums und des persönlichen Lebens verwerfen oder unter diesem neuen Absolutismus in sinnlose Verzweiflungskrämpfe treiben. Wir wollen es als das betrachten, was es ist, mit seiner Macht aus dem Verleihen von Lizenzen zum Leben, mit seinen Einnahmen aus dem Tribut, den ihm ausnahmslos alle zahlen müssen, und mit seiner unbändigen Wucht aus der Auswirkung, die erst jetzt einer betrogenen Welt dämmert, welche ihre Pfandscheine niemals zurückzahlen kann, da sie fiktiv sind. Kehren wir um, wo andere stur verharrten, und schreiten wir dort voran, wo andere wieder umkehren mussten. Lassen Sie uns nicht die Menschen versklaven, damit die Heuchler herrschen können, sondern holen wir uns unsere souveräne Macht über das Geld zurück, damit die Menschen frei sein können. Diesen Weg haben die Briten schon einmal beschritten.

Das kostspielige System einer juristischen Maschinerie, die wir unterhalten, um zu verhindern, dass solche Dinge geschehen, ist nicht als Handlanger der Regierung entstanden oder hat in solcher Form an öffentlicher Wertschätzung gewonnen, sondern war von jeher das Bollwerk der Völker gegen den Verrat der Regierungen. Obwohl das gewerbsmäßige Lügen der blumige Weg zur breiten Pforte der Beförderung ist, stellt die Prüfung der Wahrheit immer noch den Zweck des Gesetzes dar. Auch wenn die Vorboten eines neuen Armageddon aufbrechen, sollte die Wahrheit innerhalb oder außerhalb des Gesetzes auf die Probe gestellt werden. So zu tun, als höre man nichts, als wisse man nichts, als seien die Organe des öffentlichen Bildungswesens betäubt, die Starken in der Falle und die Weisen im Nebel – ist auch das eines der Übel der Wissenschaft oder das ihrer Verneinung?

Soll die Frage vor Gericht oder im Rahmen von Wahlkampfveranstaltungen geprüft werden? Ist eine Mehrheit dafür notwendig, ein Gesetz wieder in Kraft zu setzen, welches nicht aufgehoben wurde oder dafür, die Geldfälschung zu stoppen, weil sie alle vereinnahmt hat? Ist es notwendig, das Gesetz zu brechen, um das Gesetz zu verteidigen, oder demokratischen Organisationen zu vertrauen, die immer im Voraus durch genau diejenigen Interessen im Amt gehalten werden, die sie vorgeblich bekämpfen? Ist es möglich, einen Kompromiss mit einer Lüge einzugehen, indem man neue erfindet, um die erste zu vertuschen? Lassen Sie uns unser Geldsystem auf den schmalen Grat der Ehrlichkeit zurückführen, als ersten Schritt zu einem Sprung nach vorn auf dem breiten Grat des Fortschritts. Es vergiftet die Luft, die der Mensch atmet, vergiftet ihn auf Lebenszeit oder mästet ihn zu Tode und schreibt seinen Fluch der Wissenschaft zu.

Der wahre Antagonist. Tatsächlich beruht das Geldsystem auf genau jenem Irrtum, der die Quellen der Größe der westlichen Zivilisation verleugnet. Es dient nur der Bequemlichkeit einer Plutokratie von Schmarotzern und Emporkömmlingen, die eine weltliche Weisheit im genauen Widerspruch zu dem praktiziert, was die Grundlage des Zeitalters ist. Sie bevorzugt das Dunkle, in Zeiten in denen alle Menschen das Licht suchen. Sie pflanzt eine Saat von Hass und Krieg in eine Welt, die des Kampfes überdrüssig ist, und verdirbt die Quellen der westlichen Zivilisation. Die Wissenschaft muss sich von der Eroberung der Natur abwenden, um sich einem noch unheimlicheren Antagonisten entgegenzustellen, oder sie verliert alles, was sie erreicht hatte.

to cover up the first? Let us lift back our monetary system on to the narrow gauge of honesty as the first step to a leap forward on the broad gauge of progress. It poisons the very air men breathe, rots them for life or fattens them for death, and imputes its curse to science.

The Real Antagonist.—The monetary system is actually based on the very error to the point blank denial of which Western civilization owes its greatness. It serves only the convenience of a parasitic and upstart plutocracy practising a worldly wisdom the exact opposite of that which is the foundation of the age. It prefers the dark in times when all men seek the light, and is sowing the seeds of hatred and war in a world weary to death of strife. It is poisoning the wells of Western civilization, and science must turn from the conquest of Nature to deal with a more sinister antagonist, or lose all it has won.

ENVOI

Clear as crystal waters spring the founts of Truth.
As clear once sprang the science that unloosed
The stream of wealth now dammed and mounting up
To sweep away the age that shuns rebirth.

Virgin springs the fount again, a moment born
Unfouled by intercourse, a moment God
To forge the heart-beat of humanity
And bring belief to being whole and sound.

ENVOI

Clear as crystal waters spring the founts of Truth.
As clear once sprang the science that unloosed
The stream of wealth now dammed and mounting up
To sweep away the age that shuns rebirth.[29]

Virgin springs the fount again, a moment born
Unfouled by intercourse, a moment God
To forge the heart-beat of humanity
And bring belief to being whole and sound.[30]

---

[29] Die Quellen der Wahrheit sprudeln rein wie Kristall.
So klar wie auch einst jene Wissenschaft entsprang,
Die einen Strom des Reichtums löste, der sich nun staut und schwillt,
Um das Zeitalter wegzufegen, das eine Wiedergeburt scheut.

[30] Frisch entspringt die Quelle wieder im Moment einer Geburt,
Rein und unbefleckt, einen Augenblick lang Gott,
Um den Herzschlag der Menschheit zu schmieden
Und die Hoffnung auf das Heile und Gesunde zu bringen.

Bibliographie

1. Wealth, Virtual Wealth, and Debt. F. Soddy. (Allen and Unwin, 1926). Neue, erweiterte Auflage, 1933. Dies enthält die ursprünglichen Ideen der *Energietheorie des Vermögens* und der *Geldtheorie des Virtuellen Vermögens*, die in *Cartesian Economics* (Hendersons, 1922) und anderen Schriften angedeutet werden.

2. Money versus Man. F. Soddy. (Elkin Mathews and Marrot, 1931). Eine prägnante Darstellung desselben.

Unter den Büchern, die den obigen Ansichten am ehesten entsprechen, sind die folgenden zu nennen:

3. The Principal Cause of Unemployment. Denis W. Maxwell. (Williams and Norgate, 1932).

4. Promise to Pay. R. McNair Wilson. (Routledge and Sons, 1934)

Beide befassen sich insbesondere mit dem internationalen Handel, wobei letzterer zurecht den Anspruch erhebt, das Thema für jeden Leser ab dem 16. Lebensjahr verständlich darzustellen.

Ein weiteres kürzlich erschienenes Buch, das sich mit der Lage in verschiedenen Ländern befasst, ist:

5. The Breakdown of Money: An Historical Explanation. C. Hollis. (Sheed and Ward, 1934).

Für eine gemäßigte Stellungnahme zu den „Social Credit"-Vorschlägen von Major Douglas, die eine Bibliographie der Literatur enthält, siehe:

6. This Age of Plenty. C. Marshall Hattersley. (Sir Isaac Pitman and Sons, 1929).

Es folgen das erste und das letzte Buch von S. A. Reeve:

7. Cost of Competition. S. A. Reeve. (New York: McClure, Phillips and Co., 1906). Beschäftigt sich mit der Verschwendung im wettbewerbsorientierten „Kommerzialismus".

8. THE NATURAL LAWS OF SOCIAL CONVULSION. S. A. Reeve. (New York: Dutton and Co., 1933). Gibt die in diesem Buch übernommene Theorie von Krieg und Revolution wieder.

Das System und die Entwürfe von Silvio Gesell finden Sie in:

9. THE NATURAL ECONOMIC ORDER. Silvio Gesell, übersetzt durch P. Pye aus der 6. Deutschen Ausgabe (Neo-Verlag, Berlin-Frohnau, 1929).

10. FREE MONEY. J. Henry Biichi. (Search Publishing Co., 1933)

11. STAMP SCRIP. Irving Fisher. (Adelphi Co., New York, 1933)

Für Informationen über die Technokratie:

12. THE A.B.C. OF TECHNOCRACY. Frank Arkright. (Hamish Hamilton, 1933)

13. WHAT IS TECHNOCRACY? Allen Raymond. (McGraw Hill Book Co., 1933)

14. THE ENGINEERS AND THE PRICE SYSTEM. Thorstein Veblen. 1921. Nachdruck bei Viking Press, New York, 1934.

15. THE ECONOMY OF ABUNDANCE.* Stewart Chase [Macmillan and Co., New York, 1934)

Das unverblümteste orthodoxe Buch über Geld (vom sozialistischen Standpunkt betrachtet):

16. WHAT EVERYBODY WANTS TO KNOW ABOUT MONEY. G. D. H. Cole and Eight Others. (Victor Gollancz, Ltd., 1933)

Ein hervorragender Bericht über die frühe Geschichte des „Bankwesens“ und die Versuche und die Folgen der Regierung, dieses zu regulieren, ist:

17. INDUSTRIAL JUSTICE THROUGH BANKING REFORM. Henry Meulen. (R. J. James, Ltd., 1917)

Zwei Bücher über die gegenwärtige Rezession:

18. WHY THE CRISIS? Lord Melchett. (V. Gollancz, Ltd., 1931)

19. THE TRUTH ABOUT THE SLUMP. A. N. Field. P.O. Box 154, Nelson, New Zealand. 1932. (Privatdruck)

Aus den zahlreichen Schriften von Arthur Kitson, dem Doyen der britischen Währungsreformer, seien hier einige genannt:

20. A SCIENTIFIC SOLUTION OF THE MONEY QUESTION. 1894

21. A CORNER IN GOLD. (P. S. King and Son., 1904)

22. A FRAUDULENT STANDARD. (P. S. King and Son., 1917)

23. UNEMPLOYMENT. *The Cause and a Remedy.* (Cecil Palmer, 1921)

24. THE BANKERS? CONSPIRACY WHICH STARTED THE WORLD CRISIS. (Elliot Stock, 1933)

Zuletzt eine aktuelle Studie über die Lehren der New Economics:

25. THE MODERN IDOLATRY. AN ANALYSIS OF USURY AND THE PATHOLOGY OF DEBT.* Jeffry Mark [Chatto and Windus, 1934).

* Veröffentlicht, nachdem dieses Buch geschrieben wurde.

Personen- und Sachverzeichnis

Frederick Soddy und das Geld

von Bernd Striegel

Frederick Soddy – das Glückskind

Frederick Soddy war ein Glückskind. Der Sohn eines südenglischen Getreidehändlers bestach durch gute Leistungen an Schule und Universität, war damit aber sicherlich nicht allein. Vom Anbeginn bis zum Höhepunkt seiner naturwissenschaftlichen Karriere flogen ihm die Wegbereiter seines Erfolgs und Kontakte zu berühmten Wissenschaftlern – oder solchen, die es noch werden sollten – nur so zu. War womöglich eine ihm eigene traumwandlerische Sicherheit, immer zum richtigen Zeitpunkt am richtigen Ort zu erscheinen, der Grund dafür? Zunächst ermöglichten ihm die Verbindungen seines Lehrers am Eastbourne College den Weg ins Chemiestudium in Wales. Ewas später ist ein Prüfer seiner Abschlußprüfung in Oxford der spätere Nobelpreisträger William Ramsay ein Kontakt, der sich noch als nützlich erweisen sollte. Dann führt ein spontaner Entschluß den Naturliebhaber, begeisterten Wassersportler und Bergwanderer zur Jahrhundertwende auf eine Schiffsreise nach Toronto und zu einer Bewerbung auf die dortige Chemie-Professur. Aus der wird zwar nichts, doch fügen es glückliche Umstände, das Schicksal oder was auch immer, daß Soddy an die McGill Universität nach Montréal gelangt und dort Anstellung findet. Und hier geradeso, als ob es selbstverständlich wäre, lernt Soddy den Begründer des ersten Atommodells, welches einen Aufbau der Elemente aus noch kleineren Elementarteilchen postuliert, den Physiker Ernest Rutherford kennen. Ihre gemeinsamen Forschungsarbeiten zum radioaktiven Zerfall, während der nächsten beiden Jahre, werden Rutherford 1908 den Nobelpreis für Physik einbringen. Danach erforscht Soddy, gemeinsam mit dem wiederentdeckten Ramsay, in London den Radiumzerfall und findet das Edelgas Radon, begibt sich dann auf Weltreise und landet schließlich im Herbst 1904 in Glasgow, wo er eine Stelle als Dozent für physikalische Chemie und Radioaktivität annimmt. In Glasgow lernt Soddy seine Frau kennen. Hier reift auch sein Schaffen endgültig zur Blüte, indem er zeigt, daß Uran zu Radium zerfällt und er außerdem die Isotope entdeckt – Atome eines Elements, doch mit voneinander verschiedenen Atommassen. Für diese Leistungen erhält Soddy, im Alter von erst 44 Jahren, den Nobelpreis für Chemie des Jahres 1921 – eigentlich auf dem Gebiet der Atomphysik. Soddy hat den höchsten Gipfel, den ein Naturwissenschaftler ersteigen kann, bereits erklommen.

Doch, wie jeder Bergwanderer weiß: auf den Gipfelsturm folgt der Abstieg.

„Wanderer, kommst du nach Sparta…" – oder: Soddy gegen den Rest der Welt

Nach zehn Jahren in Glasgow, übersiedelt Soddy 1914 nach Aberdeen, wo er nun jedoch erstmals nicht von der Sonnenseite des Schicksals geküßt, sondern vom Fatum des Weltenschicksals etwas härter herangenommen wird: denn kaum trifft er dort ein, ist er auch schon größtenteils zu Untätigkeit verurteilt, als die Seeblockade ihm den Zugang zu seinem wichtigsten Forschungsgegenstand Radium verwehrt, ist dessen damalige Hauptquelle doch das Labor der Curies in Paris. Doch noch ein letztes Mal, im Jahre 1919, winkt ihm Fortuna freundlich zu, als ihn der Ruf der Alma Mater ereilt und ihn an die Universität Oxford heimholt, wo er seine berufliche Laufbahn im Jahre 1936 auch beenden wird. [1]

So weit, so finanziell abgesichert und aller materieller Sorgen ledig, hätte dem Nobelpreisträger von nun an sicherlich

[1] Quelle für die bis hierher vorgenommene Zusammenfassung des Lebens Soddys ist: Federmann, Helmut und Kapp, Philipp: SODDY – WEGBEREITER EINER NATURWISSENSCHAFTLICHEN ÖKONOMIE. Roßdorf 2021.

ein weitgehend sorgloses Leben mit seiner geliebten Gattin zugestanden – eingebettet im Kreise der Wissenschaft, hochgeachtet und geschätzt, aufgefrischt und aufgehübscht durch beglückende Wanderungen hinaus in die Natur und Reisen in ferne Länder.

Wenn, ja wenn da nicht noch Frederick Soddy, der Eigensinnige, gewesen wäre – oder sollen wir sagen: „der Getriebene"? Es gab da nämlich noch mehr als „nur" Soddy, den herausragenden Naturwissenschaftler.

„Mehr" als „nur"?

Ist Soddy vielleicht die dünne Höhenluft zu Kopfe gestiegen? Oder hat er keine persönlichen Herausforderungen in den Naturwissenschaften mehr gefunden, keinen Reiz mehr gesehen, weil es noch höher hinauf jetzt nicht mehr ging?

Oder war es doch eher die tiefe Kränkung, die er empfunden hatte, als Rutherford 1908 der Nobelpreis verliehen worden war und er, der Chemiker auf fachlichem Randgebiet, leer ausgegangen war? Die auch durch den eigenen Nobelpreis nie mehr wettzumachen war, seinen Stolz auf ewig verletzte, ihm einen Knacks versetzte und ihm das Chemikerdasein für immer vergällte?

So oder ähnlich mag man spekulieren.

Aber der Verfasser dieser Zeilen spekuliert nicht in diese Richtungen. Es sieht ihm eher danach aus, als wäre Soddy nur noch halbherzig dem Gipfel zugeschwebt – von Klettern konnte hier ja gar nicht die Rede sein – als habe er sich innerlich schon von der Chemie abgewandt, bevor er vom Gipfel ihres höchsten Berges weit zum endlosen Horizont der zukünftigen technologischen Entwicklungsmöglichkeiten hinüberblicken konnte. Am oberen Ende der Erfolgsleiter angekommen, war es dort neblig trüb und ihm das mit der Höhe verbundene Glücksgefühl ebenso wie die Aussicht auf neue Heilsversprechen, die man dort gewöhnlicherweise zu sehen erhofft oder erwartet, genommen.

Warum?

Die Vermutung ist: Er hatte seinen Blick bereits auf ein neues, gänzlich anderes Ziel gerichtet.

Zur Illustration dessen, wohin es ihn nun augenscheinlich trieb oder zog, wollen wir Klettern und Klimmen gleich noch ein weiteres Mal bemühen und stellen dafür ein historisches Zitat in den Raum, das sich heutzutage allerdings und leider keiner großen Berühmtheit mehr erfreuen darf:

„Es ist eine gemeine Klugheitsregel, daß man, auf den Gipfel der Größe gelangt, die Leiter, vermittelst welcher man ihn erklommen, hinter sich werfe, um andern die Mittel zu benehmen, uns nachzukommen. Hierin liegt das Geheimnis der kosmopolitischen Lehre Adam Smiths." [2]

Bei der Leiter, von welcher Soddys Namensvetter Friedrich List hier spricht, handelt es sich natürlich keineswegs um diejenige, die zu Fredericks Ruhm hinaufgeführt hat. Und wohin führt dann jetzt Lists Leiterspiel? Es führt uns unvermittelt und plötzlich ins ferne Reich der Ökonomie, die – inhaltlich wie methodisch – mindestens so weit entfernt von den Naturwissenschaften ist wie der dunkle Mond von der hellen Sonne.

Gehen wir kurz darauf ein, wie zunächst List zu seiner Einschätzung gekommen ist. Am 26. Juli 1827 schreibt List einem Herrn Charles J. Ingersoll in Pennsylvania:

„die Ansicht Adam Smiths anzuführen, [...] ist sicherlich nicht für den Hausgebrauch erfunden worden, sondern für den Export, wie ein noch lebender Mann in diesem Lande witziger Weise bemerkte." [3]

Als Beweis dafür, daß Lists Überzeugung nicht nur eine persönliche Vermutung, sondern – wenigstens damals – reale Praxis war, kann seine andernorts zitierte Aussage eines Lord Henry Brougham gelten: „That is well worth while to incur a

---

[2] Friedrich List: DAS NATIONALE SYSTEM DER POLITISCHEN ÖKONOMIE. Cotta-Verlag, Stuttgart/Tübingen 1841, S. 351. Siehe dazu auch: Ha-Joon Chang: KICKING AWAY THE LADDER – DEVELOPMENT STRATEGY IN HISTORICAL PERSPECTIVE. Anthem Press, London 2003.

[3] Curt Köhler: PROBLEMATISCHES ZU FRIEDRICH LIST. MIT ANHANG: LISTS BRIEFE AUS AMERIKA IN DEUTSCHER ÜBERSETZUNG. Leipzig 1903, S. 234.

loss on the exportation of english manufacturers in order to stifle in the cradle the foreign manufacturers.“ [4][5]
Hierin zeigt sich der englische Lord als Verfechter von Dumpingpreisen zur Niederhaltung ausländischer Konkurrenz – alldieweil England gerade zu dieser Zeit den unbeschränkten Freihandel – Adam Smiths Exportschlager – in die Welt hinausposaunte.

Was List hier behauptet, ist ein allgemeiner Betrieb der Weltökonomie seiner Zeit auf eine Weise, die immer den Vorteil des Einen, auf Kosten des Anderen im Auge hat, statt, daß nach seiner „Theorie der produktiven Kräfte“, dem Ziel eines allgemeinen Aufstiegs zugearbeitet werden würde.

Friedrich List hatte seinerzeit noch keine Betrachtungen über das Geldwesen an sich angestellt, sondern hauptsächlich die Folgen der bestehenden Wirtschaftsordnung ausgebreitet und innerhalb derselben nach Verbesserungen gesucht, wie etwa den „Erziehungszoll“ oder den Ausbau der Infrastruktur, um die Industrialisierung damals überhaupt erst zu ermöglichen – die Ideen hatte er teilweise von Jean-Baptiste Colbert übernommen und abgewandelt.

Ob Soddy Lists Schriften kannte oder nicht, ist dem Verfasser dieser Zeilen nicht bekannt, doch ebenso auch unerheblich, treffen sich doch Lists und Soddys moralischer Ansatz auf vergleichbarer Ebene:

„Ein Wirtschaftssystem ist notwendigerweise ein Gleichgewichtszustand, […] und das Ergebnis kann nicht anders sein als ein Durchschnitt aller Anstrengungen […].“ [6] „[…] Fortschritte hängen alle von einem allmählichen und geordneten

---

[4] Zitat aus dem REPORT OF THE COMMITTEE OF COMMERCE AND MANUFACTURERS OF THE HOUSE OF REPRESANTATIVES OF THE CONGRESS OF THE UNITED STATES, Feb. 13, 1816, in F. List: DAS NATIONALE SYSTEM DER POLITISCHEN ÖKONOMIE. Cotta-Verlag, Stuttgart/Tübingen 1841, S. 102.

[5] „Es ist es sehr wohl wert, die englischen Fabrikanten mit Verlusten im Exporthandel zu belegen, wenn dadurch erreicht wird, die ausländischen Fabrikanten in der Wiege zu ersticken.“

[6] Soddy, Frederick: VOM SINN DES GELDES. Aus d. Engl. v. Philipp Kapp, Roßdorf 2022, S. 187.

Wachstum ab [...]. All dies wird durch den ständigen Streit und die Sabotage, die [...] in erster Linie auf unser zutiefst betrügerisches Geldsystem zurückzuführen sind, verzögert und entmutigt." [7]

Daher können wir uns, mit ihrer Hilfe, die folgenden Fragen nicht nur stellen, sondern danach auch gleich beantworten: Was hat Soddy dazu getrieben, sein Leben nicht mehr nur mit der ihm schal gewordenen Chemie zu „vergeuden"? Warum erkannte er seine wichtigste Pflicht und seine Aufgabe plötzlich in der wissenschaftlichen Betrachtung des Geldwesens? Warum widmete er sein Leben fortan dieser Betätigung und, nachfolgend, der Ausarbeitung einer Reformation der Geld- und Wirtschaftsordnung, mit der Zielrichtung eines „gerechten" Gesellschaftsaufbaus?

Für Soddy hatte es sich gezeigt und war ausgemacht, daß auch der unvorstellbarste technologische Fortschritt in aller fernen Zukunft die Gesamtbevölkerung aller Nationen niemals mit den Mitteln für einen auch nur mäßigen Wohlstand versorgen können würde, solange – ... solange die bestehende Geldordnung weiterbestünde.

Während seiner Zeit in Glasgow (1904–1914), damals mit etwa 800.000 Einwohnern eine der größten und dreckigsten Industriestädte der Welt, begegnete Soddy täglich die Armut des vom Manchestertum erzeugten Industrieproletariats. Er fragte sich alsbald, wie es sein könne, daß gleichzeitig modernste Maschinentechnik, welche ungezählte Mengen von arbeitenden Händen ersetzte und vormals unvorstellbare Mengen an Waren innerhalb kürzester Zeit erzeugen konnte – nützliche und wohlstandsmehrende Produkte für die ganze Menschheit – auf engstem Raum nebeneinander existierte mit ebenso unvorstellbarer Armut gerade der an diesen Maschinen arbeitenden Bevölkerung. Schnell wurde ihm bewußt, daß hier offenbar ein Zusammenhang bestand, daß beiderlei Umstände eine gemeinsame Ursache haben mußten. Und

[7] Soddy: VOM SINN DES GELDES, a.a.O., S. 188.

daraus wiederum folgerte er, daß das Schicksal der Menschheit nicht durch effektivere Maschinen und technologische Weiterentwicklung allein zu heben sei, sondern ein gerechterer Verteilungsmechanismus der Produkte, welche diese hervorbrachten, unabdingbare Voraussetzung sein müsse.

Aus dieser Erkenntnis folgte offensichtlich – sein Lebenslauf zeigt das nur allzu deutlich auf – unmittelbar eine radikale persönliche Konsequenz, nämlich die Überzeugung, daß jede Beschäftigung mit technischer Innovation letztlich in einem für die Menschheit nutzlosen Pyrrhus-Sieg – und damit wohl, aus seiner Sicht, auch für ihn selbst einem solchen – enden müßte, solange nicht jemand dafür sorgen würde, daß sich am Geldsystem etwas änderte. Und sich selbst sah er nun wohl als denjenigen, dem die Aufgabe oblag, diese schwere Mühsal auf sich zu nehmen und, ob ihrer alles andere überragenden Bedeutung und Dringlichkeit, alles Persönliche dieser selbstgewählten Bestimmung hintanzustellen.

Doch hatte Soddy überhaupt eine andere Wahl?

Die Beschäftigung mit und die Suche nach neuer naturwissenschaftlicher Erkenntnis hatten für ihn Versprechungen, Ziel und Bedeutung, ihre Sinnhaftigkeit wahrscheinlich größtenteils verloren. Und deswegen konnten sie ihm auch keine ausreichende Befriedigung mehr verschaffen. Desillusioniert, endlos düsteren Zukunftsaussichten gewahr geworden, die der gesamten menschlichen Art unausweichlich bevorstanden, sollte sie sich nicht doch noch vom Joch des Kapitalismus befreien können. Denn schon zu seiner Zeit konnte man erkennen, daß sich in diesem System die Spannungen des wirtschaftlichen Wettkampfs letztlich unausweichlich immer im Krieg entladen müssen. Soddy wußte außerdem bereits als einer der Ersten, daß in den Atomen ungeheure Energiemengen schlummerten, die noch erkannt und genutzt werden würden. Somit war ihm auch bewußt, daß dieses neue Schwert ebenso zweischneidig sein würde, wie die übrigen Segnungen des „Fortschritts“ – denn Gefahr geht grundsätzlich nie von der Waffe aus, sondern immer von dem, der sie führt. Diese

Visionen ließen ihm gar keinen anderen Ausweg mehr als der offen vor ihm liegenden breiten Erfolgsspur zu entsagen, die ebene, schattige und mit wohlduftenden Blumenbeeten gesäumte Allee der Sorglosigkeit zu verlassen, um sich dagegen zu einem beschwerlichen Kreuzzug aufzumachen. Zweierlei Ziele konnte Soddy auf diesem Weg erreichen: zweitens, entdecken, wie das Geldwesen zu verändern sei, um damit das drohende furchtbare Schicksal noch abwenden zu können.

Gewollt, oder mehr von seinen inneren Imperativen getrieben und gezwungen: Soddy beschritt von nun an den Weg des Märtyrers. Diese innere Bewußtseinsverfassung, die Entscheidung, das zukünftige Leben nach Art des Sonderlings zu führen, wird sich sicherlich auch auf sein Verhalten ausgewirkt haben. Legen wir das zugrunde, wird verständlich, warum Soddy seiner Umgebung bald auch als der schnodderige Außenseiter erscheinen mußte, von dem man sich verständnislos abwand. Unverständnis dürfte sich jedoch ebenso bei Soddy eingestellt haben darüber, daß seine Umwelt einfach nicht erkennen wollte, welch schwere Last er sich doch, sogar zum Preis des Verlustes seiner Reputation, aus purem Idealismus und „nur“ zum Wohle der Menschheit, aufgebürdet hatte. Warum vergalt diese ihm sein Opfer nicht, sondern strafte ihn überdies mit Ausgrenzung? Seine Enttäuschung darüber, daß ihm der hohe idealistische Einsatz nicht gedankt wurde, muß immens gewesen sein.

Bevor wir noch eine andere Erklärung für das Verhalten Soddys Umwelt ihm gegenüber darlegen werden als deren Ignoranz und seiner Seltsamkeit, soll zunächst noch die Vermutung geäußert werden, daß als Urgrund hinter Soddys neuer Berufung der Leistungsgedanke verborgen gewesen sein könnte, nämlich die Vorstellung, er, als Teil der geistigen Elite seiner Zeit, habe die heilige Pflicht, seine besonderen Fähigkeiten, ja seine ganze Existenz, zur Not auch ohne Rücksicht auf das eigene Wohlergehen, der Melioration der Verhältnisse der Allgemeinheit in den Dienst stellen zu müssen auch dann, wenn sogar die verdiente Belohnung – Ruhm – nur posthum zu erwerben sein und kredenzt werden würde.

Und damit sind wir bei „erstens“: denn es dürfte bei Soddys Kreuzzug eben auch darum gegangen sein, sich seinen Stolz vor sich selbst zu bewahren, als er mit Pflichtbewußtsein seinem Dienstauftrag für die Menschheit nachkam und nicht dem Hedonismus erlag.

Warum spekulieren wir darauf, daß gerade das ihm an erster Stelle persönlich wichtig gewesen sein dürfte? Der Grund ist: Soddy war nämlich, trotz all seiner Kritik am System, mit dem in seinem Innern brennenden, ihn unermüdlich drängenden Leistungsansporn, selbst geradezu der Prototyp des kapitalistischen Wunschbildes eines von unbewußten inneren Imperativen geleiteten fleißigen Lohnarbeiters – ein Triumph des realen Widersinns. In der heutigen Bildsprache würden man sagen: ein ehrgeiziger Marathonläufer im Hamsterrad, so sehr er auch versuchte, seinen Lesern einen Ausweg aus dem Laufkäfig aufzuzeigen.

Nun wollen wir aber auch noch etwas tiefer nachhaken und uns fragen, ob Soddys Einsatz tatsächlich so selbstlos war wie er erscheinen mag. Könnte es nicht auch so sein, daß er des zeitlichen Ruhmes bereits überdrüssig geworden war und nun dazu überging, nach zeitlosem, ewigem zu streben, wie ihm doch dem Retter der Menschheit aus tiefster Not sicherlich gebührt?

Tauschte also Soddy etwa nur Hedonismus gegen Pathos?

Nahm er womöglich ganz bewußt wahr, daß ihm vergänglicher Ruhm nicht mehr Lohn seiner Mühen genug war und entschloß sich deswegen, den leichten vorgezeichneten gegen einen steinigen zum allerhöchsten einzutauschen? Einen höheren Gipfel, als er auf Erden erreichbar war, denn es war ihm sicherlich klar, daß er die Umsetzung seiner Vorschläge nicht mehr erleben würde. Versprach er sich als höchste Entschädigung dafür dann ein Denkmal ihm zu Ehren von späteren

Generationen? Also, wenn wir sollen, einen Ehrenplatz im Himmelreich? [8]

Nach Max Stirner handeln wir, wenn wir nur ehrlich sind, letztlich doch immer aus eigenem Interesse. Stirner kritisiert das auch gar nicht, sondern nur die Heuchelei, es ginge in Wahrheit um etwas anderes.

Sind also die allmähliche Abkehr seiner Berufsgenossen von ihm, der Verlust seiner Reputation, welchem sicherlich auch Soddys mangelndes weiteres Interesse an der Fortführung seines Lohn- und Brot-Jobs geschuldet sein dürfte, ja der Haß, der ihm geradezu entgegenschlug, als sich zeigte, daß er nicht mehr nur links liegen gelassen, sondern sogar – die tiefste Demütigung – offen gegen ihn intrigiert wurde, nicht letztlich der verdiente Lohn für seine Hybris? Seine Selbsterhöhung? Überheblichkeit? Fehlende Demut?
Hat seine Umwelt womöglich viel klarer gesehen als Soddy selbst es sich eingestehen wollte, daß in Wahrheit nur übersteigerte Ehrsucht hinter seinem Weltrettertum steckte?

Auch Soddy hätte es wiederum zugestanden, den Standesdünkel seiner Professorenkollegen zu bemäkeln, sie für die nicht nur bloße Gleichgültigkeit gegenüber dem Schicksal der Massen zu kritisieren, sondern sie für die tiefste Verachtung, mit welcher sie auf die unteren Gesellschaftsschichten herabblickten, deren Hände die Konsumgüter schufen, welche sie dann verzehrten, zu maßregeln. Alles Recht hätte er gehabt, sie zu verurteilen für die damals nur allzu beliebte Benutzung der Apologetik eines Robert Malthus aus fast noch vorindustrieller Zeit (1798) zur Rechtfertigung ihrer Haltung, denn die Unwahrheit dieses erbärmlich simplen Dogmas von der Naturgesetzlichkeit ewigen Mangels hatte das frühe 20. Jahrhundert ja bereits widerlegt und konnte einem aufrichtigen

[8] Fußnote für Fußballfans: Schützte er sich damit nicht auch – letztlich aus tiefstem eigenen, egoistischen Interesse heraus – vor einem absehbaren Schicksal ähnlich dem eines Diego Maradona, dem es nicht vergönnt war, seinem Dasein als irdischer Fußballgott noch eine neue Bestimmung hinzuzufügen?

Wissenschaftler damals schon nicht mehr verborgen geblieben sein. Schließlich dürfte Soddy sie für ihre Borniertheit, ihr auf schnöden weltlichen Ruhm ausgerichtetes Streben, für ihre Blindheit den offensichtlichen Lügen des kapitalistischen Systems gegenüber, ja für ihre Feigheit, sich diesem auch nur im Geringsten entgegenzustellen, verachtet haben.

Ja, es darf angenommen werden, daß sich all dies, wenn auch sicherlich nicht offen ausgesprochen, so doch im Unterbewußtsein der mehr und mehr sich verfremdenden und verfeindeten Parteien abgespielt haben dürfte.

Die abgrundtiefe Gegensätzlichkeit der beiden Sichtweisen läßt sich, auf einen Nenner gebracht, vielleicht jeweils in einem Hauptvorwurf an die Gegenseite zusammenfassen: Soddy warf seiner Umwelt unaufrichtige Außenschau vor, und sie ihm entsprechend eine ebenso unehrliche Innenschau.

Mag es sein, wie es will, eines dürfte jedenfalls als sicher gelten: Soddy war des Glückskindseins müde geworden. Er wollte keins mehr sein und darum wurde er auch keines mehr.

Auf dem Hochgrat nahm der Chemiker einen Abzweig – als eine läuternde und letztlich beglückende Pilgerreise mag er sich seinen Kreuzzug ausgemalt und sich dabei auch vorgestellt haben, man hätte ihm diese in Aussicht gestellt.
Nichts davon jedoch erkannte darin sein Umfeld; es sah ihn nur auf Abwegen –sinnlos einen gefährlich steilen Abhang hinabrauschen.

So viel zu Soddys Lebensweg, jetzt wollen wir uns seiner Arbeiten auf dem Gebiet des Geldes zuwenden.

Die Grundlagen der Ökonomie – Massenproduktion und Massenarmut

Frederick Soddy fand, nachdem er damit begonnen hatte, sich mit den Zusammenhängen im Wirtschaftsleben auseinanderzusetzen, schnell zu der Überzeugung, daß der wahre Grund für die Armut der Massen keineswegs in einer angeblich naturgesetzmäßigen „Überbevölkerung“ zu suchen und noch viel weniger zu finden sei, wie es der anglikanische Pfarrer und Inhaber des ersten Lehrstuhls für politische Ökonomie in England lehrte: das malthusianische Bevölkerungsgesetz besagt, daß sich die Menschheit grundsätzlich karnickelgleich fortpflanzt, bis der Bevölkerungszuwachs jegliche Steigerung der Nahrungsmittelproduktion so weit überkompensiert, daß sich schließlich doch wieder Hunger und Armut bei den ärmsten Bevölkerungsteilen einstellen müssen – infolgedessen sei es auch unangebracht, Mitleid oder gar Schuldgefühle demgegenüber zu entwickeln.

Übrigens entwickelten sich exakt aus dieser *„survival of the fittest“*-Ideologie der seitdem dogmatisch gelehrte biologische wie auch der universelle Darwinismus, denn Charles Darwin bekannte selbst, aufgrund der Lektüre von Malthusens Buch AN ESSAY ON THE PRINCIPLE OF POPULATION, 1828 das Selektionsprinzip auf lebende Organismen angewandt zu haben. Die überragende Bedeutung einer vom Malthusianismus geprägten Grundüberzeugung in der Ökonomie charakterisierte der deutsche Nationalökonom Gustav Cohn 1882, indem er das Bevölkerungsgesetz, voller Überzeugung, als „das unerschütterlichste und wichtigste Naturgesetz der ganzen bisherigen Nationalökonomie“ [9] bezeichnete. Auch John Maynard Keynes erklärte 1919, der Erste Weltkrieg sei durch den Bevölkerungszuwachs in Deutschland ausgelöst und als Kampf um knappe Ressourcen geführt worden. [10]

Die Massenproduktion von hochwertigem Gußstahl und der Dieselmotor waren es, die wohl hauptsächlich für die sensationellen Steigerungen der Industrieproduktion im frühen 20. Jahrhunderts verantwortlich zeichneten. Doch nahezu gleichzeitig stiegen auch die landwirtschaftlichen Erträge in nie gekannte Höhen, als Thomasverfahren und Ammoniaksynthese die Massenherstellung phosphor- und stickstoffbasierter Kunstdünger ermöglichten.

---

[9] Gustav Cohn: VOLKSWIRTSCHAFTLICHE AUFSÄTZE, Stuttgart 1882, S. 530.
[10] John Maynard Keynes: THE ECONOMIC CONSEQUENCES OF THE PEACE, Chapter II, Europe before the War, London 1919.

Diese Entwicklungen überzeugten Soddy davon, daß die Gründe für die Behinderung der Entwicklung der Menschheit mehr im Nicht-Wollen und weniger im Nicht-Können zu suchen seien, weshalb er auch, im Unterschied zu Keynes, zu der Überzeugung gelangte, daß „Kriege und Revolutionen nicht aus Armut und Elend resultieren, sondern aus dem Wachstum des Wohlstands und aus dem vergeblichen Versuch, seiner Verteilung zu trotzen." [11] Das veraltete, gefährliche und von der orthodoxen Ökonomie, einer „Klassenökonomie der Besitzer von Schuldtiteln", [12] mit Zähnen und Klauen verteidigte Währungssystem sah er für die Lähmung des Wirtschaftslebens und den Großen Krieg verantwortlich.

Um die Ökonomie wie auch die Wirtschaft zukünftig auf eine neue, stabile Grundlage zu stellen, forderte Soddy ein von Partikularinteressen befreites, rein wissenschaftlich begründetes Geldsystem. Hierfür wollte er, unter Anwendung der Thermodynamik, eine „Energietheorie des Vermögens" begründet sehen: „Der Kampf ums Dasein erweist sich nun grundsätzlich als ein Streben nach physischer Energie." [13]

Bevor wir Soddys Sicht auf das Geld analysieren können, müssen wir sie zunächst einmal begreifen und dafür wiederum die Begriffe, die er verwendet, klären.

Soddys Vorstellungen vom Wesen des Geldes

Während Soddy seine Absicht bekundet mit fälschlichen Begriffsverwendungen aufzuräumen und klare Neusetzungen vorzunehmen, erfordert das Auffinden von diesbezüglich verwendbaren eindeutigen Hinweisen im Buchstabenwald durchaus eine recht aufwendige und penible Suchexpedition und, auch nach dem Zusammentragen gehaltvoller Sprachwurzeln, Textblüten und brauchbarem Sti(e)lkraut, noch größeren

[11] Soddy: SINN DES GELDES, a.a.O., S. 32.
[12] Soddy, a.a.O., S. 20.
[13] Soddy, a.a.O., S. 30.

Nachbearbeitungsaufwand, um daraus ein einen gehaltvollen und verdaulichen Sud herausdestillieren zu können.

Doch die Wirkung dieses Extrakts erhellt nach seinem Genuß allmählich das Denkgebäude Soddys wie hoffentlich nicht nur der Verfasser dieses Textes, sondern auch dessen Leser feststellen wird.

Nicht anders als nahezu alle Lehrstuhlinhaber der Ökonomie an den Universitäten bis zum heutigen Tage, setzt Soddy zunächst ein **Konsumsparen** der Allgemeinheit **als Voraussetzung** da**für** an, daß **Geld** in die Welt eintreten kann: „Ein Geldsystem sollte [...] die gemeinschaftlich produzierten Vermögenswerte für den individuellen Konsum und Gebrauch verteilen.“ [14]

Doch, anders als diese, hat Soddy offenbar die Vorstellung von zu seiner Zeit zweierlei existierendem Geld:

- Das für ihn „echte“ Geld erkennt er als **nicht rückzahlbare Schuld** des aktuellen Geldbesitzers **gegenüber der Allgemeinheit**, [15] in ähnlicher Weise übrigens auch das Produktionskapital.

Was beinhaltet und was besagt diese Vorstellung?
Durch welche Sichtweise kommt Soddy zu dieser Ansicht?

„Echtes“ Geld, nach Soddy, wird herausgegeben in Form einer physischen Wertmarke – historisch als Gold- oder Silbermünze – und zwar als Gegenwert zu einem zuvor von der Allgemeinheit aufgesparten und – bildlich gesprochen – in die Mitte des öffentlichen Marktplatzes gestellten Warenkorbs aus Schweinehälften, Wolle, Brenn- & Bauholz, Kalk, Obst & Gemüse, Eiern, Fässern voll Bier & Wein, Seife, Kleidern, Stahlprofilen und Wagenrädern, welchen die in den Besitz des **Kaufmittel**s Geld gelangten Individuen akquirieren können.

Die Produzenten des Warenkorbes erhalten dann dieses Geld, sind also für ihre Warenabgabe entschädigt, können dieses fortan für zukünftige eigene Käufe einsetzen und halten

[14] Soddy, Frederick: MONEY VERSUS MAN, London 1931. Aus d. Engl. v. Philipp Kapp: MAMMON UND DIE MENSCHHEIT, Roßdorf 2022, S. 35.
[15] Soddy: SINN DES GELDES, a.a.O., S. 217.

damit den Geldkreislauf und die Warenproduktion am Laufen. Indem jeder Mitarbeiter in einer arbeitsteiligen Gesellschaft mehr von dem produziert, was er selbst gar nicht benötigt oder verbrauchen kann, also Waren, wird das Geld zur zentralen Instanz der Verteilung und Bemessung.

Die zur Ingangsetzung des Geldkreislaufs mit Kaufmitteln ausgestatteten Individuen betrachtet Soddy als – zu Anfang, bei der allerersten Geldemission – ohne echte Eigenleistung, nur durch einen Kreditierungsvorgang, an diese Wertstückchen gelangt. Da sie nichts dazu beigetragen haben, wodurch sie in den Genuß der Verwendung des ersten **Geld**es gekommen sind, gleichzeitig aber mit dem Besitz der Wertmarken ein Anrecht auf Güter ausgehändigt bekommen haben, stehen sie sozusagen in der **Schuld gegenüber der Allgemeinheit**, weil sie Leistungen in Anspruch nehmen durften, ohne zuvor eine eigene Leistung erbracht zu haben.

„...Verschuldung in Bezug auf **Güter und Dienstleistungen, die bei der Entstehung von Geld aufgegeben werden**, um den direkten Austausch durch Tauschgeschäfte zu ersetzen..." [16]
Mit der Übertragung des Geldstückes auf den Verkäufer der Waren geht dann auch die Schuld auf diesen über und überträgt sich so in alle Ewigkeit auf den jeweiligen Inhaber. Nicht rückzahlbar ist diese Schuld deshalb, weil dieses Geld durch einen Kredit in die Welt kam und somit wieder durch Tilgung verschwinden müßte.

Solange Geld aber als Kaufmittel eingesetzt wird, trägt es also unvermeidlich die Schuld in Höhe seines aktuellen Warenwertes mit sich. Diese fiktive negative Größe bezeichnet Soddy als das ***Virtuelle Vermögen* der Gemeinschaft**:

„Diese Ansammlung von austauschbaren Waren und Dienstleistungen, auf die die Gemeinschaft kontinuierlich und dauerhaft verzichtet [...], bezeichnet der Autor als das

[16] Soddy: SINN DES GELDES, a.a.O., S. 207.

Virtuelle Vermögen der Gemeinschaft. Es legt den Wert der gesamten Geldmenge fest.“ [17]

Die industrielle Praxis führe darüberhinaus noch zu einer zusätzlichen nicht rückzahlbaren Verschuldung privater Investoren gegenüber der Allgemeinheit: Geldkredite müßten unweigerlich zur Errichtung von Produktionsanlagen aufgenommen werden, doch seien diese Anlagen zur Tilgung von Schulden unbrauchbar, da sie nicht verkonsumiert werden könnten und deshalb ein Gläubiger sie nicht akzeptieren würde. [18]

Halten wir fest: Nach Soddys Ansicht, müssen zuerst Waren kostenlos von der Allgemeinheit zur Verfügung gestellt sein, welche das Geld dann kaufen kann. Vorher kann es gar nicht herausgegeben werden, weil es zu nichts nütze wäre, solange ein Warenkorb zum Aufkaufen noch nicht da ist. [19] **Geld** kommt damit in die Welt als **Gegenwert zu den Waren, die es kauft**. Diese sind damit gleichzeitig auch seine Wertdeckung: „Sein Tauschwert hängt in der Tat einfach von der Höhe der Vermögenswerte ab, auf welche die Menschen lieber freiwillig verzichten als diese zu besitzen.“ [20] Dieses *Virtuelle Vermögen* ist damit der der Nation von den Individuen eingerichtete Kredit. [21] Und „Geld ist“ dann wiederum „ein Rechtsanspruch *gegenüber* dem vorhandenen Vermögen“. [22]

Damit bleibt auch festzustellen, daß Soddy, wie übrigens ausnahmslos die gesamte orthodoxe Ökonomie, das „echte“ Geld als eine „**Tauschwährung**“ ansieht, zu dem Zwecke erfunden, Waren einfacher gegeneinander tauschen zu können. Das „unechte“ Geld sei erst entstanden, als einfach nicht mehr

[17] Soddy: SINN DES GELDES, a.a.O., S. 47.
[18] Soddy: SINN DES GELDES, a.a.O., S. 208.
[19] Soddy: SINN DES GELDES, a.a.O., S. 53: *„ist es* [...] *notwendig, daß es freigiebig, wie ein Geschenk und erst nachdem* [...] *Waren tatsächlich auf den Verkauf warten, an die Nation ausgegeben wird.“*
[20] Soddy: SINN DES GELDES, a.a.O., S. 45.
[21] Soddy: SINN DES GELDES, a.a.O., S. 49.
[22] Soddy: SINN DES GELDES, a.a.O., S. 51.

genügend Gold und Silber gefunden wurden, um die Anforderungen einer solchen aufrechterhalten zu können. [23]

Hierbei dreht sich alles um den Begriff „Tauschmittel", im Unterschied zu der unbestreitbaren Funktion des Geldes, auch „Zahlungsmittel für Schulden" zu sein. In der Frage der geschichtlichen Herleitung des Geldsystems finden diese beiden unterschiedlichen Perspektiven ihren Ausdruck, wie wir noch sehen werden.

Damit gehen wir über zum „unechten" Geld: Dieses wird, nach Ansicht Soddys, nicht im Auftrag der Gemeinschaft herausgegeben (und sei dies ein feudaler Herrscher), sondern als Privatgeld einer Bank, als „Buchgeld" innerhalb eines Bankensystems.

- Von den Banken emittiertes „Kreditgeld" wird von Soddy als schlechtes oder **„unechtes" Geld** angesehen, weil es, seiner Ansicht nach, **ohne Eigenleistung einer Bank, aus dem Nichts geschaffen** [24] wird und der Bank zusätzlich noch einen unverdienten Zinsgewinn **über** die **Verschuldung** des Schuldners einbringt. Ferner sind damit negative Buchungen – und somit Schulden in beliebiger Höhe – möglich, was seiner physikalischen Auffassung ökonomischer Vorgänge zuwiderläuft.

„Wir ließen unsere hypothetische Gemeinschaft plötzlich von einem Tausch- zu einem Schuldengeld wechseln [...]." [25] „Was wir jetzt haben, ist eigentlich gar kein richtiges Geldsystem, und Geld als etwas, das immer durch Kreditaufnahme und Rückzahlung geschaffen und zerstört wird, ist ein neues Phänomen in der Geschichte." [26]

Um an das moderne **Kreditgeld** gelangt zu sein, müsse ein Geldbesitzer dagegen selbst „in der Vergangenheit wertvolle Waren und Dienstleistungen ohne Gegenleistung [beim Emittenten] *abgegeben*" haben, „um in Zukunft [...] einen

[23] Soddy: Sinn des Geldes, a.a.O., S. 44.
[24] Soddy: Sinn des Geldes, a.a.O., S. 96.
[25] Soddy: Sinn des Geldes, a.a.O., S. 61.
[26] Soddy: Sinn des Geldes, a.a.O., S. 189.

Gegenwert zu erhalten." Da somit der Geldbesitzer derjenige sei, der für alles Kaufbare bereits im Voraus bezahlt hätte, sei in Wahrheit auch er der Gläubiger und wiederum der Emittent der wahre Schuldner. [27]

Für Soddy ist es damit ganz klar, daß das ursprüngliche, „echte" Geld nicht von Schulden begleitet war, sondern nur das „unechte" Kreditgeld der Banken, die ihre „Bankentricks" auch nur ausführen könnten, solange es Geld mit negativem Vorzeichen (Schulden) gäbe. [28]

Ziel müsse es daher sein, alles „unechte" Kreditgeld aus dem Markt zu nehmen, damit auch alle Schulden zu tilgen, um zu einer gerechten Geldordnung zu gelangen. Bestünde Geld nur aus physischen Wertmarken oder Zählern, die nicht negativ gemacht werden könnten, hätte man schon das Heilmittel gefunden. [29]

Soddy schlußfolgert: „So haben wir den Ursprung der heutigen [...] Unruhen [...] auf eine einzige Ursache zurückgeführt, auf Schulden, die von ihrer Natur her niemals zurückgezahlt werden können!" [30]
Getilgt werden könnten sie dann schließlich aber doch, denn es „sollten alle Schulden getilgt werden, indem ein Teil der Einnahmen, die sie abwerfen, für die Tilgung verwendet wird [...]." [31] [32] Dabei bleibt unklar, wie dies genau funktionieren soll, wo sie andererseits gleichzeitig nicht rückzahlbar sein sollen. Doch könnte es sein, daß Soddy hier auf eine von ihm andernorts formulierte Zielsetzung anspricht, explizit die „Absicht und das Ziel des Sozialismus zu erreichen, nämlich das nationale Eigentum an den Mitteln der Produktion und

---

[27] Soddy: Sinn des Geldes, a.a.O., S. 38.
[28] Soddy: Sinn des Geldes, a.a.O., S. 206f.
[29] Soddy: Sinn des Geldes, a.a.O., S. 207.
[30] Soddy: Sinn des Geldes, a.a.O., S. 207.
[31] Soddy: Sinn des Geldes, a.a.O., S. 203.
[32] Nun werfen zunächst Schulden natürlich keine Einnahmen ab, sondern nur Forderungen an Schuldner. Soddy meint wohl auch die Einnahmen, die die Geldforderungen des Gläubigers einbringen.

der Verteilung". [33] Die dazu benötigten Einnahmen möchte Soddy durch eine mit der Zeit immer mehr ansteigende Besteuerung der Einkommen aus dem Eigentum an Produktionsmitteln generieren. [34] Ob es gerecht ist, einen Eigner an Produktionsmitteln, wenn er das Risiko des Verlustes derselben bei Mißerfolg der Investition voll trägt, durch Steuerzahlungen zunächst in seinem Unternehmergewinn zu beschneiden und ihm anschließend die Produktionsmittel eben mit diesem, ihm zuvor abgeknöpften, Geld abzukaufen, ist allerdings eine weitere Frage, die sich, auf dem Weg zu einer zukünftig fairen Wirtschaftsform, stellt.

Da Soddy Geld als Gegenwert für bereits existierende Güter in die Welt kommen sieht, schlägt er zur Steuerung der Geldmenge entsprechend vor: „...möge es von und für die ganze Nation ausgestellt werden, sobald Güter zur Verwendung und zum Verbrauch ohne Geld auf dem Markt erscheinen, welche nicht verkauft werden können, ohne die Preise zu drücken." [35]

„Alles, was man braucht, ist ein System zur Schaffung von neuem Geld, wenn das Preisniveau tendenziell sinkt und unverkäufliche Waren sich stapeln, und zur Vernichtung, wenn sie knapper werden und die Preise tendenziell steigen." [36]

„[...] das Geld der Zukunft eine konstante Kaufkraft haben muß [...]." [37]

Soddy scheint sich mit diesen Vorgaben ziemlich stark an Silvio Gesell zu orientieren, hat aber einen eigenen detaillierten Operationsmodus zur Verwirklichung dieses Ziels nicht entwickelt. Gesell wollte die Preisstabilität in seinem Freiwirtschaftlichen Modell über einen dem Preisindex angepaßten Grad der Rückführung seiner Umlaufgebühr in den Geldkreislauf erreichen, gleichzeitig u. a. damit letztlich auch den

[33] Soddy: MAMMON, a.a.O., S. 124.
[34] Soddy: MAMMON, a.a.O., S. 125f.
[35] Soddy: SINN DES GELDES, a.a.O., S. 202.
[36] Soddy: SINN DES GELDES, a.a.O., S. 154.
[37] Soddy: SINN DES GELDES, a.a.O., S. 164.

Kapitalismus überwinden. [38] Ganz ähnlich klingen auch die Forderungen Soddys, der die Einrichtung einer staatlichen Institution, eines statistischen Büros, bei der Erschaffung und Steuerung der Geldmenge forderte.

Soddys Kritik am bestehenden Finanzsystem und seine Lösungsvorschläge zur Überwindung des Kapitalismus

Soddys Schlußfolgerungen aus seinen Betrachtungen des modernen Finanzwesens lassen keine Zweifel an seiner Beurteilung übrig:

„Es besteht nicht der geringste Zweifel daran, daß die Erfindung des Geldes, welche die frühen patriarchalischen und feudalen Formen des Kommunismus verdrängte, ursprünglich die Freiheit des Einzelnen enorm vergrößerte. Die moderne Tendenz zum Kommunismus ist ganz darauf zurückzuführen, daß die primäre Funktion des Geldes, die Verteilung des gesellschaftlich produzierten Vermögens, durch eine [...] Weise der Geldemission ersetzt wurde, um daraus [...] eine ewige Verzinsung zu erzielen.“ [39]

„Wäre die Geldschöpfung [...] so bewahrt geblieben, wie sie es hätte sein sollen, [...] wären die wechselvolle Geschichte der letzten zwei Jahrhunderte und der bevorstehende Zerfall der gesamten westlichen Zivilisation nie geschehen.“ [40]

Der Verfasser dieses Textes wird weiter unten im Text ausführlicher begründen, wieso es, seiner Ansicht nach, niemals eine Veränderung der Geldschöpfung gegeben hat, weil Geld schon immer und generell nur im Kreditvertrag entsteht, doch

---

[38] Gesell, Silvio: Die natürliche Wirtschaftsordnung durch Freiland und Freigeld. 4. Auflage, Freiland-Freigeldverlag, Rehbrücke bei Berlin 1920. Herausgegeben von der Stiftung für Persönliche Freiheit und Soziale Sicherheit [neu: Stiftung für Reform der Geld- und Bodenordnung]: Silvio Gesell – Gesammelte Werke – Band XI. Gauke Verlag, Lütjenburg 1991. 2. unveränderter Nachdruck, 1998.

[39] Soddy: Sinn des Geldes, a.a.O., S. 161.

[40] Soddy: Sinn des Geldes, a.a.O., S. 60.

zeigt dieser Satz Soddys eindeutig auf, daß er für die, aus seiner Sicht, negativen Entwicklungen des Weltgeschehens vornehmlich die egoistischen Interessen von Rentiers verantwortlich sieht.

Wie wir auch heutzutage unschwer erkennen können, wenn wir nicht zuvor die Augen verklebt bekommen haben oder sie selbst verschließen, führt ein weitgehend zollunbeschränkter internationaler Handel unweigerlich dazu, das Lohnniveau weltweit nach und nach auf das der ärmeren Länder herabzudrücken. Entweder, es gelingt einem Unternehmen in einem entwickelten Land, durch Innovation und Lohnsenkungen (die dort hohen Lebenshaltungskosten und die Steuerfinanzierung des Nichtstuns, welche beim Arbeitenden faktisch einem Lohnabzug gleichkommt, setzen letzteren allerdings Grenzen), die Lohnstückkosten auf ein konkurrenzfähiges Niveau abzusenken, oder die Produktion wandert in Billiglohnländer ab, wo dann, unter Umständen sogar mittels rückständiger Produktionsmethoden, weiterproduziert wird. So wird etwa in Indien heute Stahl wie vor hundert Jahren hergestellt, während in Europa die modernsten Stahlwerke, mittlerweile auch bedingt durch immens hohe Energiekosten, schließen. Gelingt es einem Unternehmen jedoch, seine „Roßkur" unter Standorterhaltung erfolgreich durchzustehen, ist wieder mehr Geld übrig, um die hohen Renditeforderungen einlösen zu können und der Anleger freut sich.

Führt man außerdem noch feste Wechselkurse zwischen den Währungen der Nationen ein, garantiert man, daß die Marktteilnehmer mit geringerer Produktivitätssteigerung ihre schneller steigenden Produktionskosten nicht durch Abwertung der Währung ausgleichen können, wodurch jetzt ihre Produkte auf dem Weltmarkt unverkäuflich werden und so die ärmeren immer weiter gegenüber den leistungsfähigeren zurückfallen. Jetzt wandert ihre Industrie in die leistungsfähigeren Länder ab, wenn nicht die Löhne noch weiter gesenkt werden (an Kapital zur Investition in Produktivitätssteigerung ist dort meistens nicht zu gelangen), um den

Nachteil der durch ineffektive Produktion bestehenden Lohnstückkosten auszugleichen. So sorgt man auch in den ärmsten Ländern dafür, die Löhne noch weiter herabzusetzen und setzt insgesamt eine weltweite komparative Lohnsenkungsspirale in Gang. Da man aus Erfahrung weiß, daß feste Wechselkurse meistens nur eine gewisse zeitlang aufrechterhalten werden können, unterbindet man sie gänzlich, indem man unterschiedlich entwicklungsstarke Wirtschaftsräume in eine gemeinsame Währung zwingt, um ihren Mitgliedern jedes Schlupfloch zu nehmen. Wofür früher der Goldstandard gesorgt hat, das erledigt bei uns heute der Euro:

„[...] spielt das internationale Bankwesen das ärmere Land gegen das reichere aus und ist, indem es letzteres auf das Niveau des ersteren reduziert, der eigentliche Agent, der den aggressiven Nationalismus, aus dem internationale Konflikte entstehen, schürt und verewigt.“ [41] „Der Goldstandard wurde [...] zu einem Mittel, [...] um die Löhne und Preise in allen Ländern auf das Niveau der ärmsten und rückständigsten zu drücken.“ [42]

„In der EWU gelten die Preis- und Beschäftigungsanpassungsgesetze des alten 1931 preisgegebenen Goldstandards – nur auf Dauer sogar noch stringenter als in diesem. [...] Herausgekommen ist ein europäischer Währungsstandard mit eingebautem deflatorischen Sprengsatz.“ [43]

Die Interessen des internationalen Bankwesens sind es, nach Soddy, auch, die schon zu seiner Zeit die Weltpolitik bestimmen, weil sie die nationalen Regierungen längst in ihrer Hand haben.

„Aus der Sicht des professionellen Geldverleihers [...] ist Wohlstand ein Fluch. [...] Allein die nationalen Grenzen

[41] Soddy: SINN DES GELDES, a.a.O., S. 120.
[42] Soddy: SINN DES GELDES, a.a.O., S. 122.
[43] Wilhelm Hankel: DIE ÖKONOMISCHEN KONSEQUENZEN DES EURO: EIN GOLDSTANDARD OHNE GOLD. WOHER ER KOMMT, WOHIN ER FÜHRT. in DER ÖKONOM ALS POLITIKER – FESTSCHRIFT FÜR WILHELM NÖLLING. Lucius & Lucius, Stuttgart 2003, S. 388, 390.

versperren nun seine Weltherrschaft, sodaß auch diese verschwinden müssen.“ [44]

Soddy schlägt zur Lösung der Problematik des internationalen Handels erstens vor, daß er sich grundsätzlich nur noch so vollziehen dürfe, daß keine Gläubiger-Schuldner-Beziehungen zwischen den Nationen mehr erlaubt sein sollten, um dadurch gegenseitige Anhängigkeiten und den Einfluß des Bankensystems auf den Welthandel zurückzudrängen. Erreichen will er das durch grundsätzlich ausgeglichene Handelsbilanzen:

„ [...] der internationale Handel kann nur dann ohne Komplikationen [...] betrieben werden, wenn diese Bedingung erfüllt ist: [...] keine Importe ohne gleichwertige Exporte.“ [45] Zweitens muß die Devisenspekulation vollständig unterbunden werden. [46]

Heutzutage könnte etwa die Verpflichtung eines jeden Importeurs, die Arbeits-, Sicherheits- und Umweltstandards des Importlandes einzuhalten, unterstützend darauf wirken, wenigstens die Arbeitsbedingungen weltweit anzuheben, wenn schon der Lohndrückerei dadurch langfristig nicht entscheidend entgegengewirkt werden kann. Doch, wie sieht es damit aus?

„Im WTO-Recht fehlt jede Verweisung auf die Menschenrechte. Nicht einmal in der Präambel sind sie erwähnt. [...] Nationale Sozialvorschriften werden im Rahmen der WTO wie nationale Umweltstandards als nichttarifäre Handelshemmnisse behandelt, also als grundsätzlich mit dem GATT [47] unvereinbar angesehen. Importverbote, welche mit der Nichteinhaltung von Standards im Herstellungsverfahren, etwa zum Schutze von Arbeitnehmerrechten, begründet werden,

---

[44] Soddy: SINN DES GELDES, a.a.O., S. 123.
[45] Soddy: SINN DES GELDES, a.a.O., S. 126.
[46] Soddy: SINN DES GELDES, a.a.O., S. 133.
[47] General Agreement on Tariffs and Trade, das Allgemeine Zoll- und Handelsabkommen.

verstoßen grundsätzlich gegen Art. XI GATT (Verbot mengenmäßiger Beschränkungen).“ [48]

Und natürlich wären Schutzzölle auch heute noch eine Lösung, wenn sie nicht völlig tabuisiert wären. Dennoch, Nationen, die mächtig und klug genug sind, diese durchsetzen zu können, wenden sie versteckt auch heute noch an, um die Leiter nach oben zu klettern, wie etwa China: „The Chinese 'Model‘ [...] seems to be influenced, albeit indirectly, by one of the main critiques of Smith’s ideas in the shape of Friedrich List’s 'The National System of Political Economy‘.“ [49]

Am Ende seines Werkes macht sich Soddy auch Gedanken zur Begrenzung des Wachstums von Zins- und Zinseszins, denn er hält Zinszahlungen für „rein willkürliche und althergebrachte Vereinbarungen ohne jede notwendige naturgesetzliche Begründung.“ [50]

Der erste Vorschlag, den er dafür anführt, ist derjenige eines Basil Paterson aus Edinburgh, welcher den Zins immer basierend auf dem aktuellen Gegenstandswert berechnet und dadurch, auch bei unendlicher Laufzeit, auf maximal eine Gesamtzinszahlung von 100% der Kreditsumme aufsummiert. [51] Dieser Vorschlag entspricht übrigens faktisch exakt demjenigen des Verfassers dieses Textes, welcher die Zinszahlung nicht nur berechnet als Alterungsausgleich einer im Kreditvertrag gestellten Sicherheit, sondern damit gleichzeitig auch eine Erklärung für die Herkunft des Zinses liefert: **Zins ist** demnach **eine Kompensationszahlung** an den Gläubiger **für den Wertverlust der Sicherheit des Schuldners**

[48] Angelika Emmerich-Fritsche: SOZIALPRINZIP UND WELTWIRTSCHAFTSVERFASSUNG AM BEISPIEL VON WTO UND ILO. in DER ÖKONOM ALS POLITIKER – FESTSCHRIFT FÜR WILHELM NÖLLING. Lucius & Lucius, Stuttgart 2003, S. 142f.
[49] Breslin, Shaun: THE ‘CHINA MODEL’ AND THE GLOBAL CRISIS: FROM FRIEDRICH LIST TO A CHINESE MODE OF GOVERNANCE? *International Affairs*. Band 87, Nr. 6, 2011, S. 1323–1343, doi:10.1111/j.1468-2346.2011.01039.x
[50] Soddy: SINN DES GELDES, a.a.O., S. 172.
[51] Soddy: SINN DES GELDES, a.a.O., S. 173.

während der Kreditlaufzeit. [52][53][54] Dem Vorschlag Patersons fügt Soddy einen eigenen hinzu, bei welchem die jährliche Zinszahlung nominal unverändert bleibt, jedoch abbricht, sobald 100% der Kreditsumme in Form von Zinszahlungen an den Gläubiger zurückgeflossen sind. Auf diese Weise will Soddy verhindern, daß Gläubiger aus bereits länger laufenden Kreditverträgen nach dem ersten Beispiel aussteigen, da sie ansonsten immer weniger Ertrag bringen.

Auch der Vorschlag Gesells [55] wird von Soddy wohlwollend aufgegriffen und diskutiert. Es zeigt sich in diesem letzten theoretischen Kapitel seines Buches ganz deutlich, daß Soddy ein aufrichtiges Interesse daran hat, die Geldordnung auf ein stabiles Fundament zu stellen und sie zum Wohle aller einzurichten.

Aber noch einmal: warum hat er dann gerade – vom unserer Ansicht nach – neuralgischen Punkt, nämlich der Frage nach der Unterscheidung zwischen Geld und Nichtgeld, seinen Blick abgewendet und sogar davor gewarnt, hier näher hinzusehen?

Auch die beste praktische Lösung – das beweist die historische Erfahrung nur allzu deutlich – wird an einer höheren Lehranstalt keine Chance haben, die Autorität einer althergebrachten Theorie, so widersprüchlich und fehlerhaft sie auch sein mag, anzugreifen, solange sie nicht ein Erklärungsmodell mit sich führt, das den bestehenden Dogmen und Gipsschädeln durchschlagende logische Hammerschläge versetzt. Und wir meinen, daß vielleicht dies der Grund dafür gewesen sein mag, wieso Soddy zwar bereitwillig eine für ihn mehr oder weniger uninteressant gewordene Karriere als Naturwissen-

[52] Striegel, Bernd: WAS IST GELD UND WOHER KOMMT DER ZINS? – EINE EIGENTUMSTHEORIE DES GELDES. *Zeitschrift für Sozialökonomie* 146, 2005, S. 29f.

[53] Striegel, Bernd: DIE UMLAUFSICHERUNG DES GELDES IM LICHTE EIGENTUMSTHEORETISCHER BETRACHTUNGEN. *Zeitschrift für Sozialökonomie* 151, 2006, S. 3ff.

[54] Striegel, Bernd: DIE EIGENTUMS- UND BESITZTHEORIE DES GELDES. Norderstedt 2018, S. 217ff.

[55] Soddy: SINN DES GELDES, a.a.O., S. 178.

schaftler für sein Engagement opferte, nicht jedoch auch seine Pfründe oder gar seine Gesundheit riskieren wollte. Sicherlich wußte oder wenigstens spürte er, daß ein tiefes Eintauchen in die Urgründe der Geld- und Zinsentstehung auch tiefe, entsprechend bedeutsame Erkenntnisse zutage fördern müsse, wobei er nicht davon ausgehen durfte, daß derartige Arbeit und Sängerqualitäten ihm mit Silber, mit Gold und Diamant gelohnt werden würden. Also setzte er die Grenze genau dort, wo ihm der Untergrund zu weich und zu heiß wurde. [56]

Analyse und Kritik der Geldvorstellung Soddys

Die Analyse von Soddys Geldverständnis wird hier mittels einer Theorie durchgeführt, welche Soddy noch nicht kannte, da sie zu seiner Zeit noch nicht existierte.

Soddy kritisiert einerseits die Schaffung von neuartigem, durch Bankkredite geschaffenem, „physisch nicht vorhandenem Kreditgeld", im Unterschied zur auf Basis des Virtuellen Vermögens emittierten und durch dieses gedeckten Tauschwährung, beschwert sich jedoch seltsamerweise andererseits an nachgerade selber Stelle:

„ [...] war es selbst in den Werken scheinbar seriöser Ökonomen üblich, absolut unehrliche, haarspalterische Unterschiede zwischen dem so [durch Bankkredit; Anm. des Verf.] geschaffenen unsichtbaren Geld und Papiernoten auszumachen. Letztere waren echtes Geld und erstere nicht." [57]

Soddy warnte regelrecht davor, sich auf eine derartige „höchst finstere und gefährliche Unterscheidung" näher einzulassen: „Die Unterscheidung zwischen dem, was eine

[56] Anm. d. Verf.: Übrigens hat es Gunnar Heinsohn ein knappes Dreivierteljahrhundert später ähnlich gemacht – zwar ist er dem Rechtstitel Eigentum als Voraussetzung für die Gelderfindung auf die Schliche gekommen – doch auch er verweigert sich partout einer genaueren Betrachtung der Unterschiede zwischen nur auf Geld lautenden Eigentumstiteln und dem „eigentlichen" Geld oder „money proper", wie er sich auszudrücken pflegt, wenn er Bargeld meint, um sich aus dieser ihm offensichtlich unangenehmen Diskussion herauszustehlen.

[57] Soddy: SINN DES GELDES, a.a.O., S. 43.

physische und greifbare Existenz hat, wie Münzen und Banknoten, und dem, was keine hat, wie Bankeinlagen, ist eine höchst unheimliche und gefährliche, aber die Unterscheidung, was Geld ist und was nicht, wird damit nicht erreicht." [58]

Obwohl also Soddy Geld historisch durch zweierlei völlig voneinander verschiedene Schaffungsprozesse in die Welt gelangen sieht, verweigert er sich dann vehement gegen die Vorstellung, die Existenzen wären nach ihrer Zeugung noch auseinanderzudividieren. Wieso das denn jetzt? Spürte er etwa, daß hier vielleicht sogar der Hase im Pfeffer lag und wollte seine Leser davon abbringen, hier näher hinzusehen? War er hier gar doch einmal ein bißchen unaufrichtig in seinem Streben nach Vermittlung von Erkenntnis? Oder war er wirklich der Überzeugung, es gäbe in der faktischen Realität tatsächlich keine Unterschiede zwischen Papiernoten und Goldmünzen auf der einen Seite und „unsichtbarem Geld" (also Bankguthaben) auf der anderen? Die allgemeine Praxis läßt zunächst letzteres vermuten, denn dem Publikum (welchem Soddy ausschließlich angehörte) erscheinen direkte Bargeldaushändigung an den Verkäufer einer Ware und die Nutzung eines Schecks oder eines Girokontoguthabens zur Überweisung nachgerade als gleichwertige Zahlungsvorgänge. Daher nähren sie – wie nicht zufällig auch die Kreditinstitute – die Vorstellung, Bankguthaben wären ebenso richtiges Geld.

Doch dürfen wir an dieser Stelle nicht vergessen zu erwähnen, daß Soddy in den ersten Jahren seiner Beschäftigung mit dem Geldthema sich offen zu den Ideen des Sozialismus bekannte [59] und Vorträge an der berüchtigten London School of Economics hielt, [60] der Kaderschmiede schlechthin für

---

[58] Soddy: SINN DES GELDES, a.a.O., S. 56.
[59] Federmann: WEGBEREITER, a.a.O., S. 30-32.
[60] Anm. d. Verf.: Die 1921 gehaltenen Vorträge CARTESIAN ECONOMICS finden sich im Original online bei http://habitat.aq.upm.es/boletin/n37/afsod.en.html (zuletzt aufgerufen am 25.11.2022) und in der Übersetzung in Federmann: WEGBEREITER, a.a.O., im Teil 2.

offene und heimliche Priester der malthusianistisch-kapitalistischen Ideologie – man könnte auch sagen, das kapitalistische Jesuitenkolleg. War ihm irgendwo innerhalb dieser Kreise womöglich die genaue Rezeptur der Pfeffersauce eröffnet worden? Wurde er dort wetterfest kollektivistisch eingefärbt ihm dort etwa beigebracht, wie man viele Wahrheiten erzählt und Proselyten damit macht, dabei aber die entscheidende Wahrheit verbirgt? Wie man die bestehenden Verhältnisse kritisiert, ohne dabei die vielgeforderte wissenschaftliche Vorgehensweise selbst anzuwenden, um die Systemursachen derselben ausfindig zu machen? War er etwa doch ein Wolf im Schafspelz? Ein Mitarbeiter an der Weiterentwicklung der Geldtheorie über die nicht mehr gebräuchliche Metallwährungszeit und demzufolge auch über ihre nicht mehr aufrechtzuerhaltende Lehre hinaus? Eine Lehre, die das Verständnis vom Gelde zwar, notgedrungen, etwas erweitern sollte, gleichzeitig unbedingt jedoch die Augen ihrer Betrachter vom wahren Ursprung kapitalistischer Macht fernhalten sollte? Mehr Leere als Lehre? Ging es darum, ganz im Sinne britischer Seefahrertradition, sozusagen Ozeane der Geldtheorien zu erkunden, zu besegeln und zu beherrschen, dabei aber niemals Gefahr zu laufen, auf festen Grund zu stoßen oder gar zur Machtbasis auf dem Meeresgrund vorzudringen? Oder war er, überdies hinaus, gar ein heimlicher Agent synarchischer Herrschaftsideologie? „Entweder muß der Individualismus dem Sozialismus und der Kooperation weichen, oder die Wissenschaft muß stillstehen.“ [61]

Wird die Intention, seine Schriften im Verborgenen auf dieses Ziel hinzusteuern, sichtbar in seinen Forderungen, Geld müsse ausschließlich und konkurrenzlos von einer Zentralinstitution emittiert und in der Menge geregelt werden, schließlich gar das gesamte Kapital einer Nation verstaatlicht werden? [62][63] Der Verfasser dieses Textes wagt nicht, sich

---

[61] Daily Herald (Vorgänger der Zeitung „The Sun“), London, 30.01.1920.
[62] Soddy: SINN DES GELDES, a.a.O., S. 35 & 42f.
[63] Soddy: SINN DES GELDES, a.a.O., S. 181.

hierüber ein Urteil anzumaßen, denn beispielsweise Soddys sehr überlegte Vorschläge zur Unschädlichmachung des Zinswuchers sprechen sehr gegen eine absichtliche Verwirrungs- oder Verdunkelungstaktik. Trotzdem bleibt es verwunderlich, wieso Soddy gerade dort, wo wir nachher das dickste Fleischstückchen aus der Sauce herausstupfen werden, mit erhobenem Zeigefinger eindringlich davor warnt, zu harpunieren. Sind es am Ende gar doch geldtheoretische deutsche U-Boote, die, tief auf dem Grund der exakten Begriffsbedeutungen und -definitionen, fündig werden, die Exaktheit ihrer Sprache als Torpedo einsetzen werden, um dort den entscheidenden Treffer zu landen? [64]

Geldverständnis aus der Perspektive des Rechtstitels

Zur praktischen Vergegenständlichung bzw. zum Einbläuen, daß es in Wahrheit ganz und gar nicht so ist, daß „sichtbares" und „unsichtbares" Geld ein und dieselben Dinge wären, genügt es, einmal die Erfahrung zu machen, was passiert, wenn die Bankschalter geschlossen bleiben bzw. die Annahme von EC-Karten verweigert wird. Dann zählt, von jetzt auf gleich, nur noch „sichtbares" Geld – Cash – und das „unsichtbare", das Bankguthaben, gar nicht mehr. Doch uns soll es hier natürlich auch um den theoretischen Beweis gehen. Heute kann, mittels der neuen Eigentums- und Besitztheorie, [65] auch eine theoretische Unterscheidung zwischen diesen dinglichen und nichtdinglichen Gegenständen vorgenommen werden, und zwar in der Rechtssphäre: Soddys „unsichtbares Geld" ist,

[64] Im Englischen werden die Begriffe „Proprietor" für Eigentümer und „Possessor" für Besitzer seltener gebraucht als ihre deutschen Äquivalente, während das bezüglich deren Bedeutungsunterschiede indifferente „Owner", das also beides bedeuten kann und für welches es gar keine exakte deutsche Übersetzung gibt, häufig verwendet wird.

[65] Diese entwickelte der Verfasser dieses Textes aus der Beschäftigung mit der Eigentumstheorie des Wirtschaftens von Otto Steiger und Gunnar Heinsohn, letzterer ist übrigens ein Sohn des Kommandanten von U 438, Heinrich Heinsohn.

danach, in der Tat kein Geld, sondern nur eine Forderung auf die Lieferung von Geld und trägt den Rechtstitel *Eigentum*, während nur (Gold-)Münze und Papiernote – das sogenannte „Bargeld" – tatsächlich „echtes" Geld sind, dabei den Rechtstitel *Besitz* innehaben. [66] **Geld** selbst ist es dann, welches die auf Geld lautenden Forderungen begleicht, die eine Bank vertraglich aufsetzen kann zwischen einem Gläubiger und einem Schuldner. Im Kreditvertrag geschaffen, **kommt** es immer schon, **ohne vorheriges Sparen**, als **Investitionsmittel für erst zukünftig zu erzeugende Waren** [67][68] und **als Zahlungsmittel für Schulden in die Welt, als Repräsentant von Schuldnereigentum**, [69] **und gerade nicht als Tauschwährung oder Kaufmittel für bereits vorhandene** und auf den Verkauf wartende **Waren**, wie es Soddy zwar vorschwebt, historisch jedoch noch niemals so gewesen ist.

Die oftmals als Beispiel für eine postulierte evolutionäre Entwicklung des Geldes in Anführung gebrachten und gerühmten Kerbhölzer etwa waren also kein Geld, sondern nur fälschungssichere Schuldscheine, wobei das Teilstück der Schuldnerseite ein Geldlieferungsversprechen darstellte, das Teilstück des Gläubigers eine Geldforderung. Sie sind jedoch ein schönes Beispiel für die Entwicklung des Kreditwesens.

---

[66] Striegel: EIGENTUMS- UND BESITZTHEORIE, a.a.O., S. 189ff.
[67] Heinsohn, Gunnar und Steiger, Otto: EIGENTUM, ZINS UND GELD – UNGELÖSTE RÄTSEL DER WIRTSCHAFTSWISSENSCHAFT. Metropolis Verlag, Marburg 2002, S. 139: „Es muß also keine Ressourcen einkleidendes Geld vorab gespart werden, damit nachher Produktion in Gang kommen kann. Eigentum muß vorab geschaffen sein, damit es nachher für die Geldschaffung belastet und für den Kredit verpfändet werden kann."
[68] Heinsohn: EIGENTUM, ZINS UND GELD, a.a.O., S. 242: „In der Tat wird mit [...] Geld eine Nachfrage erzeugt, auf die hin neue Güter überhaupt erst produziert werden können. Also entsprechen diesem Geld keine vorab schon existierenden Güter, so daß die Geldemission ganz offensichtlich nicht durch fehlende Güter begrenzt wird."
[69] Striegel: EIGENTUMS- UND BESITZTHEORIE, a.a.O., S. 196ff.

Absicherung und Deckung des Geldwertes aus Sicht der Eigentums- und Besitztheorie des Geldes

Mittels der Eigentumstheorie können wir auch erklären, was erfolgt, wenn eine Forderung auf die Lieferung von Geld nicht erfüllt werden kann, der Schuldner also sein Lieferversprechen nicht einhalten kann, der Kreditvertrag platzt und die Bank das Geld, welches sie dem Kreditnehmer einst ausgehändigt hat, nicht wiedersieht. Die Bank bedient sich dann der Deckung des Geldwertes, indem sie in das Schuldnerpfand vollstreckt und sich auf diese Weise die kreditierte Summe wieder hereinholt.

Keineswegs kann deswegen eine Bank etwa geradesoviele Kreditverträge abschließen wie sie vielleicht möchte oder bei ihr angefragt werden, solange sie nicht ihr eigenes Geld drucken darf. Denn, wenn diese ungenügend besichert sind, steht sie bei Kreditausfall mit leeren Händen da und muß den Verlust selbst tragen. Außerdem muß sie das Geld, welches sie kreditiert, auch ausbezahlen können, weil das Aufsetzen eines Kreditvertrages alleine noch keineswegs Geld schafft, sondern nur rechtliche Forderungen (Guthaben) oder Versprechen auf die Lieferung (Schulden) desselben. Abschließen kann die Bank einen Kreditvertrag also nur dann, wenn sie selbst welches in der Kasse hat. Und dieses Geld ist auch das, was die Bank zum Kreditvertrag tatsächlich selbst beisteuert, weshalb es auch nicht so ist, daß Banken beim Abschluß von Kreditverträgen Geld „aus dem Nichts“ erschaffen würden. Könnten sie das, wären Bankliquiditätskrisen oder gar Bankrotte unmöglich.

Ein tatsächlich geldschaffender Kreditvertrag kann jedoch von einer Notenbank, die Geld drucken (lassen) darf, mit einer Geschäftsbank abgeschlossen werden. Bei jener liegt damit auch, über die **Sicherheiten**, die sie **bei der Geldemission** hereinnimmt, die Verantwortung für eine stabile Geldordnung, denn diese sind es, die **die Deckung des**

Geldwertes darstellen. [70][71] Und natürlich hat es Auswirkungen auf Gesamtgeldmenge und wirtschaftliche Entwicklung, wenn Notenbanken den Geschäftsbanken Kreditkonditionen anbieten, die weit von den aktuell marktüblichen Zinssätzen abweichen. Dramatische langfristige Auswirkungen auf die Arbeitsfähigkeit einer Notenbank selbst hat es außerdem, wenn sie bei den Pfandstellungen, die die Geschäftsbanken bei ihren Kreditanfragen einreichen müssen, zu gutgläubig ist und nicht genau hinsieht. Denn, können die Geschäftsbanken ihre Kredite bei ihr nicht begleichen und die Notenbank durch den Verkauf der Pfandstellungen die kreditierten Summen nicht mehr vollständig einbringen, ist sie gezwungen, die Summe durch den Einsatz von Eigenkapital aufzubringen oder durch den Verkauf anderer Pfänder zu erlösen. Die dafür vorzunehmende Kündigung von Krediten an andere Geschäftsbanken kann dann eine schwere Kreditkrise auslösen.

---

[70] Schon 1767, also knapp 10 Jahre bevor Adam Smith – im Interesse des Kapitals – 1776 eine wissenschaftlich basierte Ökonomie für ein Vierteljahrtausend in Kerkerhaft verbannte, wußte sein schottischer Landsmann James Steuart bereits: „Da aber das Grundkapital der Bank einen bestimmten Wert hat und da die Noten, die sie ausgibt, diesen Wert sehr weit übersteigen können, so wird der Kredit der Bank unsicher sein, wenn nicht der Wert der Sicherheiten, auf die hin sie leiht, allen in Zirkulation befindlichen Noten gleichkommt. Er wird auch in demselben Verhältnis unsicher sein, als die Sicherheiten es selbst sind. Daher das Interesse, welches das Publikum daran hat, daß Sorge dafür getragen wird, die Banken nur gegen die allerbesten Sicherheiten Kredit gewähren zu lassen." in Steuart, James: AN INQUIRY INTO THE PRINCIPLES OF POLITICAL OECONOMY: BEING AN ESSAY ON THE SCIENCE OF DOMESTIC POLICY IN FREE NATIONS. A. Millar & T. Cadell, London 1767. Reprint Düsseldorf: Verlag Wirtschaft und Finanzen, 1993. Ders.: UNTERSUCHUNG ÜBER DIE GRUNDSÄTZE DER VOLKSWIRTSCHAFTSLEHRE (1767), Buch V, Kapitel 13, 477f., 1767. zitiert aus: Stadermann, Hans-Joachim: WESENTLICHE EIGENSCHAFTEN DER WÄHRUNG UND DES GELDES. in PRIVATEIGENTUM UND GELD – KONTROVERSEN UM DEN ANSATZ VON HEINSOHN UND STEIGER. hrsg. von Karl Betz und Tobias Roy im Metropolis-Verlag, Marburg 1999, S. 80.

[71] „Wenn Papiergeld [...] gegen einen erhaltenen Wert herausgegeben wird, dann ist dieser Wert die Sicherheit, auf dem es unmittelbar beruht, und das Bankkapital fungiert – genau gesagt – lediglich subsidiär." Original: „When paper is issued [...] for value received that value is a security on which it immediately stands, and the bank stock is, properly speaking, only subsidiary." in Steuart: INQUIRY, a.a.O., Band II, S. 151.

Auch eine Notenbank kann also nicht folgenlos Geld nach Belieben drucken.

Obwohl Soddy an anderer Stelle [72] die Bedeutung von Sicherheiten, also Pfandstellungen der Schuldner, beim Abschluß von Kreditverträgen in derselben Weise als unerheblich und nebensächlich abtut wie die ganze orthodoxe Ökonomie, vom linksten Marxisten bis zum äußersten Neoliberalen, ist ihm doch bewußt, daß „man durch die Emission von Geld, in größerem Umfang als die Öffentlichkeit dafür bürgen kann, dies alles für umsonst erhält." [73]

Ihm scheint also durchaus klar gewesen zu sein, daß der Wert der Sicherheiten irgendwie mit dem Geldwert zusammenhängen muß. Denn, wird mehr Geld emittiert als Sicherheiten zur Wertstellung eingefordert werden, bekommen manche Kreditnehmer umsonst Einkaufsgutscheine in beliebiger Höhe von der Bank in die Hand gedrückt, mit welchen anschließend die Preise nach oben getrieben werden, auf Kosten der übrigen Marktteilnehmer. [74] Trotzdem behauptet Soddy, daß „die echte Kreditvergabe und die Kreditaufnahme keinen Einfluß auf die Geldmenge haben." [75]

Dagegen sieht Soddy sehr wohl, daß eine ungenügende Besicherung des Geldwertes gravierende Folgen nach sich zieht, doch nicht ganz so, wie wir gerade ausgeführt haben. Die Emission von Banknoten in Form von Einlöseversprechen auf eine bestimmte Menge Goldes sei von da an problematisch

---

[72] Soddy: SINN DES GELDES, a.a.O., S. 62.

[73] Soddy: SINN DES GELDES, a.a.O., S. 42.

[74] Das Risiko, bei Platzen eines solchen Kreditvertrages die Kreditsumme nicht vollständig mehr durch Verkauf des Schuldnerpfandes einbringen zu können, trägt dabei an sich durchaus die kreditierende Bank. Doch werden, über die Inflation, welche mit dieser Praxis der Geldschwemme angeheizt wird, ältere Schulden anderer Kreditnehmer bei der Bank teilweise entwertet und deren Tilgungswahrscheinlichkeit erhöht, sodaß diese Praxis insgesamt, aus Sicht der Bank, deren vorrangigstes Ziel immer die Aufrechterhaltung der Liquidität ist, nicht nachteilig sein muß. Getragen werden die realen Wertverluste, welche durch die Geldentwertung entstehen, hauptsächlich von den Einlegern bei der Bank, also von privaten Kreditgebern, welche von dieser zwar die ihnen versprochenen Zinsen erhalten, allerdings in einer wertgeminderten Währung.

[75] Soddy: SINN DES GELDES, a.a.O., S. 47.

geworden, als die Banken dazu übergingen, mehr derartiges Geld zu emittieren als sie selbst physisch an Gegenwert in Gold vorrätig oder auch nur Anrechte darauf gehabt hätten, also in der Weise, daß sie nur noch versprachen, Gold auf Anfrage zu liefern, ohne dabei ehrlicherweise zuzugeben, daß sie es sich dafür zuerst selbst anderweitig besorgen müßten. Wohl nahezu alle seine Zeitgenossen damals und auch nicht wenige unserer heutigen glauben immer noch, eine wirkliche Deckung des Geldwertes würde nur durch Gold bewerkstelligt. Das war damals sicherlich verständlich, denn jahrhundertelang waren die Menschen daran gewohnt, mit weitgehend wertstabilen metallhaltigen Münzen zu bezahlen, während, als diese allmählich durch Banknoten ersetzt wurden, auch schon Inflation und Wirtschaftskrisen mitauftauchten. Was lag da näher als die Ursache beim fehlenden Metallgehalt der Banknoten zu suchen? Soddy sah den Pfusch im fehlenden Gegenwert begründet, allerdings verwendete er zur Begründung nicht den Begriff „fehlende Golddeckung", sondern monierte die ausgebliebene Stellung „Virtuellen Vermögens". [76]

Dabei blieb es allerdings nicht allein, denn Soddy bezweifelte die Fähigkeit, des größten Teils des „Virtuellen Vermögens", an der Deckung des Geldwertes überhaupt mitwirken zu können: „Es liegt auf der Hand, daß der gesamte Bestand an wertvollem Eigentum [in Höhe des Virtuellen Vermögens; Anm. d. Verf.] im Besitz des Emittenten in der Praxis nicht als „Deckung" für das Geld betrachtet werden kann. Alles, was ungenutzt bleibt, außer Gold und Juwelen, würde verrotten. Da es nicht genügend solcher unvergänglicher Vermögensformen gibt, um als Geld zu dienen, ist es müßig, alle diese Dinge in die völlige Verschwendung einer dauerhaften Verwahrung in Tresorräumen und Gewölben zu verbannen, als Teilsicherheit [...]." [77]

---

[76] Soddy: SINN DES GELDES, a.a.O., S. 59.

[77] Soddy: SINN DES GELDES, a.a.O., S. 62.

Auch hier wiederum hilft uns die moderne Eigentums- und Besitztheorie weiter, indem diese klarstellt, daß die in Kreditverträgen zu stellenden Sicherheiten doch gar nicht in den Besitz des Emittenten gelangen und dort etwa in Tresoren verrotten und verfaulen, sondern nur ihr ökonomischer Wert in Form eines Eigentumstitels in Papierform dorthin wandert und zur Besicherung des Kredits und Pfandstellung aufbewahrt wird, während die Nutzungsrechte am Schuldnerpfand, der Besitz, unverändert in der Verfügungsgewalt des Schuldners verbleiben. Wozu auch sollte ein Bauer einen Kredit für einen Traktor aufnehmen, wenn er den Acker, den er damit bewirtschaften möchte, physisch an die Bank abtreten müßte? Überhaupt bräuchte man auch wahrlich große Tresore, um darin, allerdings unsinnigerweise, ganze Bauernhöfe oder gar Wälder aufbewahren zu wollen. Man hat Selbiges auch noch nicht gesehen. Ohne also physisch in den Besitz des Emittenten überzugehen, sind die dinglichen Sicherheiten dennoch in der Lage, die Deckung des Geldwertes zu bewerkstelligen, weil nämlich der menschliche Verstand (ausgenommen derjenige orthodoxer Ökonomen) dazu in der Lage ist, Besitz und Eigentum logisch voneinander zu trennen. Deswegen kann auch ein Unternehmer unverändert im Besitz seines Schuldnerpfandes bleiben, dieses produktiv einsetzen, aber dennoch dessen ökonomischen Wert aktivieren, indem er diesen von der physischen Existenz abstrahiert, zur Kreditaufnahme mobilisiert und damit investiert. Genau dies ist übrigens der Witz bei der Sache der Gelderfindung überhaupt, denn sie ist diejenige Operation, die das moderne Wirtschaften, i. e. geldwirtschaftliche Produktion, überhaupt erst in Gang setzt und es fundamental von allen Gesellschaftsformen und Produktionsweisen, die das Eigentum als Rechtstitel noch nicht kennen, [78] unterscheidet: bei Tausch und Leihe gehen nämlich immer entweder nur Besitz oder Besitz und Eigentum

[78] Heinsohn, Gunnar: PRIVATES GRUNDEIGENTUM, PATRIARCHALISCHE MONOGAMIE UND GELDWIRTSCHAFTLICHE PRODUKTION – EINE SOZIALTHEORETISCHE REKONSTRUKTION ZUR ANTIKE. Dissertation, Bremen, Februar 1983.

gemeinsam über, niemals jedoch alleine der Rechtstitel Eigentum.

Mit der vollständigen Tilgung des Kredits löst der Schuldner auch den hinterlegten Eigentumstitel wieder aus. Kann der Schuldner dagegen seinen Kredit nicht zurückzahlen, geht der Eigentumstitel endgültig und auch der Besitz auf die Bank über und diese erwirbt das Recht, das Pfand zu verkaufen oder es anderweitig zu verpachten – also den Besitztitel an einen anderen Nutzer zu übertragen.

Die Lösung des Zinsproblems mittels der Eigentums- und Besitztheorie des Geldes

Greifen wir noch einmal kurz Soddys Gedanken zur Lösung des Zinsproblems auf:

„Zunächst einmal wäre es völlig falsch anzunehmen, daß es irgendeine physikalische Grundlage für die sogenannten Zinsgesetze gäbe, weder für den einfachen Zins noch den Zinseszins.“ [79]

Wir hatten oben bereits die Zinszahlung als Kompensation für den Wertverlust des Schuldnerpfandes im Kreditvertrag durch Alterung erklärt. Die Zahlungen fließen dem Gläubiger zu, welcher diese auch behält, nachdem die Kreditschuld vollständig getilgt ist und das Schuldnerpfand damit wieder ausgelöst ist. Hierbei stellt sich die Frage, wieso der Gläubiger die während der Kreditlaufzeit erhaltenen Zinszahlungen, welche nur einen Wertausgleich für den Fall der Illiquidität des Schuldners und der Vollstreckung in das wertgeminderte Schuldnerpfand darstellen, auch dann behalten darf, wenn dieser Fall gar nicht eintritt. Weiterhin stellt sich die Frage, wie es sich mit den natürlichen Gegebenheiten vertragen soll, wenn die eingenommenen Zinszahlungen neuerlich kreditiert werden und damit die Exponentialfunktion Zinseszins ins Leben gerufen wird, deren immer schnellerer Anstieg Geld- und damit Wertforderungen in die Welt setzt, welchen langfristig

[79] Soddy: Sinn des Geldes, a.a.O., S. 172.

keine Entsprechung in der realen Wert entgegengestellt werden kann. Der Zinseszins ist damit auch die Hauptursache der Inflation, denn eine Bedienung exponentiell ansteigender Geldforderungen wird bei konstanter Kaufkraft der Währung schnell unmöglich und führt unweigerlich zu massiven Kreditausfällen, die das gesamte Finanzsystem zusammenbrechen lassen.

Soddys Vergleich des Zinseszinses mit den physikalischen Grundlagen findet also genau darin ihre Berechtigung.

Doch, wie das Problem lösen?

Silvio Gesells Vorschlag zur „Umlaufsicherung der Währung“ und auch Soddys ähnliche Vorschläge zur Begrenzung des Zinswachstums können mittels der Eigentums- und Besitztheorie des Geldes erklärt werden. Gesell versuchte den Kapitalzins aus der Welt zu schaffen, indem er jeden Geldschein mit einem zeitabhängigen Wertverlust seines Nominalwertes beaufschlagte, welchen der jeweilige Halter durch Kaufen von auf den Geldschein aufzuklebenden Marken wieder rückgängig machen konnte. Die dabei generierten Einnahmen flossen der Notenbank zu, welche sie in Form von Kopfprämien wieder an die Allgemeinheit ausschütten konnte. Mittels dieser Methode kann der Nominalzins tatsächlich um den Betrag der jährlichen Wertminderungsausgleichs herabgedrückt werden; ein Gläubiger kann deshalb weniger Zins verlangen, weil der Kreditnehmer die Geldhaltungskosten übernimmt, die er ansonsten selbst zu tragen hätte. Der Kapitalzins wird damit allerdings nicht aus der Welt geschafft, denn das ist theoretisch unmöglich – der Rechtstitel Eigentum fordert Zins. Aber er kann umgeleitet und unschädlich gemacht werden, wie wir gleich sehen werden. Durch die Ausschüttung der Einnahmen aus der Umlaufsicherung an die Allgemeinheit werde außerdem, so Gesell, die Leistungsgerechtigkeit wiederhergestellt, da, seiner Ansicht nach, der erwirtschaftete Mehrwert ein Produkt der Allgemeinheit sei und daher auch dieser zuzufließen habe.

Jetzt wollen wir sehen, ob und, gegebenenfalls, welche Unterschiede sich in der Rechtssphäre herauskristallisieren, wenn wir Gesells Vorschlag mit der üblichen Art Zinszahlungen zu verbuchen, vergleichen. Die dem Kontoguthaben eines Gläubigers zufließenden Zinszahlungen verwandeln diese unmittelbar in Eigentumstitel, welche erneut kreditiert werden können und damit wiederum zinsziehend sind. So kommt der Zinseszins in die Welt.

In Gesells System laufen die Zahlungen zur Nominalwerterhaltung der Geldscheine bei der Notenbank ein, welche nur zwei Möglichkeiten hat, diese zu verwenden: entweder sie schüttet die Einnahmen direkt wieder aus, oder sie muß die zugeflossenen Geldscheine verbrennen, um, im Falle sinkender Wirtschaftstätigkeit, eine Inflation der Währung zu verhindern.

Die Notenbank hat jedoch keine Möglichkeit, die Zahlungen etwa auf ein eigenes Konto bei sich selbst anzulegen und in einen zinsziehenden Eigentumstitel zu verwandeln, denn es fehlt ihr dafür ein zinspflichtiger Schuldner. Geld, das zur Notenbank zurückfließt, um Schulden aus Kreditverträgen zu tilgen, hat ja seinen Kreislauf beendet und damit auch seine Existenz. Eine Notenbank kann neues Geld nur emittieren, wenn sich ein Kreditnehmer findet, der eine Rückzahlungsverpflichtung unterschreibt.

Bei den **Zuflüssen aus der „Umlaufsicherung“** handelt es sich jedoch nicht im Tilgungszahlungen für explizite Kreditverträge, sondern um Gebühren, welche die Notenbank einfordert. Deshalb, weil diese Zahlungen keine Tilgungen darstellen, können sie auch weiterverwendet und wieder ausgeschüttet werden. Allerdings **verbleiben** sie dann **im Rechtstitel Besitz, welcher sich nicht verzinst. Auf diese Weise kann der Zinseszins aus der Welt geschafft werden.**

Soddys Lehre und der heutige Stand der Ökonomie

Soddy konnte die Eigentumstheorie noch nicht kennen, doch fühlten seine thermodynamischen Betrachtungen des Geldwesens dem malthusianischen Knappheitsdogma empfindlich auf den Zahn. Darum wollen die Ökonomen an den Hochschulen auch bis zum heutigen Tage von beiden Theorien gar nicht erst etwas wissen. Wäre es anders, würden sie nicht weiter von den tauschtheoretisch basierten Lehren jeder Couleur, ob von Adam Smith, Marx, Hayek oder Friedman schwafeln, um damit brav und unbeschwert weiter ihre Häppchen als Wachhunde vor den Tempeln Mammons zugeworfen zu bekommen, sondern sich wenigstens ein bißchen mit dem Naturwissenschaftler Soddy, mit Steuart und Heinsohn auseinandersetzen, nachdem letzterer vor mittlerweile nun schon 40 Jahren aufgezeigt hat, woher das Geld wohl wirklich kommt – vom Eigentum – aber ganz bestimmt, woher es garantiert nicht kommt – nämlich vom Tauschen.

„Die Freiheit des Denkens und der Debatte gilt bisher nur für diejenigen Angelegenheiten des Geistes und des Bewußtseins, die niemandem direkt in die Tasche gehen. Für das Geld gilt dies jedoch noch nicht. Dieses stellt die Bundeslade, das Allerheiligste der Sklavenzivilisation dar. Die Verantwortlichen wissen sehr wohl um die Gefahr. [...] Auch wenn alle reich sein wollen, wollen weder die Reichen noch die Mächtigen, daß alle reich werden.“ [80]

Soddy nimmt hiermit auch eine Analyse der ideologischen Verfassung der Rentierklasse seiner Zeit vor und gelangt dabei zu Ergebnissen die sich, in voller Ausprägung, in der Weltpolitik der 2020er Jahre wiederfinden.

Damit konzentrieren wir uns nun auf diejenigen historischen Hintergründe und logischen Zusammenhänge, die Soddy sehr deutlich – und ohne sich ein Blatt vor den Mund zu legen – dargelegt und ausgesprochen hat, auf die Schluß-

[80] Soddy: Mammon, a.a.O., S. 131.

folgerungen und die Prophezeiungen, die er daraus abgeleitet und entwickelt hat. Wir werden noch staunen, was er uns über unsere ganz aktuellen heutigen Verhältnisse mitteilen wird.

Soddys Vermächtnis und das große Comeback des Malthusianismus

Fredrick Soddy war der Überzeugung, daß der Kapitalismus schon vor hundert Jahren die Lehre von Robert Malthus verinnerlicht und sie als die perfekte Ideologie genutzt hat, um den Massen Sand in die Augen zu streuen und dabei gleichzeitig seine wahren Motive zu verbergen.

„[...] erscheint die aus dem vergangenen Zeitalter der Knappheit abgeleitete gewöhnliche Geisteshaltung, daß es nur eine begrenzte Menge von Wohlstand in der Welt gibt und daß das, was der eine erhält, nur auf Kosten des anderen geht, als völlig verdreht.“ [81]

Und Soddy blickt aus eigener, lebendiger Erfahrung auf die Situation der Arbeiter in Glasgow:

„Es ist wichtig zu bedenken, daß Glasgow, aus dem James Watt, der Erfinder der Dampfmaschine, hervorging, auch Heimat von Adam Smith war [...]. Während der erstgenannte 1774 einen Motor perfektionierte, der den Menschen von der Knochenarbeit befreien [...] sollte, hat der letztgenannte 1776 die Bedingungen [...] aufgestellt, unter denen die Menschen ihre [...] Existenz fristeten. [...] Das heutige Glasgow ist ein Denkmal für die Arbeit des einen wie des anderen, indem es auf der einen Seite ein Zentrum für die großen Werften von Clydebank ist und auf der anderen Seite der Ort gesellschaftlicher Umstürze gegen hohe Mieten, [...] genährt von Arbeitslosigkeit, Wohnungsknappheit und hohen Lebenshaltungskosten.“ [82]

---

[81] Soddy: Sinn des Geldes, a.a.O., S. 184.

[82] Soddy, Frederick: Wealth, Virtual Wealth and Debt. Britons Publishing, London 1933, 3rd Ed. 1961 by Omni Publications, USA, S. 39. Übersetzung aus Federmann: Wegbereiter, a.a.O., S. 77f.

Malthus konnte damals noch offen eingesetzt und glaubhaft hinausposaunt werden, weil das Bevölkerungswachstum im frühen 19. Jahrhundert tatsächlich noch stärker gewesen war als der erst in Gang kommende industrielle Produktionsanstieg, auch bis zum Ende des Jahrhunderts noch mit ihm hatte mithalten können. Heute, mit 120 Jahren Erfahrung auf dem Gebiet der Massenpsychologie und damit auch mit der Steuerung der Massen, erzählt man uns – den mehr und mehr gegenüber den ihren eigenen Interessen erblindenden und so denjenigen des entnationalisierten Kapitals ausgelieferten Sklaven – die Geschichte vom ewigen Mangel aufwendiger verpackt und mit teilweise veränderten Zielsetzungen: heute zunächst dem Mantra vom Mangel an Energieträgern. Man bedenke dabei: Der Kapitalismus kann den Zins nur aus der Knappheit des Geldes und diese letztlich überzeugend nur aus der Knappheit von Energie ableiten!
Frederick Soddy hat es kommen sehen.

Darum hat er uns eine Hinterlassenschaft vermacht, in welcher er uns nicht nur aufzeigt, wie wir dahingelangt sind, wo wir uns heute befinden, sondern er hat uns auch eine Schnur vom Himmel herabgelassen, die uns helfen kann, aus dem Labyrinth, in dem wir uns verlaufen haben, wieder herauszufinden.

Der Sinn des Geldes liegt in der Erleichterung der wirtschaftlichen Abläufe, als Investitionsmittel und Zahlungsmittel, als neutraler Maßstab von Warenwert und als Handelsoperator.

So wie es jetzt ist, wird es als Spekulationsobjekt und zur Profitmaximierung mißbraucht. Diesen Zweck kann das Geld jedoch nur solange erfüllen, wie eine Privatisierung des Kapitalzinses möglich ist. Dementsprechend liegt in der theoretischen Widerlegung wie in der praktischen Ausmerzung dieses Prinzips der Schlüssel zur Lösung. Aber wann werden die Menschen so weit sein, freiwillig auf leistungslose Zinseinkommen zu verzichten, weil sie erkennen, daß sie damit die Zukunft ihrer eigenen Kinder ruinieren?

Damit wären wir am Ende unserer Betrachtung angelangt und verabschieden uns mit einer kleinen schwäbischen Aufmunterung:

„Auf geht´s! Auf geht´s! Frisch´an Zwerg!“

Über die Autoren

Bernd Striegel

Jahrgang 1969, geb. in Münsingen, Polymerchemiker. Seit 1997 Beschäftigung mit dem Thema Geld, insbesondere mit der Frage nach Grund und Ziel der Gelderfindung, damit verbunden die Suche nach der historischen Herkunft des Geldes und der Ursache des Zinses. Daraus entwickelte sich die Aufgabe, eine eindeutige Definition und Abgrenzung des Begriffs „Geld" vorzunehmen, außerdem die Identifikation der mit dem Geld einhergehenden und der auf Geld lautenden Rechtstitel zu formulieren. Zielsetzung der Tätigkeit war, ein Geldverständnis zu entwickeln, das es ermöglicht, die Krisen unseres Finanzsystems auf einfache Weise zu erklären und praktische Lösungen theoretisch zu begründen und zu untermauern. Mit der Ausarbeitung des Buches DIE EIGENTUMS- UND BESITZTHEORIE DES GELDES wurde diese Aufgabe im Jahr 2018 erfüllt.

http://www.ueber-das-geld.de

Philipp Kapp

Studium der Humanmedizin in Berlin und Heidelberg. Promotion 2004 bei Prof. Eckart, Heidelberg, über die Medizin im Ersten Weltkrieg. Zunächst Tätigkeit in einem Stuttgarter Medizinverlag, später Facharztausbildung in Innerer Medizin. Seit der Finanzkrise 2008/09 private Studien zum Finanz- und Gesellschaftssystem. Gründung des Verlages ISOTOPE Media 2020 zur Bearbeitung von Fragen gesellschaftlicher Erneuerung.

Eine weitere Übersetzung aus dem Werk Frederick Soddys ist in Vorbereitung:
VERMÖGEN, VIRTUELLES VERMÖGEN UND VERSCHULDUNG

Über Isotope Media

Die Isotope Philosophie begreift den Menschen als Individuum im Mittelpunkt seiner vergänglichen Welterfahrung. Dieser bildet sich seine persönliche ›Isotopie‹ im Gegensatz zu den kollektiven Konzepten von ›Utopie‹ und ›Dystopie‹. Das Alte (als Ausdruck des Kollektivs) muss dem Neuen – dem Willen des Individuums – als Teil einer ewigen Evolution weichen oder sich wandeln. Darin wäre eine *Revolution* nur eine Laune derjenigen Menschen, die zu einer gründlichen Analyse nicht fähig sind. Die fundierte Analyse und der innere Wunsch nach einer besseren, gesunden, eigenen Welt schaffen die Bereitschaft, das Alte gehen zu lassen und neu zu beginnen. Der Anfang dafür beginnt mit dem Frieden in jedem selbst. Eine spirituelle Weisheit aus den Gefilden der Non-Dualität ist es, dass wir nur erschaffen können, was in uns ist. Wenn wir eine friedliche und freie Welt erschaffen wollen, müssen zunächst eben jene Freiheit und jener Frieden in uns sein. Dann erst erkennen wir in der Reflektion auf das Innere die Konditionierungen, die sich als Konflikt wie eine Projektion nach außen abstrahlten. Der Abbau dieser Konditionierungen ist wesentlicher Teil der Gesamtlösung.